ものと人間の文化史 105

絣

福井貞子

法政大学出版局

麻の葉文（絹縞入り）の着物　江戸末期に織られたもの　倉吉の涌島こよが結婚の際に持参したという　丈144cm　860ｇ　衿裏赤モス（本文96ページ参照）

幾何と蝶文　寝具（山口県横野、原野セキ作，大正期）（本文110ページ参照）

竹に雀文　寝具（備後，明治期）（本文117ページ参照）

幾何と花器文　寝具（伊予，明治期）三巾　140×96cm　200 g

方眼文　寝具（伊予，大正期）　四巾　146×129cm　270 g

松竹梅鶴亀文　四巾構成の総絵文様（倉吉，明治10年）（本文154ページ参照）

城文　寝具　五巾構成（久留米，明治期）
久留米地域地場産業振興センター所蔵
（本文133ページ参照）

万年青文　寝具（弓浜，明治中期）

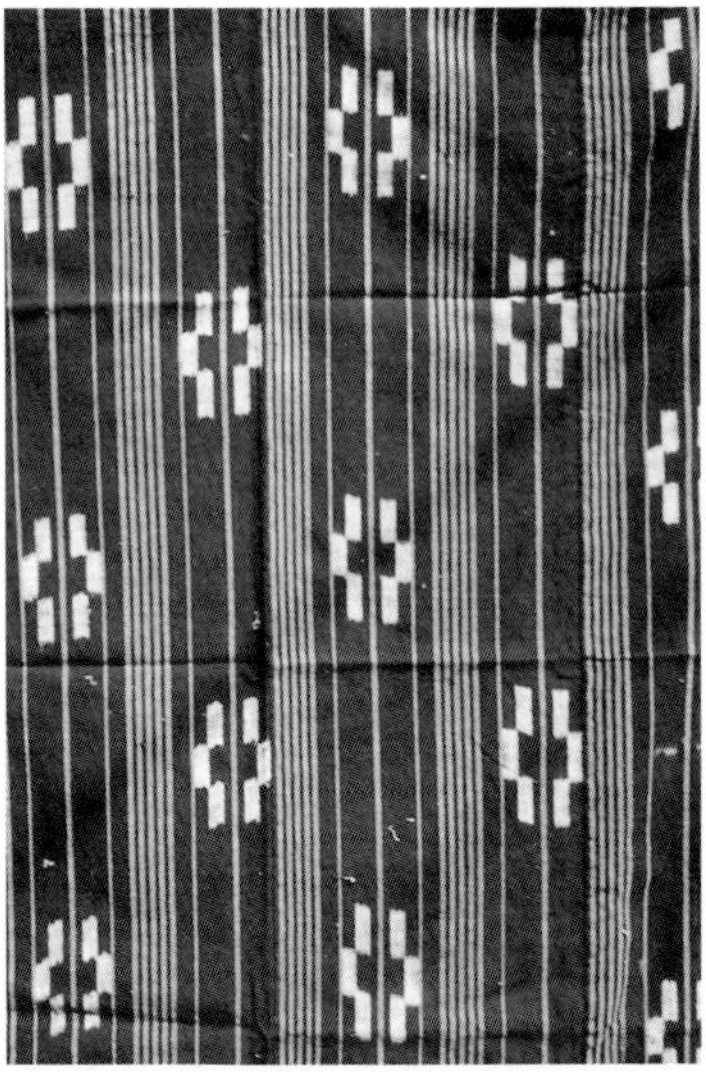

糸紡ぎ茶縞と経絣　寝具　四巾構成
（鳥取県西伯郡名和町，大正期）
138×130cm　440 g

牡丹唐獅子文　寝具（倉吉，明治初期）

月山と山桜に踊る娘たちの文　寝具
（広瀬，大正期）（本文249ページ参照）

左の拡大写真

七宝と花菱文　寝具　一巾（倉吉，明治中期）

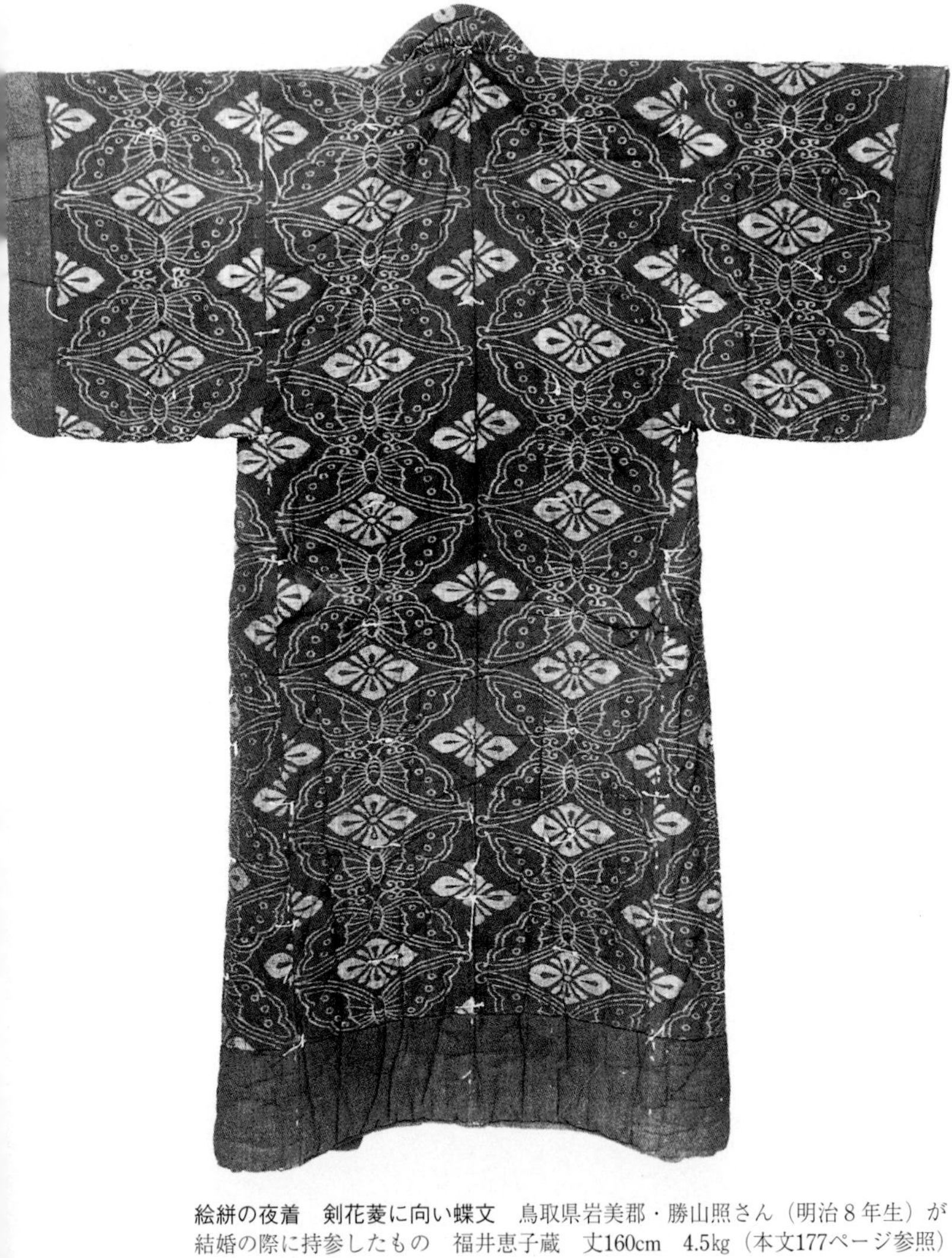

絵絣の夜着　剣花菱に向い蝶文　鳥取県岩美郡・勝山照さん（明治８年生）が結婚の際に持参したもの　福井恵子蔵　丈160cm　4.5kg（本文177ページ参照）

はじめに

木綿絣は、無名の庶民たちが育ててきた文化遺産ともいえる。江戸末期から明治にかけて急速な発展を遂げ、その技術と絣文様は世界に誇りうるものであった。しかし昭和四〇年代の高度経済成長と新繊維の出現によって、オートメーション化され、手織りの技術はすたれてしまった。

私は、昭和三〇年代に織り方の全工程を八十八歳の老女に学び、織ることに夢中になった。そのころ村を歩けば、明治時代から愛用しているという高機《たかはた》で手織りを楽しんでいる老女たちに出逢い、彼女らからの聞き取り調査を続けた。郷土の倉吉絣を研究の第一歩に踏み出して以来、四〇年間村々を廻って、カメラとペンで記録し、残存する絣の遺品や使い古されたボロ布を収集した。調査を通じ、絣文様の多様性に強く衝撃を受けて標本を作った。

西日本の絣産地（九州・四国・山陽・山陰）を数回にわたり現地調査をして、同地の工業試験場や工場経営者と後継者、紺屋と古老、元女子従業員の技術保持者らから、絣見本帳や縞帳《しまちょう》を見せてもらい、その他の諸記録を実地に調査した。さらに、無名の名人の意見を採録するとともに、それらの人々の生活も記録してきた。これはまさに絣文化史の発掘であったとおもう。

手元に収集した資料と記録をもとにして、不満足ながら絣文様を分類し、移り変わりと特徴を整理して発表することにした。今回の出版は、三〇年前（一九七三年）に発表した『図説　日本の絣文化史』（京都書院）に、その後の調査研究の成果を加えて大幅に増補・改訂したものである。絣の体系的研究として、また文様史として活用されることを念願する。諸氏のご批判とご助言をいただきたい。

目次

第一章　絣の由来

一　木綿以前のこと

私たちの祖先は、寒さから身体を守るために、天然に自生する草木樹の繊維を使って織物を創り出してきた。たとえば、麻・藤布・葛布《くずふ》・楮《こうぞ》・榀布《しなふ》・ぜんまいのわた毛などである。また、稲作農耕による稲藁を利用した布や、和紙をこよりにして織る紙布《しふ》や紙子《かみこ》などは軽くて風雅のあるものであった。

昭和四〇年代、鳥取県東伯郡三朝《みささ》町の温泉町の奥の旧家で、ぜんまいのわた毛を紡糸した織物がみつかった。文化十二年（一八一五）の遺品である。経《たて》糸は木綿の紡糸を使い、緯《よこ》にぜんまいの糸が織り込まれた厚地の織物である。用途は、外套やマントに使用していたらしいが、非常に暖かく防水性に富んだものである（八ページのぜんまい布の図参照）。

ぜんまいの茎は食用にし、若葉の渦状に巻くわた毛の、米粒ほどの毛を集めて数年間蓄えて紡糸したらしい。早速ぜんまいを集め紡糸することにした。ぜんまいわたは山菜加工所（鳥取県日野郡日南町）に協力してもらい、白綿三割とぜんまいわた七割でわた打ちをし、糸車で糸に紡いだ。わた毛が短く、ぜんまいの紡糸は太い糸になった。それを煮ると強さが増し、柔らかいぜんまい糸ができた。ぜんまい布を試織し、樹皮繊維の織物とはひとあじ違う重厚な温かみのある製品を再現した。これらの繊維原料は、木綿以前の大切な資源として、生活体験から必要に迫られて工夫した保身衣料であろう。

また、同じく三朝町の奥地には昭和四十年代に藤布を織る老女もまだ残っていた。山藤のかづらを刈り取って槌でたたき、谷川に放置して繊維にほぐす。そして、その繊維を口で績《う》むのであるが、珍しいことに、老女はカメラを恐れて写真を撮らせない。カメラを向けると死ぬという迷信を信じていた。その反面に私の聞き取りは喜ばれて、藤糸や織った布を資料として頂戴した。彼女は「裏山に無尽蔵に生えた藤づるを仕末するのに、藤布をつくり続けてきた。藤布は山着に最適で欠かせない」と話した。

こうした天然繊維を績む技法は上代から伝承し、親から子・孫へと幾世代もの人びとが土地の豊かな原料を利用し、恩恵を受けてきた。勤勉に働けば靭皮《じんぴ》繊維を採集・加工して身に装うこともでき、また換金して収益をあげることもできた。それを現代に至っても続けるこの老女は、暮しの中で培われた、糸を績み織り上げる喜びの伝承者であると思われる。

過去のすべての女性は、創造力に富む働き手であり、織物を創る推進者として、技術の担い手でもあった。言いかえると文化の伝達者としての役割と、家庭内の衣生活を管理する者としての役割を担っていた。

一方、織布は租税や貢布として献上するための換金商品でもあり、その生産には多大の苦労が伴った。こうした織り技法の伝承と、生活を維持し護るために女性が関わってきた歴史の功績は高く評価されなければならないと思う。

一方、動物繊維では、家蚕の普及により屑繭を煮て糸に紡ぎ独特の節糸を創る老女がいる。時間をいとわぬ仕事だけに逸品が生まれる。熟練した技術でひっぱり出した節糸から、一段と優美な紬《つむぎ》着物をつくってきた。

江戸末期から木綿が普及し、庶民が綿の栽培を許されるようになると、今までの藤や麻を績むより、木綿は数倍早く容易に糸を紡ぐことができた。木綿は急速に普及し、白木綿の製織から縞木綿に、さらに綿糸を括って染める斑点文様の絣に進歩した。しかし、白木綿と縞布と並行して、藤布や紙布の産出も明治初期まで続き、在家では、現代にその技法を伝える古老もいた。最近は原始織りグループとして伝統技法を守る人たちもいる。

二　白木綿から縞木綿へ

絣は、木綿によって発展したのであるから、まず木綿について知る必要がある。

日本各地の絣の産地の背景には、綿作地帯を所有しており、自家用白木綿や縞木綿が早くから製織されている。有名な三河木綿や河内木綿がその例である。

木綿の原料である綿作の起源は、諸説があって一定していないが、一説には、延暦十八年（七九九）に三河国（愛知県）に渡来したインドの崑崙人が綿の種を持参して伝えたという。しかし、この説は裏付ける資料がなく真実性がない。その後、綿の栽培は絶滅してしまったらしい。

『染織の歴史』によれば、「文明年間（一四六九〜一四八六）頃から日本において木綿の需要が多くなり、この頃から毎年一〇万疋もの綿織物が朝鮮より輸入された。天文年間（一五三二〜一五五四）には、南支那海方面から明国（中国の明時代）との貿易によって唐木綿が輸入された。綿種の伝来もこれらの貿易によるものであろう」と述べている。

また、『日本染織発達史』には、「朝鮮との貿易によって、木綿製品が比較的早くから輸入された。その数量は予想外に多く、応永二五年（一四一八）から、応永三〇年（一四二三）の五カ年間に回賜綿布は一一、六八〇疋（一疋＝三五尺）にも達している。また公貿易では綿紬を主としていたが、応仁の乱以後は綿布に移り、長享二年（一四八八）には八〇余万疋に達し、天文ごろにも四万ほど輸入していた」と、記されている。これらの記述から、朝鮮から木綿が輸入され、綿の栽培技術も貿易によって伝来したものと思われる。

一般に綿作が日本各地に普及したのは、文禄年間（一五九二〜一五九五）ごろと言われているが、三河国では、明応年間（一四九二〜一五〇〇）に綿作が行なわれており、慶長年間（一五九六〜一六一四）には大和白木綿が製織されている。

綿は東北地方を除いた各地で栽培され、なかでも松坂木綿、三河木綿、河内木綿、博多木綿、小倉木綿などは有名であった。備後地方（広島県）では、元和五年（一六一九）に、城主水野勝成公の奨励産物として、婦人の副業に広めている。

綿は、麻繊維を紡糸するのに比較して、五倍の能率が上がり、保温力と肌ざわりに優れ、最上の繊維であった。この木綿の原料である綿は、四月〜五月頃に畑に種を蒔き、白い花が咲き、やがて綿桃がふくらむ。綿花が吹き出る十月下旬に収穫する。摘んだ綿花の種子を綿繰《わたく》り車にかけて除去し、綿打ちをする。綿繰り車は、簡単な構造の二本のロールの間に綿花をはさみ、ハンドルを回転させて種子を残す操作である。

藩政時代には、綿繰り屋と綿打屋が別業になっていた。綿打ちは、唐弓《からゆみ》（長さ一・五メートルの木に鯨の筋や牛皮の筋で弦を張ったもので、重さ約二キロ）を使って綿を打った。打ち上がると綿の量が一〇パーセント減少したといわれ、こうして綿繊維を打ちほぐし紡糸したのである。

紡糸は八ページの図の方法で行なう。篠巻《しのまき》（一升枡の裏に繰り綿を薄くのせ丸箸に二〇センチくらいの綿を巻きつけ箸を除き撚《より》の加わらない太い紐状のもの）を糸車にかけて糸を紡ぐのである。老女たちは、一〇歳に満たぬ時から練習したものだと話しているが、熟練を要する作業である。右手は紡糸車を一回転半、回転させ、左手の篠巻は撚《より》をかけながら糸を作るのである。

木綿の需要が次第に増加すると、生産と並んで木綿問屋が各地に誕生した。問屋は、綿替《わたかえ》木綿といって、主婦や娘に綿を貸与し、手紡ぎを奨励した。上手に紡糸すると、綿の量は少なくて織り上がった木綿はなだらかで美しい。問屋は、紡糸の出来具合を検査し、上等品に二倍の値段を付けて取引きをした。女性は紡糸ができることが第一条件であり、手先の器用さが評価の対象とされた。

『染織の歴史』によると、天明年間(一七八一~一七八八)には各地方で織られた木綿織物が大坂に集荷された。その産地は次のようであると記している。

関東　武蔵、安房、下野(埼玉、千葉、栃木)
中部　甲斐、尾張、三河、美濃、駿河(山梨、愛知、岐阜、静岡)
近畿　河内、大和、和泉、摂津、紀伊、山城、伊勢、淡路(大坂、兵庫、奈良、和歌山、京都、三重)
中国　周防、播磨、因幡、安芸、長門、出雲、備中、備後、備前(山口、広島、岡山、鳥取、島根)
四国　阿波、伊予、土佐、讃岐(徳島、愛媛、高知、香川)
九州　豊前、豊後(福岡、大分)

このように、幕府は大坂に木綿問屋を置き諸国の白木綿を集めていた。

藩政時代は、白木綿が中心であり、繰り綿問屋、木綿問屋ともに藩が保護に力を入れた。「倉吉がすり」の場合は、寛政九年(一七九七)の鳥取県の木綿生産額は一六万七〇〇〇反であると、大坂の三井本店が推定している。そして、嘉永五年(一八五二)二月には、大坂木綿問屋の丹波屋七兵衛、淀屋清兵衛など六人と因幡、伯耆の木綿問屋二五軒との商業契約が再び成立した書翰がある(九ページの図参照)。その内容を要約すると、

天保十二年に木綿問屋の特権が廃止され、自由競争で倒産する業者が出たこと、そこで嘉永四年に再び特権が回復したので木綿を出荷してほしい。寸法(二丈八尺)は厳重に注意し不良品の場合は差戻

すから承知してほしい

とある。大坂木綿問屋のよこした貴重な記録であり、白木綿の寸法が一定していなかったことを物語る。縞織物は、室町ごろ名物裂《ぎれ》として、中国から入った絹織物と、南蛮系から伝わった赤茶系の縞織物の影響により発達を遂げたといわれる。『日本染織発達史』によれば「元和年間（一六一五〜一六二三）伊勢松坂において縞木綿を製織し、寛文年間（一六六一〜一六七二）には、蚕糸を縞に入れる柳条木綿が織り出されたのがはじめてであろう」と述べている。それは、木綿と麻が農民に許された衣料であり、自給自足をするのに好都合であったからだろう。そして、絹糸の縞を入れることによって一段と鮮麗さを増していった。

前述したとおり、綿作を奨励する一方で木綿織物や縞織物の生産を保護し、藩が奨励した。縞には、経縞《たて》と緯縞《よこ》、その両者を組み合わせた格子縞の種類がある。工程から考察すると、経縞が一番簡単である。南方系の縞は、経縞が非常に多い。「縞帳」に貼付されている縞布のほとんどが経縞である。これらの「縞帳」から、日本の縞文様も経縞が普及し着用されたことがわかる。

縞は、木綿の普及とともに農民の中に大流行した。農家では、自家製織の縞を貼りつけた縞帳を作成した。もっとも当時には「縞帳」を「島帳」と書いたものがある。縞を「島」と書いたのは、南蛮渡来品を「島」と呼んだことに由来するといわれている。南蛮渡来品の色調豊かな縞は、急速に町人の中に流行した。なかでも派手でイキな色相のものや、大胆な縞柄が喜ばれた。農民の縞物は、藍染の系統が多いのに、町人のものは弁柄《べんがら》系統の染色をした赤茶の木綿縞であった。これを「サントメ（桟留）縞」と名づけている。サントメとは、セント・トーマス島（インドの木綿の産地、ポルトガル名サン・トメ）から来た名で、他に「カピタン縞」などもある。このように、南蛮系から伝わった縞物の影響を如実に示している。

手紡ぎ（鳥取県倉吉，福田すゑの，昭和56年）

ぜんまい綿（鳥取県日野町，昭和50年）とぜんまい布（鳥取県三朝町，文化12年）

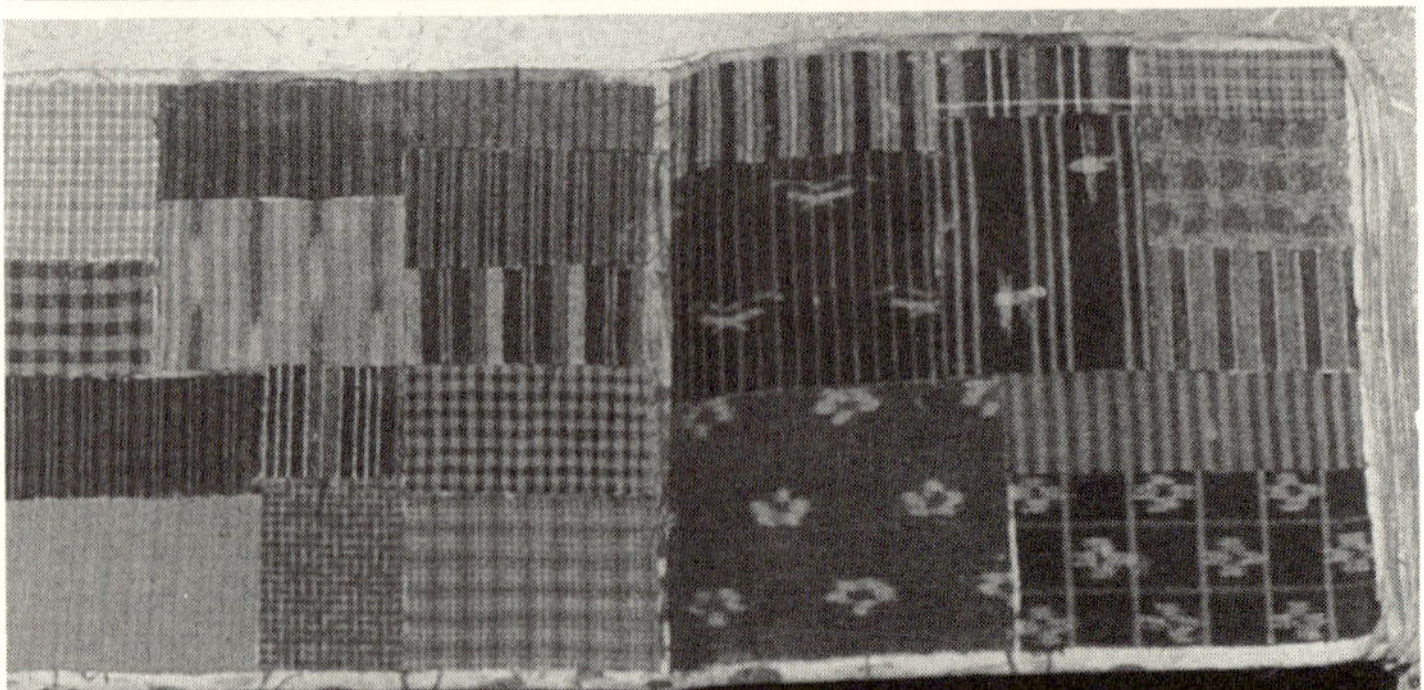

縞帳（倉吉，広瀬つね・かよ親子二代，明治中期）

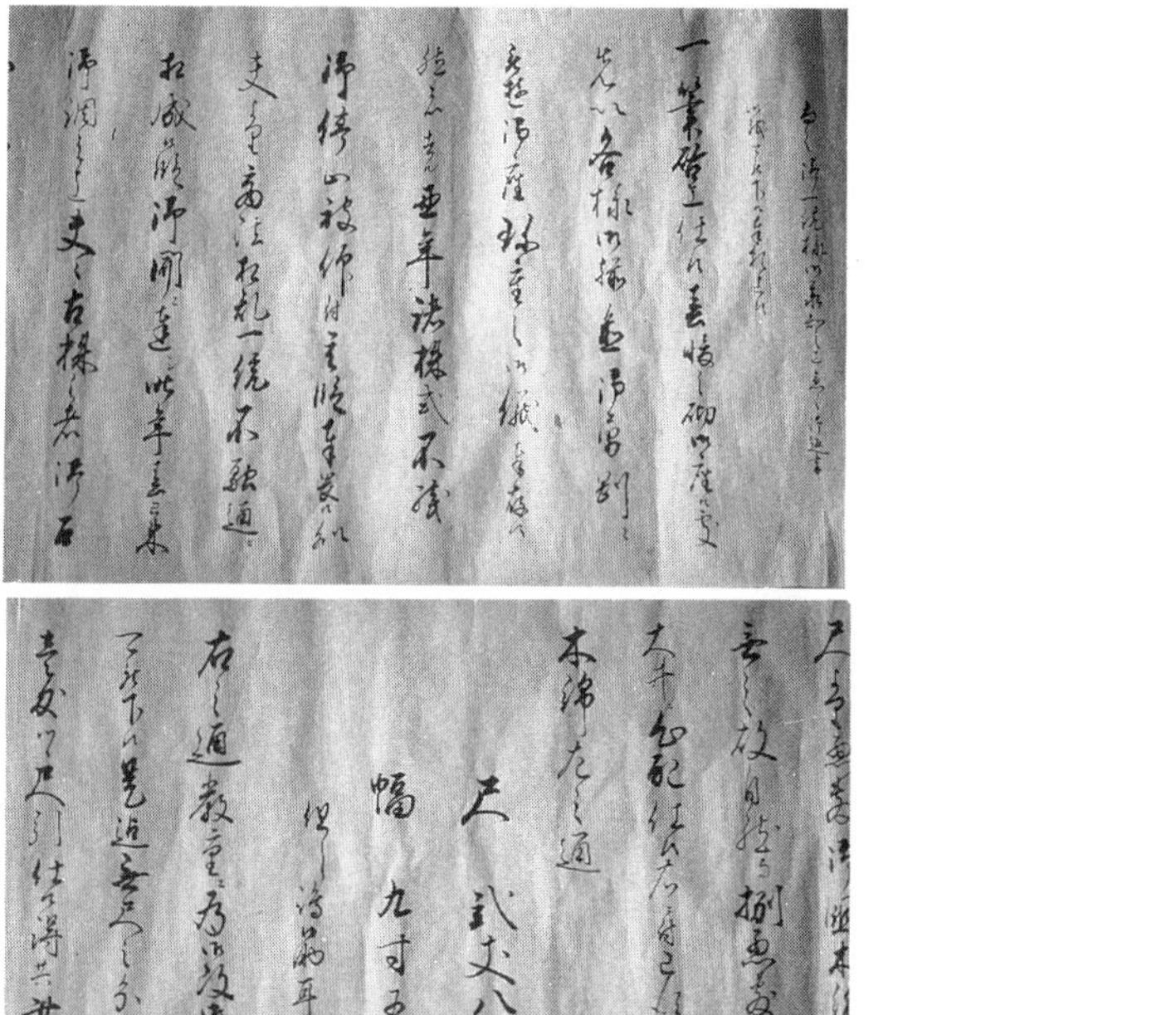

木綿問屋書翰（1852年，倉吉，河島雅弟文庫）

「縞帳」は使い古した和紙を二つ折りにして綴じた厚い帳面である。その帳面は自由自在な大きさで、中には二〜三センチ幅に切った縞と絣布を隙間なく貼りつけたものである。幾世代にもわたって貼りつけられ、家宝として継承された縞文様のデザインブックでもあった。

先代の祖母や母の考案した縞文様を参考にして、夫や子どもに糸を紡いでは織り、縞をつぎつぎと貼りつけていった。縞帳は女性の生きた生活記録であり、庶民の染織文化史ともいえるものである。木綿の着用しか許されなかった当時の人たちが藍や浅黄の紺系統の色の制限内で巧みに考案した縞文様は、支配者階級の錦や絹にけっして劣らない、力強い美しさを持っていた。

姑の命令で織った縞が、注文通りにできなくて笑われたり泣いたり、反対に立派に織れて喜ばれ生き甲斐を感じたり、娘の成人祝いに織った縞柄など、縞帳をめぐって語る老婆の話はつきない。機の上で喜び、機の下で泣く子どもと共に泣いて生き抜いた、綿ぼこりにまみれた明治の女性たちの生活記録でもある。

縞帳は各家庭の特徴をよく表わしており、着物の盗難事件の際には縞帳を参考にして捜索に当たったという話もある。私たちには紺一色に見える縞模様も、老婆たちはたやすく見分けてしまう。

また、山陽と山陰の縞帳を比較すると、色調や縞組の相違がよくわかる。気候、風土、環境、人間性の違いによってなのか、山陽地方の縞帳は大胆な縞組で色相が非常に明るい。その反対に、山陰地方のものは縞が細く、紺、茶系統の暗い繊細なものが多い。

縞織物は、すべての女性が独創的に織り出したもので、創造と実現の明け暮れであったともいえる。縞帳のほかに縞を保存する箱「縞箱」と呼ぶものもあった。縞帳とよく似た目的である。近所の縞布を集めて自分の縞布と交換し、見本として保存した箱である。したがって女性の創造の箱とも呼ぶべきもので、大切に保存されていた。

三　染色の発達

植物染料には、藍、紅花、紫根《しこん》、茜草《あかね》、梔子《くちなし》、黄檗《きはだ》、刈安《かりやす》などがある。なかでも、藍は染料として優秀な堅牢度と特殊な芳香が喜ばれ、木綿の発展とともに庶民の染料として発展した。

古代の染色については不明な点が多いが、タデ科の蓼藍は、古代中国から伝えられ、『延喜式』（九〇五～九二七）によると、諸国で栽培されていたといわれている。

『出雲風土記』によると、藍を「あたね」とよび、原始的な摺染めに使っていたようである。天平年間（七二九～七四九）から、「あたね」を改めて「山藍」「蓼藍」とよび、早くから摺染技法を播磨へ伝えている。阿波藍は播磨から伝わったといわれるから、出雲民族はよほど以前に摺染技法を知っていたことになる。

播磨の藍種が、阿波に移入したことを示す資料として、『阿波藍』『阿波藍の栽培及製法』によると、「元和二年、蜂須賀家政は、播磨より藍種を移入し、麻植郡呉島郷（鴨島町上下島より牛島の間）に試作せしめ、保護奨励す」と述べている。日本各地の河川（筑後川、淀川、吉野川）の流域にも藍は栽培されたが、なかでも阿波は、藩の奨励と四国第一の長流吉野川の土壌が藍作に適したので、日本一の産地となった。阿波藩蜂須賀家は、表高二五万二〇〇〇石の財源を持つ藍商人であったといわれている。前出『阿波藍』は、明暦、万治年間（一六五五～一六六〇）の藍作反別は、数百町歩に及んだと記録している。

一方、江戸期の藍染めは型染めが専業（表紺屋）化したが一般農民の染色は、自給自足による方法が行なわれた。各々の家の庭先に藍瓶《あいがめ》をいけ、藍を醱酵させて、藍の濃淡を自由に染色した。しかし江戸時代は染色の身分制がしかれ、華美な染色が禁じられて、農民は下着から上着、寝具に至るまで、紺一色の衣服を着用するように強制された。それればかりか、幕府や藩は贅沢禁止令を出して、衣食住にわたって干渉し続けた。絹の着用は御法度であり、木綿と麻類は許された。したがって、木綿の藍染めが発達し、絞りや絣文様によって自己を表現しようとしたのである。

藍作は重労働であった。二月上旬に種子を播き、七五日で移植し、七月上旬に刈収する。刈収したその夜のうちに細かく刻み莚にひろげて乾燥させる。

藍は葉の青いものが上等である。葉藍の良否は、肥料と地質との関係が深く、紺屋は、藍の栽培状況を畑に出向いて調べ、青田買いを行なった。

藍の品位鑑別法は、手板法（少量の水で藍玉を練り合わせ、白紙に捺印する）と、藍葉を太陽にすかして見る方法などが行なわれた。

蒅《すくも》とは、乾燥させた藍を醗酵させたものであり、さらに臼で搗き固めたものを藍玉といった。藍玉は、俵や叺《かます》（藁やむしろの袋）に詰めて藩外に移出された。

阿波藍は最良のもので、文化元年（一八〇四）には藍玉三〇万俵を産出しており、その後も、明治二十七年（一八九四）には三二万六〇〇〇俵に達する産出をしている。藍といえば阿波藍が国産染料として第一にあげられ、右に出るものがなく、全国の紺屋に移出していたのである。

現地、徳島県の阿波藍を訪ねることがかねての念願であった私は、昭和四十六年六月、徳島県工業試験場の米川技師の案内で同地を訪ねた。

徳島県板野郡松茂村には、阿波藍製造業第十三代三木与吉郎の邸宅がある。約三百年の歴史を持つ白壁と石垣造りの家屋で、数百人の従業員を使っていたと伝えられている。同邸には三木文庫が設置され、家業伝来の諸文献や諸資料を公開している。藍についての文献は日本一であると学界から注目を浴び、研究者が跡をたたない。私は、同三木文庫の中で、膨大な資料や文献に圧倒され、藍商人の勤勉さと富豪ぶりにも驚嘆した。三木家は藍商とともに従業員が浄瑠璃を演じたといわれる。「巡礼お鶴」の人形を見ると、幼き日に母から聞いて涙したことを想い出し、胸が熱くなった。また、名妓夕霧をめぐって藍商人が一夜に千金を投じるという、近松の「夕霧阿波の鳴門」を想い出した。近松の作品が本当にわかったような気がした。日本の藍は、まさに阿波に代表されるものであったことを身体で感じとった。

そして、藍の産業経済の発展とともに、農民の労働と搾取の過酷さを考えざるをえなかった。吉野川の流域に立って「阿波の北方起き上がり小法師、寝たと思うたら早起きた」と、歌に歌われているのを想い出し、藍作の労働の苛酷さを思うと、心が滅入ってしまった。

藍染めとは、藍瓶を数十本並べ、瓶の中で藍玉を充分に醗酵させるのである。その製法は次のようである（徳島工業試験場・米川孝宏技師の指導による）。

①藍瓶　三二五*l*（リットル）容量、陶器製。

蒅　二〇kg
苛性ソーダ　一kg
水　四〇*l*
｝混ぜて煮る（摂氏九〇度）一時間以上

②藍瓶　水一五〇*l*入れる

蒅、苛性ソーダ、水を混ぜて煮たものを入れる。水一〇〇*l*補給し、総量三〇〇*l*にする。よく攪拌し、一～二時間後に消石灰三四〇gを液面に撒布する。

③小麦澱粉　一三〇gを二*l*の水で煮て糊状とし、液面に入れ、攪拌せずそのまま静置する。温度は

摂氏三五度に保ち、冬季は炭火で保温する。

④一週間置く。保温に注意し、朝夕数回攪拌する。

仕込んだ時　P・H　一三・二

染色適時　P・H　一一・八

化学式によって示せば

$(C_6H_{10}O_5)_3$（澱粉）$+ H_2O \rightarrow 3C_6H_{12}O_6$（葡萄糖）$\rightarrow CH_3CHOHCOOH$（乳酸）

$CH_3CHOHCOOH$（乳酸）$\rightarrow C_3H_7COOH$（酪酸）$+ CO_2$（二酸化炭素）$+ H_2\uparrow$（水素）

この際に発生する水素が藍を還元させ、アルカリ性水溶液となる。

阿波藍染大和屋技法継承者七代目の上田利夫は、長尾織布工場（しじら織）の藍染めを担当していた。工場内の藍瓶は数えきれぬほど多く、薄暗い染色場には藍花が紫色に盛り上がり、藍の香りが鼻をつき通す。藍の本場に来た感を深くして嬉しかった。

上田利夫は、その生涯を藍花（醱酵藍）の研究に捧げ『阿波藍』の著者でもある。彼は、「生きた藍は染まったものも生きている」と話しているが、彼の鋭い勘で染色したものはほんとうに生きているのである。私は、人間の素晴らしさを感じ取った。

藍染めは、上下二本の竹で絞り上げる工程を数十回繰り返す。二〇回以上繰り返すと正藍染めになり、耐水、摩擦に強く、日光照射にも堅牢である。さらに洗えば洗うほど藍が変色し、美しさを増して冴えてくる。

藍染めは、非能率な仕事で、しかも重労働である。一人一日に絣八反と縞五反の染色が一人前の仕事とされており、そして男の仕事であった。絣の文様のきわをくっきり染めるには、元気のいい男が数十回、糸を土間に叩きつけなければならない。力のいる仕事である。そして、醱酵状況を藍花（瓶いっぱいに紫の大きい泡が立つ）で見分けた。藍液を舌でなめたり、瓶の中を日夜寝食を忘れるほどの観察をしなければ、染色してもすぐに色褪せてしまうのである。紺屋の主人は、常に藍瓶を眺め、手加減と勘で染色の技法を伝えて来たのである。紺屋は、口々に「藍は生きもの」と話すが、一回一回が面倒でむずかしい仕事であった。

明治二十年（一八八七）以後から化学染料が輸入され、同二十三年には、化学染料（インジゴピュア）を、天然藍に混合して使用している（久留米絣無形文化財保持者・森山虎雄の記録による）。

阿波藍も、化学染料の影響を受け、同二十三年、印度藍併売案（印度藍と天然藍を混ぜて販売する案）は

藍草（タデ科の一年草）藍畑
（倉吉，自家栽培，平成13年）

阿波藍（すくも）を購入（56kg）
（自宅納屋，平成13年）

否決されたが、天然藍は重労働を要する上に非能率のために産額が減少しているらしい。

山陰地方は、明治三十七年（一九〇四）頃から化学染料の輸入が激しくなり、藍作が全滅寸前になった。鳥取県において、明治三〇年度自作藍三八三町九反を栽培していたものが、同四〇年には八三町三反に減少した。まさに七六％の減少で、インジゴピュアの併用染色に変わった。化学染色は時間と労力が軽減される経済的利点があったからである。

日本各地の藍畑も明治末期には姿を消し、藍作は阿波地方にのみ残った。しかし、同地方でも漸次減産し続けたが、戦後になって復興の道を辿り、昭和三〇年代からしだいに藍作が増して昭和四十二年には二〇町歩にまで上昇を示した、と『阿波藍』は記録している。

染料だけでなく、染色の方法も現在は機械染色に移行している。備後絣工場では（昭和四十五年調査）、一日に染色する量は反数にして四〇反分で、着尺の糸を機械が染色するのである。染料は化学染料を使っているが、低廉で量産する機械染色をみて私は驚歎した。そして、無個性的でコスト一辺倒の大量生産品に不安を感じた。

四　絣の発生

「かすり」のことを、絣、加寿利、緕、飛白などと漢字で書き表わすが、どの字が正しいのか、その由来は明らかでない。江戸末期から明治初期の文献や資料の中には「絣」という文字は見当たらず、「飛白」「緕」「加寿利」が使われている。明治後期の文献には「絣」の文字が使用されている。

「かすり」は、沖縄の八重山で織られていた赤縞絣を「カシィリィ、チイキ」あるいは「カシィリィ」

と呼び、それが訛って「かすり」となったとも伝えられている。また、絣文様とその工程上から、かすれる文様であるので「かすれ」の呼び方となったともいわれている。「飛白《かすり》」は、織り上げた布地が白い斑点状態を表わすので文字で飛白の字をあてたようである。

「絣」と「緕」は、糸を併せる工程から発した当て字であろうという説がある。しかし、そうだと断定することはできない。現在一般的には「絣」の文字が使用されている。

絣の手法は、インドネシアで生まれたイカット（Ikat　インドネシア語で縛るという意味がある）の手法が、南方諸島に広まり琉球、中国大陸に伝播して発達していったといわれる。この手法は、経《たて》糸を縛り文様を作る経絣の技法であった。

『かすりの史的考察』によると、「明の太祖洪武五年（一三七二年）の頃、琉球名産芭蕉布に経絣が製出された」と記されている。日本の正倉院宝庫中にも太子間道《かんどう》といわれる裂布地がある。法隆寺に伝わる広東錦なども中国から伝わったものだろう。

このように、錦での絣の由来は意外に早く、飛鳥から天平時代にかけて伝来したようであるが、その後、この技法は発達をみずにおわっている。

前出の琉球名産の芭蕉布や、越後上布（寛文年間、一六六一～一六七二）に絣が製出され、紬では、奄美大島の紬が有名であった。しかしながら、絣の本格的な発展は、木綿の生産と並んで発展したので、庶民が育てあげたということができる。

縞木綿が早くから生産された土地は絣の技術も普及していた。久留米絣産地では、久留米縞、甘木絞りが以前から産出されていた。備後絣の産地にも、福山古手、備後縞があった。また、日本で一番早くから白木綿を製出していた大和白木綿も宝暦年間（一七五一～一七六三）には、大和絣を製織している。

木綿の製織技術を持っていれば、縞木綿は簡単に製織できる。染色の過程に、むら染めの部分や、絞った箇所があれば、自然に斑点文様やかすれが不規則に生じる。これが、絣の発生と密接な関係を持つのである。

日本独特の絣の技法が生まれたのは、鹿児島の薩摩絣が元文五年（一七四〇）で早く、前出の大和絣（宝暦年間、一七五一～一七六三）がその次のようである。また、佐々絣（名古屋堀川において織られる）は寛政年間（一七八九～一八〇〇）に製出されている。これと前後した時期の寛政十二～享和元年（一八〇〇～一八〇一）に、久留米絣は同地の井上伝によって製織されている。愛媛県温泉郡垣生村の鍵谷カナが、井上伝より一～二年遅れて伊予絣に成功している。鍵谷カナは、天明二年（一七八二）に生まれ、井上伝より六歳年上であった。伊予絣を考案したことについて、土地の資料は次のように述べている。

鍵谷カナは四国行きの船中で久留米絣を着用した人を見てヒントを得、伊予絣を考案したという説がある。また、一説には、草屋根の竹を縛りつけた部分が白く残ることに着眼して絣を考案したのであろうと伝えている。いずれにしても、その頃は、農家の婦人の間に白木綿や浅黄縞の商機《あきないばた》が行なわれていたのであるから、糸をずらせてできる経絣の技法も生まれていたのではなかろうかと推察される。

備後絣は、『備後織物工業発達史』によると、「寛政の頃、備後六郡藍の栽培旺盛となり各地に紺屋続出し、縞木綿、絣木綿発達す」と記されている。

しかし、同地方の定説によれば、備後絣の創始者（同地方での呼称）広島県芦品郡の富田久三郎は、文政十一年（一八二八）に生まれ嘉永六年（一八五三）には井桁絣に成功し、文久元年（一八六一）に洋綿糸で絣を製織し、文久絣と名づけたと伝えている。

前出の寛政の頃、縞木綿や絣木綿が発達したという資料に比べて約五〇年後に備後絣が完成したことになるが、富田久三郎が備後絣の創始者という説には疑問がある。

伊予絣の発生から五〇年も経て備後絣が考案されたとすると、あまりの年月の開きを感じる。やはり、前述の記録どおり、寛政末期頃には無名の女性の手で絣が製織されていたのであろう。

山陰地方では、島根県の広瀬絣と、鳥取県の弓浜絣、倉吉絣をあげることができる。これらの絣の起源は諸説があって一定していない。『米子市史』によると、藍作も宝暦年間（一七五一～一七六三）には生産が増加し、同年間に米子灘《なだ》飛白《がすり》織《おり》が始まったと、記録している。さらに寛政年間（一七八九～一八〇〇）には、米子車尾《くずも》村において絞木綿の生産が盛んであったという記録がある。

『鳥取県勧業沿革』と『裏日本』の文献を総合すると、米子車尾に発生した摑染絣《つかみぞめがすり》と、絞木綿の影響を受けて文政年間（一八一八～一八二九）の頃、倉吉町の稲島大助が定形の花鳥山水の絣を織り出して倉吉絣を普及させた、と記録している。稲島大助は鍛冶職人であったろうとの推察ができる。稲島家は、元鍛冶職を営んでいた。倉吉町は、宝永～正徳（一七〇四～一七一五）頃から、農機具の稲扱千歯《いなこきせんば》の生産地で、鍛冶屋がたくさんあった。そして、千歯商人が全国に、土地の絣と稲扱千歯を販売して歩き、他国人と交流した手工業の町であった。また千歯職人は先進地の絣の技法を模倣して型紙を彫る刃物を持っていたことが役立ったと思う。そこで稲島大助について調べてみると、寺の過去帳によると六代目稲島来輔（六三歳）が嘉永四年に死亡している。倉吉絣を織り出した文政年間は「来輔」の三〇歳代にあたり、年代は合致する。しかし、稲島の家系には「大助」は見いだせない。「大助」と「来輔」について呼称はよく似ているが漢字は違う。しかし他の数十軒の寺の過去帳にも「大助」の記載がないから、今後研究の余地があろう。

一方、弓浜地方は山陰第一の綿作地帯で、藍の栽培も盛んに行なわれた。その綿作収穫時には、県外周辺の婦女までも集まって綿つみ労働に従事した。そして、その労賃に綿を支払った。

山陰地方の広瀬、米子、倉吉地方に、弓浜の綿を供給したことなどが、絣の図柄の流行を急速に広めたのである。

広瀬絣について、大田直行（『雑誌工芸』二〇号）は、文政年中、町医者長岡謙祥の妻さだが伯耆の米子で織方を修業したのが嚆矢だと言われている、と述べている。この記録と同一の内容が『出雲国人物誌』、『町史』にも述べられていて、文政年中（一八一八〜一八二九）に米子に発生した摑染絣が広瀬に移入したといえる。

以上述べたとおり、各地方の絣の発生について系統だてることはむずかしい問題である。

日本の各地に伝承されている絣を、年代順に並べると、鹿児島の薩摩絣は元文五年（一七四〇）に製織されている。また、河内（大阪）の上ノ島絣、沼絣と称する絣がそのころ製出された（『河内木綿の研究』）。

宝暦年間（一七五一〜一七六三）には大和絣が製出され、前述の山陰地方も、灘飛白織の生産が盛んであったと思われる。『埼玉県誌』には、天明元年（一七八一）六月、上州新町宿名主、今井村名主よりの請願によって設けられた上州、武州村々各四七カ所の市で所沢飛白が取引きされていた、と記録されている。後に村山絣として文化六年（一八〇九）に荒畑五郎兵衛の妻シモが絣織りに成功している。このように、日本の各地で早くから飛白織を製出していた。そして技法や文様は土地の人間性をよく表わし、特徴を持つ絣になった。

技法や文様の上から、絣の入国経路を考察すると、南方系インドのイカットの技法は琉球絣・久留米絣と北方系、越後上布絣から大和絣など中央系の白絣などに大別されるようである。南方系は直線文様が多く、絵文様には紅型《びんがた》染めの影響もみられる。文様の背景は型染めの小紋や中型染めの模倣もあろう。北方系は緯絣の曲線文様が多く、中国文様の影響を受けている。中央系は白絣にその特徴を表わしているようである（二一八ページ「絣文様の特徴」の項を参照）。

しかし、各地方とも初期の絣は、自然発生的要素を含んでいたことがわかる。そこで、絣は、最初に日本の南端、鹿児島に伝播し、薩摩絣が九州、四国、本州に移行し広まったという説は成り立たない。久留米絣より約四〇年も早く大和絣と山陰の飛白が発生し、製織されている。所沢飛白も約二〇年以前から取引きされている。こうして、絣の発生を眺めると、薩摩絣は、海上輸送により一足飛びに本土に移入したのかも知れない。または、越後上布（麻織物）や近江上布の安永年間（一七七二～一七八〇）の絣に、木綿絣が影響を受けたのかも知れない。いずれにしても、その土地の上布や紬の影響は大きく、木綿絣を自然に発生させる素地として育てあげる力を持っていたのである。また、綿花や藍の原料が豊富な土地の婦人も同じく絣の自然発生を楽しんだのである。

以上の説明から、日本の木綿絣の創始者が井上伝で、久留米絣が九州から四国と本州に北上したという説は成り立たない。絣の発生は、大和絣や、山陰の飛白の方が早かったことがわかる。

私は、久留米市を訪ね、同産業工芸試験所三島所長の指導をあおいだ。それを要約すると、「井上伝が絣の創始者だという定説には疑問がある。薩摩絣は琉球から取り入れたもので、その土地で地域性のあるパターンが生まれたのであろう。薩摩絣は、南方系と中国系の輸入した絣をミックスしてパターンができたのである。系統だてるとおかしいことになる。久留米絣は、全女性が製織したのであり、女性のシンボルとして井上伝の名が残り、一生涯絣の研究をした女性の一人という意味である」と、語った。

発想の良い感覚の優れた女性は、新しい織り方を工夫し、広める可能性を持っている。パターンは、必ず模倣から始まり、そこから創作していくのである。『久留米絣沿革史』の文中にも、絣は、伝が身辺にあった一片の飛白の布を経と緯に分解して、それを種糸としてくびり、糸を染め、織り上げて絣文様を表現することに成功した、と述べている。

以上の諸記録から、私見を述べると、久留米絣だけに限らず、伊予絣や備後絣、山陰の絣も飛白の模倣から始まったと思う。飛白は誰が考案したのかという問題になるが、むら染めの糸を、製織技術を持つ人は、試行錯誤の結果、不自然にかすれる文様にする。このような偶然に出来る斑点文様を飛白と呼んだのであるから、私は自然発生説と模倣説をとりたい。

徳島県の阿波藍染めの技術保持者・上田利夫の絣の入国経路説は次のようである。

インドのイカットの技法がジャワ、ボルネオ、フィリッピン、台湾、琉球を経て、奄美大島、九州、伊予、備後に移入した。それが、琉球絣、大島紬、久留米絣、伊予絣、備後絣となり、フィリッピンから大和、関東、越後、東北方面に入り、大和絣、遠州絣、能登上布、越後上布、結城紬等となった。これらの白絣から発展した中央系と、台湾に入る途中、フィリッピンから中国、朝鮮を経て山陰に入った、弓浜絣、広瀬絣、倉吉絣等に系統だてることが出来る。

私は、氏の意見に賛同するのだが、裏付ける資料が少ないのが残念である。しかし、絣の産地を十数年調査した結果によると、絣文様に産地の特徴が顕著に現われている。それは線一つ取り上げてみても沖縄系の直線に近いものと、中国系の曲線の違いがわかる。そして、花弁にも長短の相違や、南方系、中国系に類別することができる。したがって、絣の発生は模倣から始まり、地域の文化交流に影響を受けながら独特の絣が発展したものと推察される。

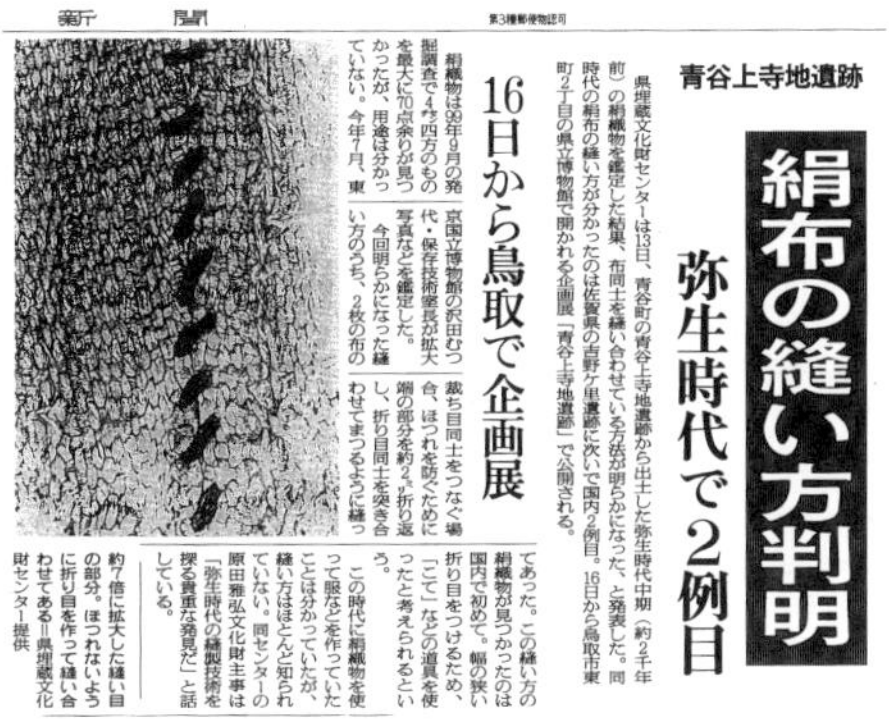
新　聞　　第3種郵便物認可

青谷上寺地遺跡

絹布の縫い方判明
弥生時代で2例目

県埋蔵文化財センターは13日、青谷町の青谷上寺地遺跡から出土した弥生時代中期（約2千年前）の絹織物を鑑定した結果、布同士を縫い合わせている方法が明らかになった、と発表した。同時代の絹布の縫い方が分かったのは佐賀県の吉野ケ里遺跡に次いで国内2例目。16日から鳥取市東町2丁目の県立博物館で開かれる企画展「青谷上寺地遺跡」で公開される。

16日から鳥取で企画展

絹織物は99年9月の発掘調査で4ｾﾝ四方のものを最大に70点余りが見つかったが、用途は分かっていない。今年7月、東京国立博物館の沢田むつ代・保存技術室長が拡大写真などを鑑定した。

今回明らかになった縫い方のうち、2枚の布の裁ち目同士をつなぐ場合、ほつれを防ぐために端の部分を約2ﾐﾘ折り返し、折り目同士を突き合わせてまつるように縫ってあった。この縫い方の絹織物が見つかったのは国内で初めて。幅の狭い折り目をつけるため、「こて」などの道具を使ったと考えられるという。

この時代に絹織物を使って服などを作っていたことは分かっていたが、縫い方はほとんど知られていない。同センターの原田雅弘文化財主事は「弥生時代の縫製技術を探る貴重な発見だ」と話している。

約7倍に拡大した縫い目の部分。ほつれないように折り目を作って縫い合わせてある＝県埋蔵文化財センター提供

『朝日新聞』（鳥取版）2001年11月14日の記事

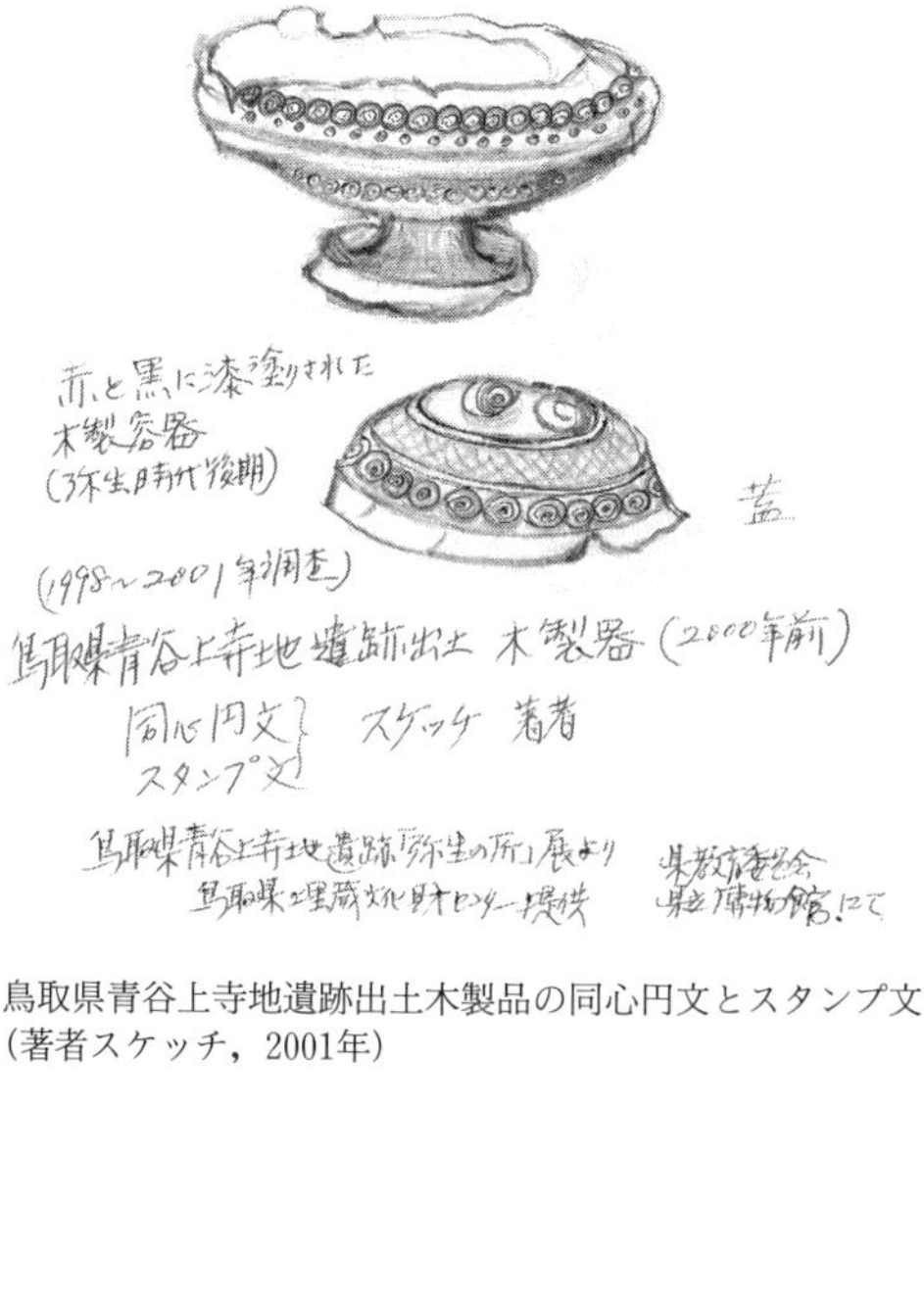

鳥取県青谷上寺地遺跡出土木製品の同心円文とスタンプ文
（著者スケッチ，2001年）

五　絣の源流を訪ねて

最近の報道によると、鳥取県気高郡青谷町の青谷上寺地遺跡から、絹織物の断片七〇点あまりが出土した。弥生時代中期、およそ二〇〇〇年前のものだという。早速私は、鳥取県立博物館で開かれた「青谷上寺地遺跡　弥生の匠」展に行き、絹布の実物と、垂直式紡糸工具や枠、織工具、縫製針（骨針）などを見

学した。この遺跡は、私の家の近くの日本海沿岸の小高いところにあり、朝鮮半島にも近く、天然の良港をなす海の玄関口にある。

二〇〇〇年も前の絹布や工具、縫製品が目前に出土したことに感謝しながら、織物の歴史に思いを馳せた。

また、この遺跡から出土した木製の器や陶器に描かれた文様の同心円文を見て「あれ！」と、思わず声をあげてしまった。

容器の直径は二〇センチくらい（目測）で蓋付きであった。円蓋には、中心とその周囲に同心円文が描かれ、約二十数個をかぞえたが、反対側はかぞえることができなかった。丸型の台付き容器も側面に子持ち同心円文が三重円を連ねていた。一部は破損していたがおよそ五〇くらいの同心円文が描かれているようであった。赤と黒に漆塗りされていて、円文は赤で描かれていた。

私は、同心円やスタンプ文には強い関心をもっている。

一九八九年、私はギリシアのペロポネソス半島にあるナフプリオン・ミュージアムで民族服調査のために、一カ月滞在する機会があった。そのとき、町の中心に建立されたベネチア風の博物館に通い、学芸員の許可を得て出土した壺をガラス越しに目測し、写生をした。この博物館は、近くのアシニ、ミケーネ、テイリンスなどの遺跡から出土した、ミケーネ時代（紀元前二〇〇〇年〜一二〇〇年）の陶器やフレスコ画が展示されていた。どの壺にもたくさんの同心円や渦巻文が描かれていて、二〇個の壺を写生した。また、アテネの国立考古学博物館の陶器展示室にも同心円文があった。さらに、パリのルーブル美術館を見学した折にも、同心円、渦巻文、青海波文の陶器の出土品を見て、赤や黒絵の漆塗りの手法が用いられていることを知った。

ギリシアの民族服をはじめ、さまざまな容器などにもこうした同心円・渦巻文が多く用いられていることを知り、私はギリシア文明の豊かさを感じるとともに、日本の絣文様のことをしきりに考えていた。

私見では、木綿絣は二〇〇年から二五〇年ほどの歴史をもつ。前史の絹、麻、シナ布など野生繊維の織り技法が前提となり、絞りや型染め、板締め（布や糸を二枚の板にはさんで染める）などの技術の発展に影響を受けて、自然発生的に「かすれ文」が生まれたと考えられる。生活什器の文様からの模倣ということも見逃せない。

こうした古代陶器や木製容器に描かれた文様の痕跡が絣文様の源流ではないかと考えてきた私にとって、このたびの調査旅行は大きな収穫をもたらした。

私はギリシアの壺絵に描かれた渦巻き文の絣を織り、絣文様のはるかな源流を夢見させてもらった。

第二章　絣の発展と衰微

一　久留米絣

久留米絣は、福岡県久留米、筑後、八女、大川の四市と八女、三潴《みずま》、浮羽《うきは》、三井の四郡にわたる広範囲な地域で生産された。

久留米絣を考案したと伝えられる井上伝は、天明八年（一七八八）に生まれ、寛政十二〜享和元年（一八〇〇〜一八〇一）に絣製織に成功したと土地の資料は伝えている。伝は、米穀商・平山源蔵の娘で二一歳で結婚し井上に改名した。二男一女を生んだ二七歳のとき夫と死別して未亡人になった。一人になった伝は、ますます絣研究を続け、多くの徒弟を指導した。徒弟の数は数百人にのぼったと語られるほど絣研究に生涯をかけ、明治二年に八二歳で逝去した。

伝の最初の絣は「あられ」「霜降」と呼ばれる斑点絣だった。その後、田中久重と大塚太蔵らの絣研究家が現われ、絵絣の基礎となる絵台という器具を考案し、変化のある絵絣を発表した。その後、明治十二年には斉藤藤助によって織貫《おりぬき》器機が発明され、各種の絣が考案された。織貫器機は絣括り器で、今まで一日一反しか手括りができなかったのが、一日に二五反の絣が括れる器機である。一反の括り賃は一七〜一八銭を支払っていたのが、三銭四〜五厘の安価に下落した。生産は上昇し、器機で新しい文様の絣も括られた。

明治十年の西南戦争には、全国の兵隊が土産に持参するほど家内工業が発達していたといわれる。「戦争戻りに久留米絣買うたれば紅殻《べんがら》染め（酸化第二鉄による染料、藍に赤を加えるので黒くなる）とはつゆ知らず男ならこそだまされた」と、歌に残るほど当時の久留米絣の品質は悪かった。業者が悪評の打倒に奮起し、共同組織による生産に切り替えた。『久留米絣沿革史』によると、明治十三年に染色業者「緑藍組」と、販売業者「千年社」を設立している。そして織り元と染め元、販売元の商標を明記して粗製品の追放につとめた。このようにして、生産組織を確立し、量産をした。

久留米市の水天宮境内にある「久留米絣碑」に刻まれた記録には「赤松社の製品は、先進地である大和絣を凌ぎ琉球絣に勝る名声を博するにいたり明治十八年産およそ三〇万反、価格四六万円におよんだ」とある。

最初のマニュファクチュア形態は、明治十六年に赤松社が成立した。次いで精成社、時行社、明産社などの巨大なマニュファクチュアが興り、染め元、織り元を合同した久留米絣同業者組合を設立した。一方、農家に出機《でばた》をして副業に賃織制度をとった。そして、明治四十年には、他地区の絣産地に先がけて、刑務所の囚人に委託生産を開始した。着手以来好成績を収め、刑務所生産が軌道に乗り、二年後には、絣の反当たり織り賃が八銭七厘の下落を示し、他県の絣を踏み倒し、日本の王座を獲得した。

昭和二年には二二二万七二四八反の生産反数となり、久留米絣の最盛期となった。量産と低賃金を狙った刑務所生産は大成功を収めた。昭和五年の刑務所委託数は七五刑務所で、全国の刑務所はもちろん、朝鮮や大連にも進出していた。同十年の絣生産高の五四％を刑務所生産が占めたといわれる。また、刑務所で生産した絣は、並巾に九〇立という特殊品（並巾に九〇個の十字が並ぶ男物の絣）で、製織に半月以上要する高級品であった。

このように隆盛を極めた久留米絣も、第二次世界大戦の影響を受けて衰微し、生産が跡絶えた。昭和二〇年には年産一三七反という下落ぶりであった。戦後の綿糸統制と企業整理のため、ついに同二十四年には、国武合名会社が倒産した。国武合名会社とは、国武喜次郎が元治元年（一八六四）一七歳の時に設立したもので、工員数三千名に達したといわれる大会社で、久留米絣の販路を開拓し、全世界に名声を響かせたのである。倒産によって、同地の人々の衝撃は大きく、久留米絣も地に落ちてしまった。

その後昭和三十二年、国は久留米絣の技術を重要無形文化財に認定し、技術保持者を決めて生産体系を確立した。そして同三十五年には財団法人久留米絣技術保存会が成立した。保存会は久留米絣の収集を開始し、各家庭に呼びかけ、数百種類の絣を収集し保存した。

寝具に使用した四巾〜五巾の構成絵絣は、大胆な文様が多く、他の絣産地に例をみない美しいものである。絣を手に取って見ながら、伝統のすばらしさと、可能な限りの創意の積み重ねに、日本の庶民の力を感じた。尊い文化財であり、芸術品である。いつの時代までも誇りうるものであろう。

昭和四十二年一月、私は久留米産業工芸試験所を訪問した。現地の久留米絣技術保持者の言葉を書き添えよう。

矢加部アキ（明治二十八年生）は、三潴郡大木町笹淵の人で、技術保持者の一人である。

私は、数え年一二歳の頃、母親から織物を習った。当時（明治末期）の娘は、嫁入りの条件に織物は欠かせなかった。手はじめに、無地の紺木綿から練習し、上手に織れるようになってから絣を習った。三潴郡は、機屋専業の村で男でも織物をする人がいたが、大部分の男たちは、絣の下準備と製品集荷や外交が主な仕事であった。老人や子どもたちも、アラソ（絣の文様の部分をあらかじめ麻の皮で防染しておく）を解いたり、簡単な糸とりの仕事を手伝っていた。

私は、絣の着物にタスキがけをして、フランス機（明治末期に流行した機）に向かい、流行歌に合わせて機を織った。一反の絣を二〜三日で織らなければ、ぶしょもんたい（怠け者だ）といって叱られた。小絣の面倒なものは、一週間もかかった。機の調子の悪い時は気分の優れない時で、織物は不出来だった。母親は、まず心を落ちつけるために、外に出て休憩し、気分転換をすると織れると教えていた。

機屋は、夜業をした。村の青年たちは、機屋の窓から覗き見して女工を連れ出して遊んだ。しかし、機屋の主人は、それを放任した。それは、女工がこの土地に稼げば、新女工を織子に仕込むよりも早道であり、恋愛を喜んでさせたのである。

久留米絣の鑑定所は、特権を持っていて、厳重な取締りをした。鑑定の結果、値段の高い絣が織れた場合は自慢をした。しかし、粗製品は信用保持にかかわるので返品された。こうして、久留米絣の最盛期となった時に戦争が始まり、機屋は軒並みに主人を戦場に奪われてしまった。女工も国に帰り、工場は閉鎖せざるをえなかった。

戦後（昭和二〇年）、主人が復員した。もう機屋どころではない社会の混乱時に、主人は、私や息子と村人が反対するのを押しきって機屋を開業した。村で唯一軒だった。村人は、口々に悪口を並べた。息子も「商売ではない、道楽だ」と、非難した。家庭は口論が続いた。主人は竹を割ったような性格の人で、採算が合わない機屋を続けた。城の絵絣（寝具、四巾構成の熊本城、三三ページの図参照）の下絵を画き種糸を作る時は、部屋に閉じ籠り、人が来ても応待しなかった。私は、五男に一女の六人の子どもを育てながら、主人が下準備した絣を朝早くから夜なべ仕事まで続けた。毎日、二四時まで仕事は欠かさず、休むのは一時だった。一反を二日と半日で織らなければ採算が合わなかった。そのためには、毎日のくだ（緯糸を巻く細長い円筒）数を決めて、一日に織る長さを計画していた。機屋の女は計画ときめ引きが大切であり、それを実行せねば飯が食べられなかった。反対しながら、主人について来た甲斐があって、機屋も順調に軌道に乗った。

昭和三十二年、主人は藍建に、私は手括りと手織りの技術保持者に指定された。その喜びは大きく、一筋の道に生きた主人と私は、手を取りあって泣いた。その喜びも束の間、主人は病に倒れて死亡した。一人になった私は、絣を生き甲斐にして暮らしていると、昭和三十六年、この上に黄綬褒章を頂戴した。誰もがしたことを続けただけなのに、有難いことである。

私の指定を受けた絣は、正藍染めで、混色や混織りは許されず、手括り、手織りの仕事である。一反を織り上げるのに、今では一六日かかる。しかし、全工程を一人でするのだから、機械織りとは比較にならない創造の喜びと愛情が湧き、楽しい生活である。

この老女は昭和四十四年に死亡した。生涯をかけた女性の自信のある言葉「創意、根気、計画と実行」が、私の脳裏に残った。久留米絣の雄大で美しい文様は、矢加部夫婦のような勤勉な人が精魂を傾けた結果の逸品であり、民族の宝物として永久に保存したいものだと思った。

藍染めの技術保持者・森山虎雄（明治四十三年生）は、四代目紺屋を継承している。彼の談話によると、藍染めの秘訣は、上質の蒅《すくも》を使い上手に醱酵させることである。醱酵の具合いは、藍汁を舌で鑑別する。チカチカと感じる時が、藍の調子の良い時である。

染色は、あらかじめ微温湯につけた糸を絞り、藍液の薄いものから濃いものに順次染めあげる。普通は、藍液に一五〜一六回つけ染めをする。しかし、小絣など特別なものになると、二〇〜二五回も藍瓶につけるのである。これを正藍染めといい、藍の香りも高い上等の染色である。

藍玉は、阿波から入れて、インジゴピュアと混合して染色した。明治三十五年ごろには、女物に直接染料（赤、黄）の混入を試みた。色に対する嗜好性が変わり、色絣を好む風調になって、結果的によかった。

幾何文　寝具
（久留米，明治期）

熊本城文　寝具（久留米，
明治中期，矢加部六郎蔵）

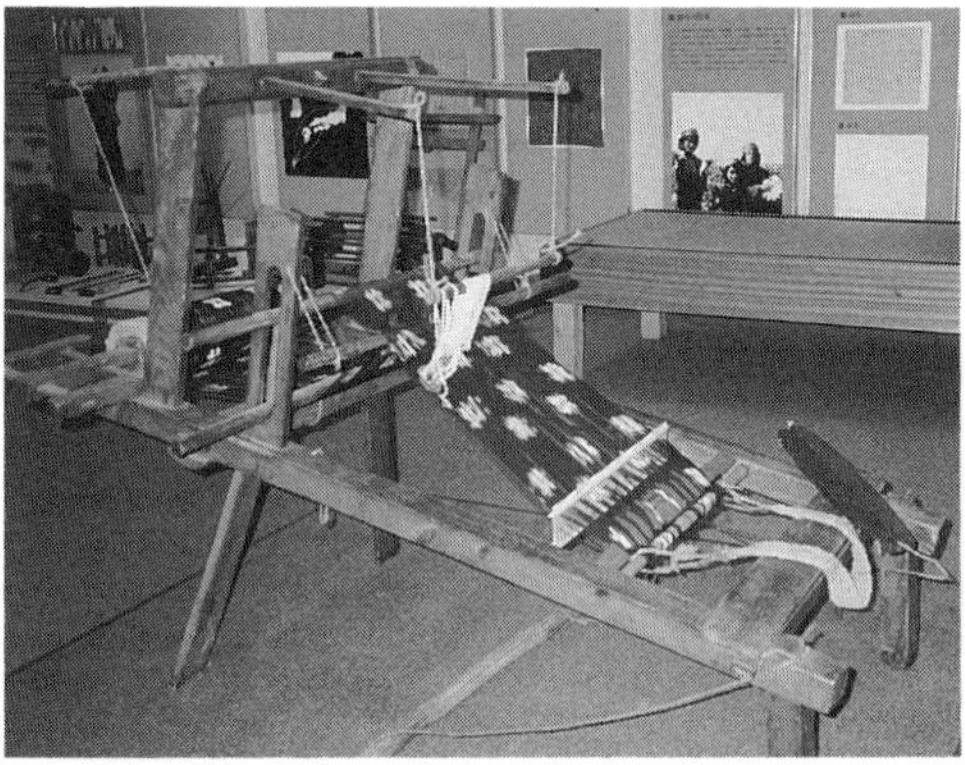

地機（久留米市地域地場産業センター蔵）

森山虎雄藍染工房（久留米絣
技術保持者会会長，1990年）

紺屋の他に家内工場と出機で賃織りをさせた。女工たちは、嫁入り条件をつけるために機屋に集まって来た。一年間に三〇反織れば、簞笥を与える褒賞制度を置いて励ました。女工たちは、朝六時から夜の一二時近くまで、残業して働いた。労働時間は、一日平均一四時間くらいであった。大正五年ごろ電灯がついたが、それ以前はランプの明かりで機を織った。電灯といっても、五燭光の電球を二人が使う暗い工場だった。

昭和三十二年、父母は藍染め、手織りの技術保持者に指定されたが、指定を受けて二年目に死去した。現在は、足踏み織機を一〇台据え付け、出機に五〜六台、刑務所に四〇台依託した生産方法で、月産二〇〇反を産出している。

という。

藍瓶には、醗酵した藍が盛り上がっている。周囲一面につるされた絣糸の透間から光が見えた。絣は、染色が一番大切である。どんなに立派に織り上げても、色褪せるようでは、絣の命は短命である。「藍瓶のそばで育ち藍を建てて老いた」と語った言葉が、久留米絣の品位を高めているのだと思った。

久留米絣への探訪は三度を数える。平成二年に訪ねた際、久留米工芸試験場元技官・三島武之（故人）に指導助言を受けたことを感謝しながら、聞き取りをまとめる。

久留米絣は、筑後の女性の換金労働がもとになり、生活と切り離すことができなかった。婚礼布団の五巾・六巾の構成・寺院などの建造物絵文には、現実には建てることのできない夢のような建物を絵絣に織って結婚の際に披露した、その健気《けなげ》さが感じられる。久留米絣は全期間を通して小絣が多く、絵画文は少ない。海外や国内の展示会に出品して受賞した賞状はない。秘密を守るため、他産地に真似のできないデザインを研究し、技術的にも新柄の意匠や色挿しなどの研究意欲が旺盛だった。女性を駆使し低賃金労働により、生産と流通を確立させる一方で本物志向をめざしたようだ。

久留米絣重要無形文化財保持者・森山虎雄工房（八女郡広川町）を再訪した。森山虎雄（故人）は「初代・森山久平、市蔵、富吉の次が自分である。久平は明治四年頃紺屋と機屋を開始している。富吉の時代に、絣括りに簡単な機械ができて、小絣が流行し、大正五年頃には、女工二五人くらいに機織りをさせた。一番よく織ったのは玉霰・丸・四角で、玉の小さい絣は織り賃が高価だった。あづま文やキ・サの字絣も多かった」と、話した。二〇年前の聞き取りを思い出し、夢のように感じて藍瓶の華の前に再び立ち、藍染めの実演を見学した。染色した糸を水を張ったバケツに浸しても、完全に糸が藍を吸収しており、水の中で染液が流れ出ず、水中で酸化して鮮明な藍色になるばかりだった。「一晩水に浸けておくとよい」と教えてくれた。絣の良否は藍染めで決まる、と感じながら製品を鑑賞した（三三ページ図参照）。

一方、久留米絣の展示場と物産館には絣の工程を解説するビデオがあり、展示場には高機・地機と織物工程が道順に沿って並べられ、古い工具や古い絣が陳列されていた。久留米絣の大胆な構図と緻密な小絣は、他産地には模倣不可能な知的構築がある。「このようなオリジナルで一生一絵文として残す絣を織ってみたい」と、大作の前でつぶやく人もいた。糸の番手による密度と絣計算によって経緯モザイクを正確に織製する、見ただけで他に追随されぬ秘伝を感じさせる。こうした幾何絵文を立体的に磨き続けた感性と手仕事は、人に勇気を与えるパワーがあり、作品の前で立ち尽くした。

久留米絣は日本を代表する絣として国の重要無形文化財の認定と、伝統的工芸品の指定をうけている。平成十二年五月に久留米絣二百年祭の記念式典が久留米市内で開催された。この記念事業には、久留米市と筑後市と広川町、久留米絣協同組合や久留米地場産業センター、絣保存会と技術保持者会で実行委員会を作り、盛大に行なわれた。まず、井上伝女の一三二回の法要を土地の寺で行ない、デザイナー山本寛斎による記念講演「人間賛歌」は盛会であったという。

一方、久留米絣の需要開拓と産地宣伝のため、東京日本橋高島屋で久留米絣展（平成十二年十月十一日～二十四日）を開催した。久留米かすりフロアショーやかすり創作パッチワーク、かすり工程の手括り実演などを行ない、消費者の声を聞いて今後の製品に生かすという目的があった。また久留米市内の有馬記念館では、平成十二年十一月二日～翌年一月八日まで久留米絣二百年の歴史をたどった資料展と、絣製品の移り変わり、機械の移り変わりなどの内容を展示し説明した。このように織物業界と市町村が一体となって消費拡大と時代のニーズに合う製品作りに励んでいる。毎年開催される日本伝統工芸展には、森山虎雄・松枝夫妻の新作品が輝いている。

二　伊予絣

伊予絣は、愛媛県松山市を中心とする農家の副業として発達し、久留米絣と競う生産をあげた。生産反数は久留米絣をはるかに凌駕しているが、伊予絣は安値であったため、産額は下廻ってしまった（七二ページ「生産数量と絣の価格」参照）。

伊予絣は、愛媛県温泉郡垣生村（今出）の鍵谷カナが考案したという説と、久留米絣模倣説の二つが同地の資料に記載されている。松山城内には、カナの銅像があり、生地の今出にある三島神社境内には「讃岐の金比羅神社に出かけ、船の中で久留米絣を着た人を見て……」という碑文があり、久留米絣を見て伊予絣を考案したことになっている。また、一説には、藁屋根の葺き替え時に屋根に当てた竹が白い斑点になることにヒントをえて糸を括ることに着眼した、という。

『伊予絣』には、「藩政時代、今出地方の風習として、琴平参詣をする場合は村内の人々が一団となり、和船を借入、米、塩、味噌、醤油まで積み込み、日数のかかるのを厭わず参詣したものである。だから、その船に他国人が乗り合わすという事は当時の地方風習から考えてもありえない。また、カナは、その頃長男が生まれていた様子もあるので、種々の点を綜合して琴平参詣というのは疑わしい。以上の事実から久留米絣を見て伊予絣を創始したという伝説は根拠なき誤伝である」と述べている。

以上の諸記録から、私見を述べると、久留米の井上伝が身辺の絣布を解いて模倣した説や、カナが竹に残る白い斑点をアイデアに織り方を工夫し絣を考案したことは想像される。また、金毘羅参りなどの人の集まりも服飾の流行と交流に欠かせぬものであったろうと推察する。しかし、井上伝（一二歳で絣を考案）の久留米絣が、晴着として広められ、金毘羅参りに着用されるまでには年数を要したと思われる。そして、井上伝と相前後して伊予絣が製織されたとすると、すでに当時絣の技法の下地があったとしか思われない。そこで、すす竹の斑点からヒントを得たアイデアを絣に工夫したという『伊予絣』の記録が正しいように思われる。

生産形態は、久留米や備後地方に先がけて問屋制家内工業、マニュファクチュア形式がみられたという。文化年中（一八〇四～一八一七）は地機で製織していたが、地元の菊屋新助という人が京都から絹機を取り寄せ木綿縞が製織できるように改造したといわれ、新しい織機を工夫して生産を上げている。

明治四年には、佐伯行義が松山市で織元を始め、長尺絣を製織した（長尺絣とは、大柄の絣をいう）。また、同十年には西南戦争の影響を受けて、伊予絣の黄金時代となり、年産八〇万反（縞を含む）を生産した。価格は反当り一円一七銭であった。

明治二〇年には、織物改良組合が公認となり、マニュファクチュアが急増した。特に今出地方には、織工一五人程度の機屋が多かった。その中でも、大規模な松山織物株式会社（瀬川喜七、玉井重吉、栗田卯三郎、白石徳次郎）は同二十九年に設立され、全国に販路を開拓したのである。そして、同三十年には一二〇万反（縞を含む）の量産をした。

一方、伊村式整経器と箱機の改良が伊村栄吉と岡田兵馬によって行なわれていたことも見逃せない。その後、日露戦争後、社会情勢をよく反映してか絣産業始まって以来の好況を示し、新記録を打ち出した。明治三十九年度産出二四六万九七三八反で、金額にして三二五万九〇三三円であった。しかし好調時も束の間で長続きせず、金融機関の破綻や、海外貿易の入超などで産業界は不振となり、ついに、伊予絣も衰微の道を辿りはじめ、大正四年には一一五万四〇七七反に激減した。その後大正末期から昭和初期にかけて増産の兆候がみられ、昭和四年には年産二〇〇万反の絣が生産されたという（前出『伊予絣』による）。

現在松山市にある須賀織物工場は伊予絣の創業四代目にあたる。昭和初期の状態について次のように語った。「昭和七年、他の絣工場に先がけて動力織機を入れると、今まで、高機で一反につき一円の利益金しか残らなかったものが、動力織機は量産する上に一反に一五円の利益金があり、みるまに成金になった」。しかし、この好況も第二次大戦で工場閉鎖となり、戦後は人手不足と原料不足に悩んだという。現在、二〇台の動力織機で月産七〇〇反を製出している。

戦後は、伊予絣工場をタオル工場に切り替えた業者もいたが、依然として日本の三大綿絣（久留米、伊予、備後）産地としての首座を占め、完全なオートメーション化によって生産が進められている。高機で手織りを続ける人を無形文化財保持者に、ということなどには無関心であるようだ。

伊予絣の現地調査に、昭和四十三年十二月、私は松山市を訪ねた。

やっとの思いで、市内三津が浜に住む老女で手織りをする人を捜し出した。
吉田よしえ（明治三十三年生）は、伊予絣を織り続けた人である。老女の談話を要約すると、「今、機にかけている白い縞は、旅館から一〇反注文を受けた浴衣である。機屋を廃業した業者の残糸をたくさん買い集めたので、死ぬまで機を織り、小遣いを儲けようと思っている。一反織り上げて五〇〇円貰っていたが、最近は一〇〇円値上げをしてくれた。原料も含めて五日くらいかかって仕上げるから一日に五〇円くらいのもので、そう儲からない。朝は夜が明けぬうちに機に上がり、夜も一一時までは欠かさず夜なべしている」と語った。

私は、カードに記録しながら、興奮していた。山陰地方は、一反の工賃が一〇〇〇円（昭和四十三年度、縞製織賃）である。絣の場合は三〇〇〇円である。老女の労働に対してその報酬の少なさに腹立たしく思った。日本の三大織物の産地に、このようなことがあってよいのかと疑問に思った。そして、生涯を機業にかけた老夫婦の現状を知った。

私は、「他県の絣技術者は無形文化財保持者に指定されているから、きっと今に……」と、慰めのつもりで話しかけると、奥の間に寝ていた老人が急に起き上がり、老女のそばに来て「馬鹿、馬鹿！　恥ずかしいじゃろう。こんなみじめな仕事をしておるから、わしが手伝わんのじゃあー」と、老婆の手から反物をもぎ取り、強い声で握りこぶしを振り上げた。顔は赤面し、額に青筋を立てている。私は、その場がどうなることかと案じた。「待って下さい。早くここに座って、話して下さい。今に貴方たちを放っておかないでしょう。私は信じています」と、老人によりかかった。老人は声を震わせ「今じゃ人が笑う乞食暮しじゃがのう、昔は機屋でならしたこともある」と、話し出した。

吉田三次郎（明治二十七年生）は、小学校四年で機屋の奉公に出た。よしえ（明治三十三年生）も七〜八歳頃から織物を習い一〇歳の時には絣が織れるようになった。絣が上手になると賃り織ができるようになり、一〇反ずつ整経したものを機屋から配達してもらい母と競争しながら織っていた。娘時代には、一〇反の絣を七～九日で織るほど上達した。連続文様は八銭から一〇銭、普通の絣は四銭くらいの織り賃にしかならなかった。その上に、織り方が悪ければ、二銭五厘の値下げをされるほどだった。

大正中期頃に結婚して機屋を開業した。長男が三歳の時、大正末期に足踏み機を岡山から四五円で買って来た。一日一反半織れる機械で、高機より能率的であり、当時では珍しいものだった。近所の機屋より一足先に取り入れ、女工も一五人くらい使って生産をあげていた。

機屋が軌道に乗り、前途が明るくなった時に、第二次世界大戦が始まった。やむなく機屋を閉鎖し、息子の進学の関係で東京に引越した。すると、東京で戦災に出合ってしまった。戦災にあうために上京したようなものだった。仕方なく、身体だけ広島に帰ると、今度は原爆にあい、娘と孫二人とも失ってしまった。自分もその時に被爆したのである。脳動脈硬化症という病名が付いているが、原爆症も重なって、近年四年間は床についたままである。

終戦後、再び機屋を始めたが、統制下で原料不足のため、ヤミ値が続いた。ヤミ値の原料で製織しても採算が合うほど、物資不足の折りで飛ぶように売れたのだが、次第に原料の入手が困難となり、長続きしない機屋が次から次と倒産していった。軒並みに機屋を始めたものの、機の処分に困った仲間が相談しあった。当時は、世間体もあり、夜中、貨物自動車に満載して機を処分する有様であった。その時に仲間の残糸を買い込んだのであるが、機屋の経営は困難になってしまった。

「戦争がなかったら、今のような暮しはしておらん……」と語った。

私は、機屋の倒産していくさまを目の前に思い浮べながら、「戦争がなかったら」と、話した声が耳に

鍵谷カナ銅像（伊予かすり会館前）

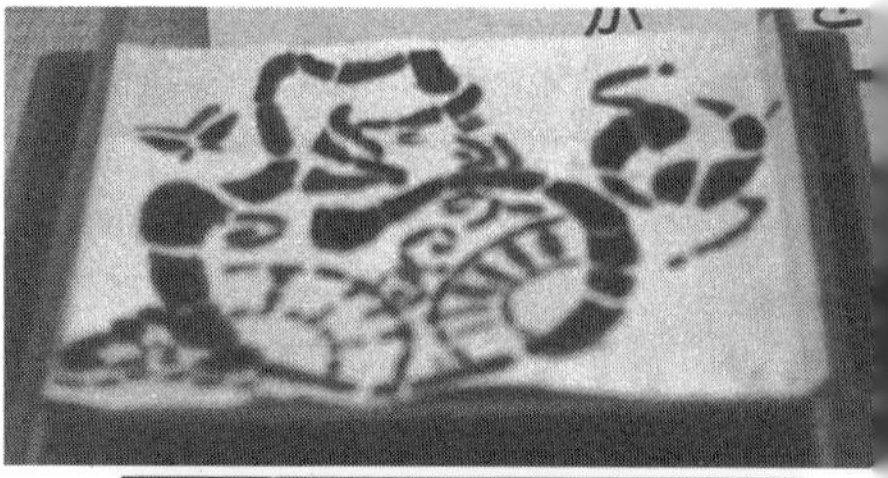

絵図台（伊予かすり会館蔵）

達磨文　寝具（伊予，明治中期）

花器と牡丹に幾何文　寝具（伊予，大正期，織り出しは「伊予織物同業組合　正藍染　組合員製織品之証」，製織者名と検査の捺印）

雲鶴亀に幾何文　寝具（松山，須賀織物工場蔵，明治後期）

残ってしまった。庭の土間には、伊予機の一間の長さの高機が据えられ、糸がかかっていて、豆電球もつるされていた。十二月末だというのに炬燵《こたつ》もない生活だった。寝たきりの老人が気の毒に思えた。

私は、突然機の音のする家に、夜の訪問をしたのである。無礼きわまりないことであるが、深夜まで老夫婦の話を聞き、そばに泊めて貰った。

老女の手織りの布団にくるまれて、伊予絣の歴史を聞くと、時間の経つのも忘れていた。私は、夜が明けきらぬうちに無礼な訪問を詫びて出た。家の入口には背丈ほどの藍瓶の中に土が入れられ、アーチの代用をしていた。

早朝の列車には、乗客は二人しかいなかった。老女から買った反物を取り出すと、老女の声が聞こえる「安くして人を喜ばせればええ」と。すると、老人は「機械化して量産することばかりで、この県や市は手織りや昔の機屋を見向きもしてくれん」と、怒る。私は自分の目でこの事実を知った。それにしても純良な美しい夫婦である。

私は、あらためて絣研究に生きようと気持ちをはっきり持ち、記録活動の大切さを体験した。しかし、心の中深くでどうすることもできない矛盾に腹が立ってしようがない。現代はすべてを完全な機械生産に変えてしまったのである。手織りの消滅をどうすることもできないのだろうか。車中の孤独を強くした。

その後、一度や二度では調査にならないと思い、三度目（昭和四十六年）に松山市を訪ねた。

大学の時の友人で県立松山商業高校に勤務する仙波夫婦が、自家用車で案内してくれた。

吉田三次郎夫婦の家は鍵がかかっていた。やっと、市内の病院を捜し出して逢うことができたが、老女は腰が曲がっていたし、老人は寝たままで記憶がなくなっていた。しかし、私の顔を見るなり「福井、福井」と、かすかに口を動かした。老女は、「まあ覚えていました」と泣き出してしまった。私は老人の手を握りしめ、言葉が出なかった。肉親以上の結びつきだと思った。そばで仙波夫婦も貰い泣きをした。三年の間に、広島の原爆病院から今の病院に移ったらしいが、先が真暗であるという。

私は、この善良な夫婦が死の淵に立って苦しんでいる姿を見て、原爆のおそろしさを呪わざるをえなかった。そして、私にできることは何だろうかと考えた。この夫婦を世に紹介することもその中の一つのような気がして、老女の同意と承諾を得て病院を出た。

松山市久万の台に住む山内恒夫は、二〇年間も伊予絣を収集し続けた人である。五年前、彼は「母の出所が伊予絣の発祥の地、今出で、母はその絣を織る音を子守唄に育っています。絣には、相当な労力と女の人の喜び悲しみがこめられていて、それの一枚一枚を鑑賞する毎に清らかな愛のささやきを聞きます」と書いていた。山内は民芸同人で、絣布を宝物にしている人である。山陰を旅行して、絣に接した時は胸が熱くなったというほどで、単なるコレクションとして収集しているのではない。

伊予絣展に出品したことについても、滅びつつある絣をみんなに観て貰い、造る人にも、それを使う人にも、工《たくみ》の精神と純粋な美しさを汲み取ってほしいので、売名でも商売でもないと、語っていた。

何百種類もの伊予絣を手に取って観賞した。そして、山陰の絣とは大きな違いがあることに気がついた。三年後また私は、再び彼を訪問した。絣文様、染色、地質などは、一見しただけでは研究にならない。そこで、彼の宝物である絣を約九〇点借用させていただいた。信頼関係がなければできない約束を、彼は許してくれた。連絡船に積み込んだ伊予絣の大きい荷物を抱いて、三津が浜の港が涙で曇った。彼は私費を投じて郷土の絣を収集してきたのである。研究とはいえ、私がそれを借り出すことはあまりにも虫がいい話である。このように心の優しい人がいて私たちの文化を守っていることに頭が下がる。

伊予絣を求めて三度四国へ船で渡った。今回（昭和六十三年）は、伊予絣会館を中心にした。松山市久万の台にある伊予絣会館は、敷地総面積七四〇〇平方メートルに絣の歴史館と製造工場、資料展示コーナー、織機の実演コーナー、絣の直売所と藍染め実習が可能な設備がある。会館の入口に、伊予絣の創始者鍵谷カナの胸像がある。鍵谷カナ（一七八二年生）は松山市に生まれ八二歳で逝去しているが、伊予絣の発展に尽くした人である。そばの句碑に目をやると、正岡子規の「花木《もく》れん、家ある限りの機の音」の句があり、明治三十七年ごろ日本一の生産量を誇った伊予絣本場をよく謳っていると感心した。また、土地には糸挽き歌がある。「糸よ細れよ、よなべの糸よ、糸は細らず目は細る」という、農家の子女の深夜労働を物語る歌である。

館内には、絣の案内テープが流れ、歴史館には、糸車・杼《ひ》・民具や紡織具・居坐機《いざりばた》など、伊予絣に関する資料が展示されていた。また、パネルや年表によりその歴史を説明し、素人でも織物が理解できるよう配慮されていた。直売所では、絣の新製品と加工品を販売し、瀬戸内の海産物や特産品と組ませて、総出で応対をしていた。この伊予絣の歴史館は、松山城、正岡子規の文学散歩、道後温泉と並んで観光コースに組み入れられている。早朝六時に観光バスで到着して、館内で食事がとれ、海の幸を盛りこんだ鯛料理など一度に一〇〇〇名まで収容できる大食堂があり、大型バス五〇台の駐車が可能であると聞き、伊予絣が脚光を浴びて宣伝に的を得たうれしさと、反面、手作りから遠い機械製品に淋しさを感じた。しかし藍染めは、江戸時代から使う藍瓶で本建した藍で、ハンカチを絞り染めしていた。木綿絣市松文の半袖シャツがよく似合う、愛媛県の藍染伝統工芸士・田村由雄は、藍染めの美しさを実演してくれて、人垣に囲まれていた。本物が残されている喜びを知って安心した。

先進地への旅は、収穫が大であるとともに、原点に返って自分を見つめさせてくれた。また松山須賀織物工場から伊予絣のすばらしい作品を譲り受けた。

三　備後絣

備後絣は、広島県芦品郡新市町を中心とした地域で発達していたといわれている。芦品郡には芦田川が流れ、織物産地にふさわしい所で、零細農家が多く、農家の副業として問屋制家内工業と零細マニュファクチュアをもって発展した。

備後絣の創始者、富田久三郎については、絣の発生の項で述べたとおりであるが、文久元年（一八六一）に自作の絣に文久絣と名づけて、明治初年初めて大阪の伊藤忠商店で販売した。その数量は二〇〇反であったと記録されている。

経営形態は、他地区の産地同様で、初期には綿作、綿繰り、綿打、染色、織り上げまでの自給自足であった。江戸末期には、社会的分業化が進み、綿や手紡糸を問屋が買い集めて下請の形で織布させる問屋制家内工業に移った。

備後絣も、織元自家工場と農家に出機した賃織り制度によって生産をあげた。久留米絣、伊予絣とも同じく、明治十年の西南戦争後は絣の需要が増加し、軒並みに機の音が響いたという。同十三年には一一万五〇〇〇反の産出を示し、金額にして八万二七〇〇円の収益をあげている。

『備後織物工業発達史』によると、大林総作が、明治十六年に福山で織物を開始している。これがマニュファクチュアの最初といわれる。その頃、富田久三郎も自家作業場に五〇余台の手機を入れて生産した。そして、染色は、藍会所を自費で組織し、研究所を設立して、絣業の発展に尽くしたのである。

その後、明治三十三年には、力織機（足踏式バッタン）の導入などでますます能率が上がり、産額も上昇した。さらに、大正末期から昭和初期にかけて、整経工程と仕組み工程が機械化されたり、昭和八年には芦品郡駅家町の山本徳右衛門によって絣力織機が完成されたので、急速に能率を上げることができ、地方重要物産として、その名声は全国に鳴り響いた。

第二次大戦の影響を受けて一時生産を停止したが、戦後の再出発が他県より早く、現在の備後絣は日本一の王座に躍進するに至った。

「備後絣の研究」(『郷土研究』一〇)によると、「絣の生産量は、備後絣が年間三三〇万反、伊予絣が約一五〇万反、久留米絣が約百万反とされている。昭和二九年には、三者の生産量が備後、伊予共約一五〇万反で久留米が約百万反であったが、それを比較すると備後絣のみが特に伸びている事に気づく……」と、述べている。

戦後このように生産が伸びた理由は、戦時統制下に企業整理を免れた業者が一三名あり、昭和二十一年、備後絣織染協同組合を結成してスタートしているからであると記されている。そして、同三〇年には、力織機数二六四一台に増加させ、絣業界の王座を築いたのである。備後絣の躍進はめざましく、同四十年には約五〇〇〇台の力織機を有し、全国需要数の五〇%を備後絣が供給するほどで、生産と販路の拡大は他に例をみない。その理由は、第一に安価である。私は数回現地を訪問したが、そのたびごとに驚くのは、絣の工賃も製品も安価であることである。その理由は後で述べることにする。そして消費者に好感を持たれる洗練されたデザインが多く、用途が広く、仕事着一辺倒から脱したおしゃれな絣であることがわかる。そこで現地の状況について述べることにする。

備後絣を現地調査することができたのは、広島大学教授・村上正名と備後絣収集家であり会社取締役の桑田宗正の世話による。

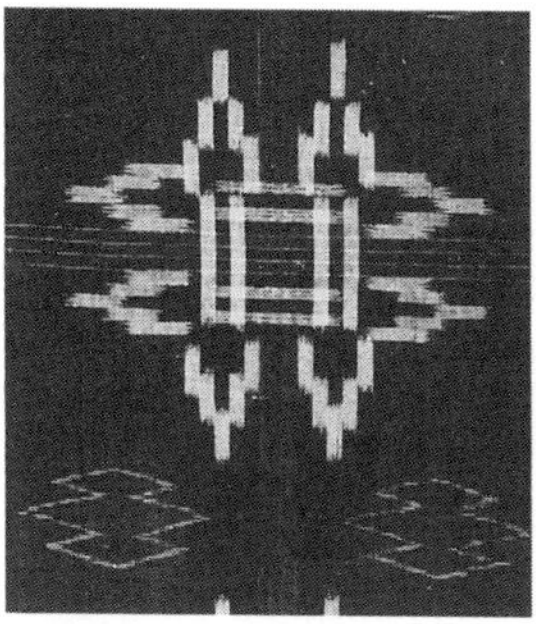

線絣　寝具（備後，大正期，桑田宗正収集）

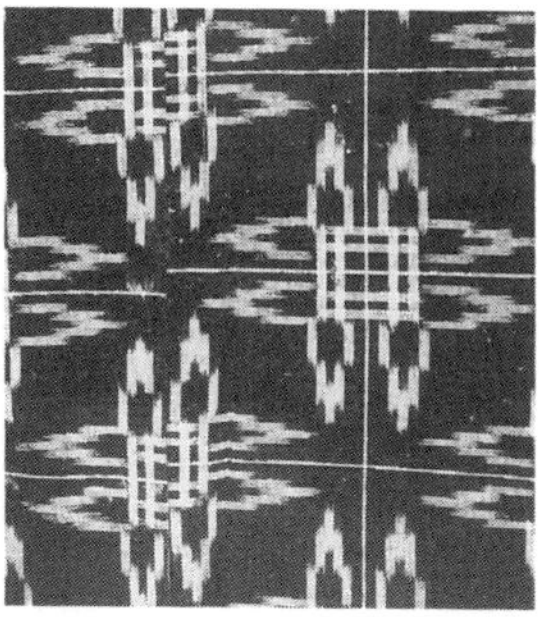

線絣　寝具（備後，大正期，桑田宗正収集）

井桁と亀文　寝具
（備後，明治期）

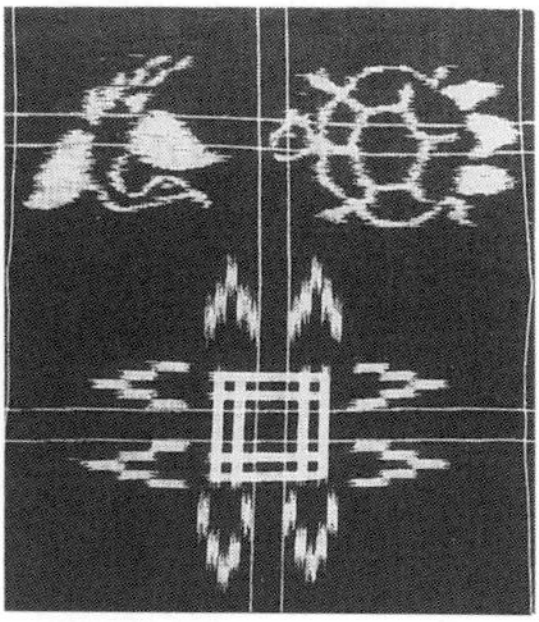

幾何と鶴亀文　寝具
（備後，明治期）

桑田宗正（向かって右側）
と杉原哲行（平成13年）

備後絣の創始者と現地では呼んでいる故人・富田久三郎翁の旧宅を訪問した。山際の小高い所に黒瓦屋根のドッシリと大きい家が建っている。前に土蔵が並んでいた。すぐ近くに墓地があり、久三郎の碑を拝んだ。

私たち三名を乗せた車の窓から、芦品川一帯の土手にはりめぐらした絣糸が、風にゆれて虹のように見える。五月の陽ざしの中で、白と紺の調和が一段と美しく冴え、絣の本場に来たのだという感じを強くさせた。

備後絣問屋、芦品郡新市町森田基株式会社を見学した。

森田基（明治二十八年生）は四代目を継承経営した人である。倉庫内は、見渡す限りに絣の在庫品が山積みされていて目を見張った。絣の山積みを見ただけで会社の経営規模がわかる。

基の談話によると、

父の後を継ぎ五〇年も備後絣を扱ってきたが、生涯は、浮き沈みの連続であった。友人の問屋も資金を分散してしまった者もいたが、この人たちが苦労して育て上げた備後絣の事業は残された。一番大きい打撃は、関東大震災の時である。売り先の問屋がみな倒れてしまい、上京すると、商品を預けた商人も行方不明で逢えず、大被害を受けた。その時は、不況の波にのまれかけて、アップ、アップの生活をした。次に昭和四年の経済恐慌がある。今、思えばいろいろ苦労を重ねたが、なかでも一番嬉しかったことは、戦後のすべりだしが良く、金融機関から資金の借用ができたことである。朝四時に起床し、職員が来るまでにひと仕事をすませるはりきった生活をした。当時賃織り制度であったから、準備した糸を自転車に積み込み、五〇人くらいの男たちが出機先に配達をした。そうすると、次第に需要が増加したので、それに対応する対策を講じ生産を高めていった。図柄の研究は怠らず、野良着の絣を普段着や外出着に改良する研究をした。昭和二十八年にウール絣を手がけたら評判がよく、全国から注文を受けるようになった。同四十年頃から、生産反数が綿絣とウール絣の半々という需要の増加で、年産二〇〇万反の生産をあげている。しかし、労働者の不足のために注文にこたえられぬありさまである。現在の従業員の平均年齢は五〇歳くらいで、人手不足のために閉鎖する業者もあったという。

備後には、戦後の絣を日本一にのし上げる前向きの努力家がいたことを忘れてはならない。森田基もその一人である。謙虚な態度で絣に対する情熱をもって実践したことが、一大発展と結びついたのであろう。備後絣は誰も高機で織ってはいないという。しかし、一人くらいは、どこかに誰かが織っているように思えて、村から村へ聞き廻った。

やっと、深安郡神辺町の信岡タケヨ（明治二十七年生）を捜し出した。老女は、土間に備えた足踏みバッタンで野良着の絣を織っていた。備後絣かと聞くと、「山陰の浜絣の出機です」と答えた。五反ずつに整経した糸巻きが座敷にもあり、賃織りをしているのである。

「一反の工賃が三五〇円になるので、二日かかって織り上げる」と話していたが、こんな所に山陰の絣が足を出しているとは夢にも思わぬできごとだった。伊予で備後絣が生産されたり、備後に山陰の出機があったりして、地域性もパターンも同一化してしまい、完全なオートメーション化となってしまったのである。

芦品郡の丸甲織物会社、甲斐政一（明治三十一年生）の工場内の、強烈な機織の音と、虹のような糸が括られてゆくさまは、はじめて見る私を興奮させた。人影は少ない。機械が織物を織る。すべてがオートメーションであった。絣の括りも簡単な図柄なら一日に六四反は括り、小柄はその半分の三二反括るという。染色もインジゴピュアによる機械染めで能率をあげていた。このような現状はこの会社だけではない。すべての備後絣は、このようにして製造されている。

三年前の昭和四十二年の調査の時、リヤカーを引いて通りかかった中年の男に備後絣の工賃について尋ねた。「絣の織賃は一反九五円です」と答えた。動力織機は一日に三反製織するので、一人が三台の機械を受け持てば九反の絣が織れる。男工の日当は八五〇円であるからそのような計算になるという。

備後絣を指導した福山繊維工業試験場の縫製課長は、「備後絣は全国の六六%を占める産出をしている。特色は、手括り、手染め、手織りを廃し、機械化による能率化を狙ったためである」と話していた。原始的な工程を尊ぶ者は、手括り、手織りに、藍染めを行なって一〇日以上もかかって一反を織り上げる。一日に九反織れるのと一〇日に一反織る開きは、どう考えても結びつかない。手織りの衰退は避けられぬ、後継者がいないのも当たり前である、と思うと私は急に寒気がした。

備後絣は、問屋数四〇軒、親機屋約二〇〇軒といわれる現在、旺盛な勢いで大量生産をしている。問屋の卸値は、普通の綿絣で一反が一〇〇〇円〜一三〇〇円（昭和四十二年調べ）であった。夢のような話で、たまらない。

この備後には、以上のような現状から、もう手織りをする者もなく、無形文化財保持者も見当たらなかった。そういう中で、早くから備後絣を収集した桑田宗正は、尊い人である。膨大な量を自費で集めている。私は二度目に訪問した時に、絣の分類が自然にできるようになり、備後絣と山陰の絣を判別した。彼も、収集した絣を老人に観せると「備後のものだ」というのだが、文様が複雑な点に疑問を抱いていたと話していた。

山陽も山陰も同じ中国地方なので人的な交流も多く、絣文様においても互いに交流したであろうことは当然のことである。そして、地区別の絣のパターンの違いをはっきり把握することができた。備後絣の型紙を山陰で製織したから山陰の絣となり、その反対に、山陰のパターンを備後で製織したから備後絣というこことはいえる。しかし、いかにパターンの交流が行なわれても、独特の土地の人間が持っている人間性がにじみ出た文様がたくさんある。これを把握することができたような気がした（第四章で詳述する）。

昭和四十五年の夏、日本家政学会民俗服飾研究調査の一行が現地を訪問した折も、彼は収集資料を公開し、友人のマイクロバスを借用して備後絣一帯の案内役をした。人情の深い、現代には珍しい人である。絣を愛する人には悪い人はいないと、訪問した私たちは心を打たれたものである。

私は平成十三年度の賀状で備後絣の収集家・桑田宗正（大正十二年生）が、昨年の暮れに県立広島博物館に絣を寄贈されたことを知った。春を待ちながら、備後絣との再会を約束した三月二十七日が来た。春には行きつもどりつの日々であったが、その日は陽春そのもので、高速バスに乗車した。

鳥取県倉吉市と山陽（広島・岡山）道を結ぶ犬狭《いぬばさり》トンネルの開通によって、犬も通れない曲折した峠の崖道がトンネルで結ばれて、短時間で往復できるようになった。

中国道の左右の山々は木の芽が萌え立ち、精気に包まれていた。その山のところどころに白木蓮が咲き、色どりを柔らげていた。車窓から眺める中国一の霊峰大山は真白くそびえ、それに連なる山々も雪化粧をしていた。その気高い勇姿をしばらく眺めながら福山市へと向かった。

福山駅裏にそびえる福山城とそれに並ぶ県立福山博物館・美術館が建立されている。学芸員に案内されて収蔵庫に入ると、以前と変わらぬ堂々とした体軀の桑田に再会した。四回目であるが、胸に込み上げてくる嬉しさでしばらく声が出なかった。「お元気で、お招きいただきありがとうございます」と、言うと、「まあ、よう来てくれんさった。久しぶりだなあー」と喜んでくれた。三〇年ぶりの再会である。「一生かけて絣を蒐集され、このたび寄贈されたようで、立派な仕事をされました」と私はやっと声にすることができた。会場で絣の分類・整理をしていた五〜六名の女性が耳を澄ませていた。作業中の方に挨拶をかわし、しばらく絣の山に目をやった。

桑田氏の談話によると、

ボロの桑田と言われてきた。二人の古布の寄せ人を依頼していた。筒描、縞、絣などの布団は表布をもらい、綿を打ち直して新品の大きい布団に仕替えて喜ばれたものだ。自分の生きている間に収集した古布を整理したいと思い、昨年暮（二〇〇〇年）に県立博物館に寄贈を申し出た。絣布団地四巾と着物、小巾布など約六〇〇点である。布を小さく切り刻むことは大反対で、そのままの形で、破れた箇所と当布のままで保存したいと思った。収集の動機はふとしたことからである。自分は自動車会社を経営するかたわら、古美術や古丹波壺・姫谷焼を蒐集して楽しんでいた。ある時、社員が自動車をウエスするのに藍染めの絣を引き裂いて使っているのを見て、もったいないと感じたのがそのはじまりで、昭和二十九年ごろから収集に乗り出した。幼少の頃から聞いていた「福山ふるて」という古手木綿を思い出しながら備後全域にわたって集めた。備後地方には、備後絣をはじめ神辺縞、水呑縞、福山縞などがあり、それらの絣と縞は新市・府中・神辺・福山・服部・駅家・芦田などで生産されていた。「福山ふるて」とは庶民の使い古した布のことで、街道筋で売っていた。古木綿の品質のよさを見抜く目を持ち、地方に四散することを防ぐために集めたように思う。

福山市旭町の自宅には染織品五〇〇〇点という収集品がある。まさに日本の染織文化史が詰っている。郷土の染織のすばらしさを語りかけ、誇示する遺品である。桑田氏は現在八〇歳を迎える。生涯かけて「福山のふるて」を収集した品が博物館入りしたのである。偉大な仕事を残されたと思う。彼は友人杉原哲行（福山市水谷町）と行動を共にしているようだ。杉原は戦後の備後絣工場の二代目として操業し、大盛況と好景気に乗せた人である。数十年前に機屋を整理している。備後の機屋も採算が合わなくなったのだ。新しく生まれたのが織物グループと絣研究グループ、パッチワークグループ四〇名である。新市町立歴史民俗資料館に集まって活動をしている。

備後の機械絣や縞で鳴り響いた土地の三〇年後の変貌に驚いた。今、綿を栽培し、糸に紡ぐ、それを高機で手織りにする在来の基本の工程に回帰し、それを学ぶ若い人がいる。一方、古布を大切にパッチワークに構成する仲間も大勢いて嬉しくなった。桑田翁を助ける杉原と、織りを学ぶ若い女性の目の輝きを見て、先代の女性たちが血のにじむ思いで織った布が息を吹き返し、私に語りかけた。私は「布の耳白は手まえ用に紺糸を節約して織っている。その中に一本の色糸が入っているのは織り手のサインです」と、遺品を手にして説明した。製織者のプライドと、倹約思想が、母から子に伝えられている。絣の産地ごとの鑑別法は別にない。身体で覚えるために、数多く、よく布地を見ること、触れること、デザインの特長を知ること、藍染めや地質、糸の番手などを見ることで判別は可能と思われる。

桑田宗正の八十路が絣に魅せられた尊い人生であったことを確認し、前方に明るく広がる若い女性の後継者を信じて中国路を帰った。

四　山陰の絣

山陰地方には、広瀬絣、弓浜絣、倉吉絣の三つがある。

広瀬絣は、島根県の東部広瀬町を中心として発展したもので、広瀬の大柄、備後の中柄、久留米の小柄といわれたほど特色のある大柄の絣を生産した。

広瀬町は、月山城下町として発展した町であるが、延享元年（一七四四）から寛政二年（一七九〇）にかけて四回の大火を起こし全焼したといわれている。そこで、第九代藩主松平直諒公（一八一七〜一八五〇）は、産業、文化、教育に力を入れ、その遅れを取り戻し、特に絣の奨励につとめたという（『広瀬藩と城安寺』）。

広瀬絣の起源は、「絣の発生」で述べたとおりであるが、出雲地方は早くから神話や伝説で有名な土地であり、出雲布や平田木綿が産出されていた。米子から絣の技法が伝わると広瀬で急速に普及していった。そして、藩主松平直諒公の奨励もあり、デザインは御抱え絵師・堀江友声と孫の有声が画いたものが多く、城下町にふさわしい芸術的作品を残したのである。これを称して、広瀬の大柄と呼んだ。

雑誌『工芸』二〇号では、明治二〇年頃、広瀬町の三沢庄太郎が久留米に絣の研究に行き、高機の指導を受けてから、広瀬の大工に高機を作らせ機織工場を建設した。工場を設けた人は三沢庄太郎、大森栄蔵、吉川虎三郎の三名で、また、そのころ皆尾源之丞、三沢栄三郎、吉川キクらが倉吉機工場を視察し、経緯絣の指導を受けてから広瀬絣の名声が高まった、と述べている。

こうして久留米から高機の導入を行ない、経緯絣の技法は倉吉から入れて、ますます広瀬絣は発展を遂げたのである。

明治二十九年には、絣同業組合を組織し、品質、図柄共に良い製品が産出されるようになり、内国勧業博覧会に出品して二等賞を受けるまでに至った。明治三〇年から四〇年までの一〇年間は、広瀬絣の黄金時代と呼ばれ、町内に高機を三〇台くらい備えた工場が数十カ所あって、年産一三万反の産出をあげていた。

染色は、正藍染めを主にして、製造元と町内八軒の紺屋で行ない、品質・染色共に堅牢で高価な絣を生産した。

大正初期から他県の久留米絣、伊予絣に押されて衰微しはじめ、急に生産は二万反に激減してしまった。業者三沢庄太郎は、織貫巻機を考案して量産に励む一方、県や町も補助金を支給したり、染色工業試験場の設置による技術指導や図柄の工夫を行なったが、いかなる対策も間に合わなかった。

明治二〇年から創業した大森工場も、昭和十六年には不振となり閉鎖した。次々に小規模な工場が倒産していった。これは広瀬絣だけではなかった。山陰の絣は、すべて大正初期から他県の絣に圧倒された。大資本を有する久留米、伊予、備後絣などは機械化による大量生産の低廉な品であったので、競い負けるのは当然である。さらに、捺染や抜染《ばっせん》の出現も影響を与えたのである。

生産形態が久留米絣のように刑務所の囚人を使って低賃金で製織させるなどの方法もなく、工場生産の倉吉絣は短命で、織元支配による賃織業の弓浜絣は比較的長い息を続けることができた。

広瀬町には、熱心な研究家と収集家がいる。妹尾豊三郎、畑伝之助、紺屋・天野圭らの方たちが中心となり、昭和三十七年に絣を県の無形文化財に指定し、技術保持者に花谷初子（明治三〇年生）、天野圭（大正九年生）、松田フサオ（明治三十年生）を指定している。さらに同四十五年二月に設立した「広瀬絣伝習所」は町経営によるもので、二〇代から三〇代までの若手の研究生四名を一カ年の計画で指導し、後継者の養成につとめている。

広瀬絣は、大阪の万国博覧会（一九七〇年）に出品して注文に追われるまでに復興してきた。町の中には、紺屋が一年中藍を醱酵させ、藍の香りが漂っている。そして手機の音が聞こえる懐かしい町である。

広瀬町は、山陰唯一の民俗資料収集庫を持っている。山陰の伝統ある民具を一〇年がかりで収集した畑伝之助が町に寄贈し、昭和三十九年に国庫補助と県費補助によって町が建設したのである。絣の型紙、織機、絣布なども収蔵され、学生や研究者の見学がたえない。広瀬町には、民俗資料を保護すると共に、広瀬絣を復興させる熱心な努力家がいるのである。

広瀬町紺屋・天野圭（前出）は、広瀬絣伝習所の所長として技術伝承につとめ、娘永田佳子（昭和二十六年生）が広瀬絣の指導者として活躍している。昭和五十六年に町立広瀬絣センターとして県内外からの研修生を指導し、昨年（平成十二年）二〇周年の記念展示会を開催した。修了生は一〇〇名にのぼり、助手や講師も四名いて、二〇年間センターに通っている人もいるらしい。

倉吉絣と弓浜絣の起源については、絣の発生のところで述べたので省略する。

倉吉は城下町として発展した町であり、宝水～正徳頃から農機具の稲扱千歯《いなこきせんば》の生産地で、北は北海道から南は九州に至る販路を持っていた。千歯商人は、千歯の他に絣の売買もしたので、倉吉絣の名声は急速に広まったといわれている。

マニュファクチュアの普及としては、明治十六年、船木甚兵衛、桑田勝平、徳岡久達の三名が各々工場を開設している。明治二〇年代になると、町内に六工場、郡内に六工場を有する工場制生産が盛んに行なわれた。そして、一方では、出機による賃織り制度もとられた。機屋は、原糸の染色、整経の製織拵《せいしきこしらえ》をして、農家の副業に織らせた。娘という娘は、女工として工場に入り寄宿生活を最低三年続けて、家庭に入ると、夜なべ仕事に賃織りを欠かさず続けたのである。特に他の絣産地でも同じ言葉を聞いたのだが、娘は嫁入りの条件として機織りの技術が欠かせなかったという。その理由は、家族の衣服の調達をしなければならなかったし、また、絣技術を持てば安定した経済生活を営むことができた点にある。老女は、「女《おなご》の手は技術が大切だ」と話しているが、綿から糸を作り布に織り上げる、草木で染色もする、そしてあらゆる衣服を製作した技を、現代の私たちは学ばなければならない点が多いと思う。

明治二〇年に、倉吉絣《かすり》企業組合（資料に絣の字が使用されている）が設立され、証票を発行して、粗悪品をなくすようにつとめている。そして、織り出しには、「大日本帝国倉吉町」という文字絣や屋号を入れていて、織元を明らかにしている（五八ページの図参照）。

染色は正藍染めにし、絣文様は経緯正確に鮮明に合い、「洗えば洗うほど美しくなる」と語り広められた。

明治三十二年、県の年間産額は一三万四九五三反で最高潮に達し、国内博覧会、共進会はもちろん、諸外国の博覧会にも出品して受賞している。明治十九年、船木秀蔵の「木綿飛白」の賞状をはじめ、受賞した賞状は柳行李いっぱいにつめられて保存されている。

次ページの図は、外国での受賞の際の記念品である。北米合衆国シカゴ府開始記念のコロンブス世界万国博覧会（一八九三年）のもので、海外に名声を残している。とくに左下のメダルは、世界コロンブス展（一八九三年）に船木機織工場と桑田機織工場がそれぞれ受賞したものである。

国内では、国内博覧会、関西府県聯合共進会、勧業博覧会の入賞など数えきれないが、大正十四年（一九二五）の船木藤吉の新日本博覧会褒賞を最後に工場は不振となり、同年に廃業した。相次いで町内の工場は倒産、あるいは転業してしまった。しかし民間では、昭和初期まで製織が続いた。

大正元年の県絣生産額は三万八六八反で、明治三十年の生産に対して七〇％の減少を示した。そして、その七〇％が弓浜絣の生産に変わってしまった。

弓浜絣は、山陰の絣の中で一番早くから製織されたが、工場生産制ではなく、問屋制家内工業による生産が行なわれた。弓浜地区とは鳥取県の西部弓浜半島のことで、そこを中心に絣が発展したのでその名称

青海波と短文(「安来千げん名の出たものは」)文　寝具(広瀬，明治中期)

倉吉絣の織り出し「大日本帝国倉吉町船木甚兵衛製造」(広巾織機による明治初年のもの，長谷川富三郎蔵)

コロンブス上陸400年祭記念受賞メダル（1893年，倉吉，桑田松蔵・船木秀蔵）

北米合衆国シカゴ府開府記念コロンブス世界万国博覧会受賞（一八九三年、倉吉、船木秀蔵）

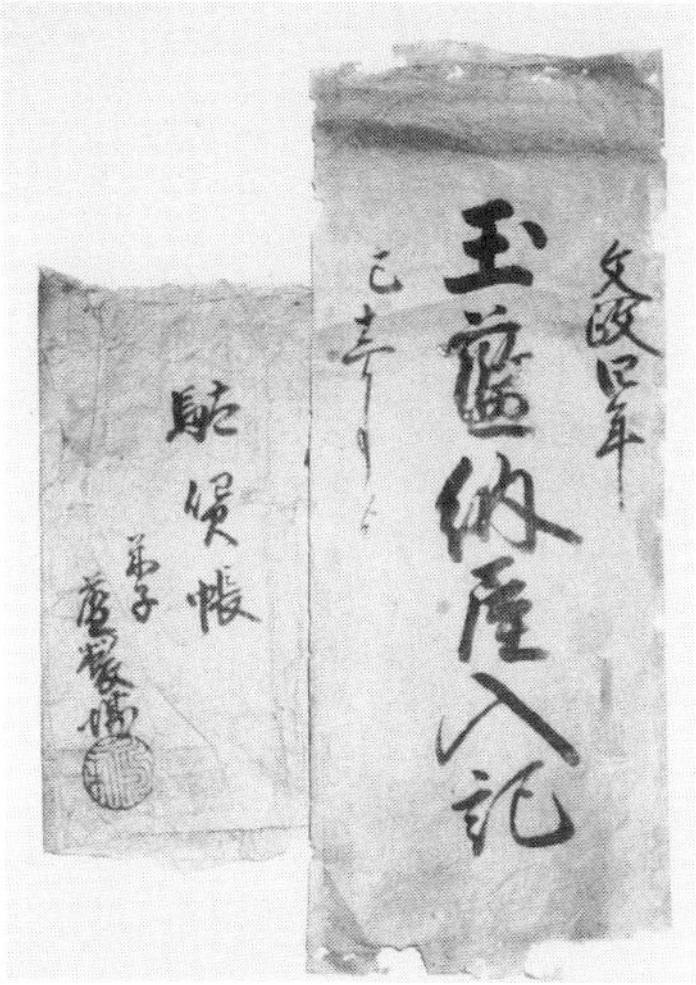

「文政４年玉藍納屋入記」（右）
「駄賃帳」米子藍製場（左）
（鳥取県東伯郡の紺屋に残る資料）

茶綿（倉吉，平成10年）

絵絣織り（島根県安来，遠藤こまの，明治33年生）

がついたのであるが、産出した地帯は西伯郡、米子、境港《さかいみなと》市内一帯である。

明治末期頃から、弓浜絣は急増しはじめ、倉吉絣の生産を凌駕してしまうのだが、金額の面では依然として倉吉絣が優位であった。それは、弓浜絣には厳重な検査や商標もなく、なかには粗製品や寸尺の一定していない反物があり、大市場の信用を得られなかったからだという。古老たちは、「弓浜絣は、粗雑で地質が薄く安値だった」と話しているが、安値がかえって社会から歓迎されたのかも知れない。また、現在になって気づくのであるが、図柄のパターンに自家製作が多くて、工場生産に見られない面白いものがあったり、手紡糸を使った織物が絣の「かすれ」をより美しくしたり、色縞の配色が芸術的価値をより高めているのに驚くのである。当時は、手紡糸よりも機械紡績を好み、文様も複雑なものほど高価な品であったという評価をすれば、弓浜絣の評価は落ちてしまう。しかし私は、織物本来の個性美をよく発揮し、手紡糸と色縞の組み合わせ、その中に絵文様を入れるパターンは、他の産地に例のない味を持った絣だと思っている。

倉吉絣の衰微について、機屋の後継者は次のように語っている。「厚地と複雑な図柄を目標に勤勉に生産したが、いかなる手段を尽くしても採算があわなくなって仕方なく工場を閉鎖した」。

私は、倉吉絣の衰微について次のように思うのである。倉吉絣は一六番手の太糸で、久留米絣の二〇番手よりも太かった。これは、土地の人が織物は厚地に限るものと思い込んでいて、実用的に地質を厚くしたことや、デザインの複雑なものだけが高級品であるという考えから抜け出せなかったので、織りに数倍の時間を取られて量産できなかったこと、そして、小資本による工場制生産形態に問題があったように思われる。消費者は、耐久力より、体裁のよい薄手の安値の品を歓迎した。こうして倉吉絣は地に落ちてしまったのである。

倉吉町内では、数百人を有する工場と、各家庭から織る音が響き渡り、町の中は地響きがしたといわれているが、それも束の間のことで、急速に栄え短期に花を咲かせて、散らしてしまった。町には工場の跡を残すのみである。

大正七年三月、『山陰日日新聞』の「衰え行く倉吉絣」と題した記事を紹介すると、

地方特産としての倉吉絣の名声はよく山陰の織物界を圧して稲扱と共に倉吉産物の主であった。然るに近来中央工業界の進歩につれて捺染絣の如き安価なものが市場に現れ交通機関の発達と共に遂に品質本位の倉吉絣を市場から駆逐して仕舞い今は僅かに地方の僅かの需要に応じて居るばかりである。……こんなに衰微した理由は、前にも一寸書いた様に強い一点張りの本品の如きは、モウ現代に容られなくなった。ツマリ此頃の人は上ツ面ばかりで着物を選ぶ様になったのだ……

と、捺染絣に圧倒された倉吉絣を改良して救うことの必要性を述べている。

老女たちの言葉に「倉吉絣は、洗えば洗うほど美しくなる」という体験から出た言葉がある。地質が厚いから破れることはなく、着古しほど美しさが増す。それは、染色が立派であったこと（正藍染め）とともに、再考すべきものと思う。

紺屋の主人は、一〇歳に満たぬ少年時代から、手加減と舌による鑑別で正藍染めを体で学んでいる。「紺屋のあさって」という諺は、一般的には「客の催促に対して、いつも〝あさって〟と言い抜けてあてにならないこと」の意だ。染色は藍の調子により期限のあてにならない仕事、ということを意味している。

県内の弓浜絣は、工場の倒産も、打撃もないまま、息の長い生産を続けることができた。

第二次世界大戦後、県立工業試験場境分場の湊光朝《みなとみつとも》場長指導のもとに、商品として絣の生産を始めた。弓浜地帯で産出する伯州綿や茶綿（茶色い品種の綿）を原料に、土地の老女たちに昔ながらの手挽き木綿

を作らせ、手括り・手織りによる原始的工程の絵絣を復元させた。その指導者は、境港市の稲岡文子と娘の嶋田悦子、米子市の渡辺伊津代、同後藤菊枝らである。また、戦後から絣の収集を始め、絣の美しさを世に紹介した同地の村穂久美雄、坂口真佐子らもいる。

現在の弓浜絣は、山陰の代表的織物として、手紡ぎ、手括り、手織りの商品が月産約二〇〇反産出されている。

同地で弓浜絣を製織する野田せつの（明治十八年生）を紹介しよう。老女は八三歳の高齢とは思えぬ目の輝きを持っている。K絣店に陳列した中で一段と美しさがあるという絣の織り手である。

弓浜地方では、織元の紹介や織子の所に出入りするのは禁じられている。それは、織子の引き抜きという苦い経験を持っているからである。私は、商売とは関係なく、K絣店の案内で老女に逢うことができた。老女は、砂丘地の上の小屋のような家屋に住んでいて、次のように話してくれた。

私は、一二歳の時に機に乗り織物を習い始め、母親から厳しい指導を受けたものだ。最初は、べちゃ絣（絵絣）ばかり織り、学校にも上がらずにしまった。母親の生活を助けるために夜なべまでして賃織りをした。

一七歳になると、親が勧める結婚をし二児の母親となった。しかし、九年間辛抱して生活してきたものの、夫に秘密の悪い事があり、一人子どもを残して離婚してしまった。夫は「殺してやる」といって実家に迫って来るので、まもなく、連れ子をして再婚してしまった。その幸せも束の間で、夫は病に倒れ死亡してしまい、子どもも病死してしまった。

一人になって生きる力がなくなった時に、自分には腕につけた絣織りの技しかないことがわかり、生活保護を受けながらも、賃織り生活を始めた。今では、注文が多くて夜なべしても追いつかない忙しさである。

私は、少女時代に地機で機を織ったので、お尻に「タコ」が出てしまった。娘時代は、「嫁入りキズ」だと父親が心配してくれたが、結婚運は悪く、とうとう一代機《はた》を織ってしまった。「芸は身を助ける」ということばが、私にはあてはまる。

老女は、絶対に分業をさせない。自分が種糸（文様の型紙を糸に移す）作りから括りまでをする。織り始めると機から離れない。食事も握り飯を機の上で食べるくらいで、機から目を離さず織り上げる。

織物は、その人の真心が織り込まれるから恐ろしい。このような情熱をかけた作品だから、人目をひくものがあるのだとおもう。

私は「夕鶴」の物語を想い出した。つうが、見ては駄目だといって部屋に閉じ籠り無心に機を織った気持ち……。機械織りや、商品化したものには出せない愛情の味わいである。学問のないこの老女は、身体全体で織り続けている。

K絣店によこした東京の人の便りには、「八三歳の老女が織った絣は着るのがもったいない。日本海の海の色によく似ていて絣が美しく、宝物にしておくつもりだ」と、書いてあったという。

一心不乱の尊さが芸術的価値のあるものを生むのであろうか、御木本幸吉の「一つのことに気違いのようにならなければ人並以上になれぬ」という言葉が、自分なりにわかりかけた。

弓浜地帯を歩くと、絣の前掛をした老女によく出合う。その文様も浜辺らしい海老文様で、訪れる人にいい感じを与える。

米子市Y絣工場主（明治三十八年生）は東京の人である。昭和三十年に米子で絣業を開業して以来、地域産業の進展に大きな貢献をしてきた。Y絣工場を創立する契機は、民芸同人の柳宗悦と触れ合ったこと

に始まるという。彼女の談話によると、

知人も親類もない土地に来て、ただ、若さと情熱を燃しながら、資金作りに奔走した。県庁に二～三度出向いて融資の依頼をしたが、「本県には織物は育たない」と顔をそむける仕末で、協力者も誰もいなかった。その時に、市中銀行から人間を担保に資金を借り出すことができ、工場を開始することになった。まず、絣技術を持った老女を掘り起こすことにした。「機をしなくても食べれるから」と老女が断るのを、前金を支払って機嫌を取り、一人から二人へと織子を捜し出した。納品書も領収書も意味すら解らないし書けない老女ばかりに、必要なのは現金であった。何度となく挫折しかけながら、強い信念を持ち続け軌道に乗せて来た。絣のデザインを研究しながら、まるで一匹狼のような生き方であった。

最近になって、備後や伊予の機屋が見学に来るようになったが、弓浜絣の原始的工程に驚き入り、そっぽを向いて帰る。出発から協力者がなかったのであるから、この仕事の偉大さはなかなか理解されない。

という。

安来市の遠藤こまの（明治三十三年生、五九ページ参照）は、弓浜絣の技法を安来織に再現した老女である。高機を三台据えて、川井信子（明治三十九年生）と稲田晶子（大正二年生）、そして長男の嫁の四名で工房をもっている。老女の絣は、日本民芸館賞を受賞しているほど立派である。老女の工房には何度もお邪魔する。そして常に感じることは、「福の神」のように優しい印象を受けるのである。「ようこそ、ようこそ来て下さった。若いのに織物をしなさるとは、手を合せて拝みたい」といって、両手を合わすのである。老女の絣の動機は、次のようである。

有名な河井寛次郎先生と夫が親友であった。河井先生がよく遊びにこられて、手織りのネクタイをお土産にすると早速に展覧会につけて出て宣伝して下さり、知らない人から注文を受けるようになった。役人であった夫が死亡し、一人息子がニューギニアに出征して生死不明の時は、一人淋しく百姓をしていた。その時、河井先生が訪ねて来て織物を一生の仕事にするように勧められた。それからというものは、心を決して町の絵師にデザインを依頼し、安来節のどじょうすくいの新作までも絣に織り出した。

河井先生も下絵を画いて下さり絶えず励まして下さった。息子が復員し、織物に生きがいを見いだして今は喜びの生活である。

この老女は、楽しみながら注文の絣を織っている。小遣いにも不自由することなく、宝のように大切にされている。そして、松江市内の百貨店には、数々の民芸織物を出品し、地方文化の保持にも一役買っているのである。

同じく安来市内で絣を織る青戸由美江（昭和二年生）は自作品に「出雲絣」と名付けて手紡ぎの絵絣を出品し、評価を得ている。また、息子は藍染め業者（紺屋）として生計をたてている。

山陰地方には、高機で手織りをする老女はたくさんいる。しかし視力の減退で絣を織れる人はなかなか少ない。私は、何百人の老女に話を聞いたのかその数はわからないほどだが、なかでも中年の主婦の話には考えさせられた。倉吉市内に住むT女はいう。

結婚した時代が戦後の衣料不足の時代で、下着から上着に至るまで自給自足のような生活で、嫁入り荷物を作りあげた。母親は、大百姓をしながら七人の子どもを育てあげたが、農閑期と夜なべ仕事に、絣の着物八枚、モンペ一三足、羽二重の袷長着二四枚、布団二組（一組は三枚）、帯一〇本を手織りしてくれた。原料不足の折から、軍隊用の白い靴下を解いたり、蔵の布団を解いて上質の綿を手紡ぎにしたり、蚕を養って紬を織ったり、あらゆる知恵と創意工夫によって、戦後の衣料不足を乗り越えたのである。

こうして作った嫁入り荷物も、嫁の荷物開きで公開すると、婚家先の兄嫁は「手前でこしらえたものばかりでいいものはない」といって笑った。その時から、買った美しい色物が上等で、家で織ったものは悪くて恥かしいということが頭についてしまった。

彼女は、私との出合いによって顔が明るくなり、いまさらに母の尊さと立派さを知り、亡き母の恩を感謝するとまで言いだした。

商店で買ったものが最上で、手作り品は悪いという思想が、若い中年の主婦にもまだみられる。T女も何度となく恥かしい思いをしながら箪笥の肥《こやし》にしたのだ。手織りの良さを知らず、母への感謝の気持ちもなかったというのは、恐ろしいことである。娘の生涯の衣装にこめられた母の気持は生きている間には通じなかったことになる。こうした現状は、T女だけではない。村々を歩けば、老婆の着物や布団は無料でもいいから持って帰れという中年の主婦もいる。「絣や、縞の手前品（手織品）はお客も喜ばぬ、柔らかい布団でなけりゃ、御馳走にならぬ」と話していることからも、手織品に対しては、流行遅れ、時代遅れの考え方が強いのである。

絣の技術を持つ老人は多いが、このように流行遅れという思想で若い人に片付けられるので、次第に機を敬遠しがちとなった。しかし村々には、絣の名人、絣の神様と呼ばれた人もいる。尿を漏らして機に向かっている老女や、目が薄くても、手加減で無地の着物を織っている人はたくさんいる。そして、機を焼却すると気が狂うという迷信を信じて、仕末に困っている農家もある。

県内の弓浜絣は日本伝統的工芸織物の指定を受けてさかんに製織されるのにもかかわらず、倉吉の主婦は、あまり好奇心を示さない。それは、あまりにも痛々しい倉吉絣の廃業を目の前に見て来たからなのであろうか。

倉吉絣の研究と収集に力を入れてきた版画家・長谷川富三郎は、戦後まもなくから、雑誌『工芸』に「倉吉絣の四季」と題して作品を発表し、同地の優れた伝統工芸を復活させることを力説してきた。また、学校の教師の傍ら、絣の技法を絹やウールに再現して特異な織物を研究する吉田祐工房にも、若い研究生が後を絶たない。このような先覚者によって郷土の伝統工芸が守り育てられてきたのである。

私は、昭和四十一年『倉吉かすり』の出版を契機に絣同好者を集めて、「倉吉絣研究グループ」を結成し、製織技術や絣の歴史について勉強をした。しかし、趣味の織物では永続きしない。若い研究生にも矛盾が生まれてきた。生活と結びつくまでには、相当の努力と根気が必要であることがわかった。しかし、最近ではグループを巣立つ人々も継続して織物ができるようになり、販路も信用も確保して、年々市場に出る反数が多くなってきている。そうしているうちに数十名の若い後継者が生まれた。また、私の勤務する倉吉北高等学校内（校長・小林俊治）にも、倉吉絣研究室が誕生した（昭和四十六年）。学生にも二単位織物を指導する中で、県内外から大学卒業の若手の研究生が集まって、絣研究に打ち込んでいる。こうした絣ブームになると、高機の寄贈者も多く、老人クラブなどから声援もある。そうして、ようやく中年の主婦たちも織物に対する認識が変わりはじめ、倉吉市に「倉吉絣保存会」（会長・大橋二郎）が昭和四十六年三月に結成された。

その後、一七年間続いた絣研究室は、私の退職で鳥取短期大学に移譲され、絣技術の養成が行なわれている。

昨年、平成十二年は倉吉絣保存会三〇周年で、会長・故大橋二郎を偲ぶ展示会を市立博物館で開催した。保存会員の製品は市の観光みやげ物として販売している。

五　機械労働の実態

織物産地には、女工の寄宿舎が完備されていた。そして、深夜まで労働に従事させたのである。ランプの灯の下での一四時間労働は辛かったと老女たちは語っている。

女工を三年間勤めると高機一揃い、五年勤務して鏡台が与えられるという褒賞制度がとられ、嫁入り荷物に高機と鏡台が欲しくて、辛抱して働いたという。

倉吉市、山田つた（明治二十六年生）は、女工生活を次のように話している。

新工女さん、新工女さんと呼ばれて、機の踏み方を最初に習い、機さえ覚えれば嫁に行けるという時代で、一三～一四歳の子女が工場に集まって来た。

一カ月三円儲けるには節約が第一で、時に家に帰るのも往復二里の道を歩き、風呂屋にも時々しか行かなかった。寄宿舎は、一〇畳の部屋に二〇人も寝る有様で不衛生であり、床の上にはムシロ（藁で織った敷物）を敷き、その上にゴザが敷いてある程度だった。ノミやシラミが身体にわき、その駆除に休日一日を費やした。石鹼や蚤取粉はなく、衣類に熱湯をかける退治法であった。病気になると、工場で治療はせずに、やめて自宅に帰った。今のようにモンペなどはなく、縞の着物にタスキをかけて冬でも素足で機を踏んだ。生理日は、ボロ布をつめて機織をしたが、股ずれがするのに困った。

それでも生理中に休む人は一人もなく、みんなよく働いた。そのため、高機の腰掛は血で染まったので、男性を座らせてはならないといわれた。

また、東伯郡北条町、竹原すが（明治二十二年生）は、「女の子が学校に上がると生意気になるといわれて小学校三年でやめ、女工になった。三年間の年を明けなければ高機が貰えないので辛抱して働いた。結婚してから、七人の子ども全員に織ったものを着せて育て、その間に賃織りも欠かさなかった。夫は大工、私は百姓のかたわら、貰った機が非常に役立った」と言っているが、高機は米一俵（明治末期）の価格だったという。老女は八四歳でありながら、今もその高機に乗って織物を続けている。医者いらずの身体だといい、織物に熱中していると病む暇がないという。老女は、息子たちが「もう年老いたのだから織物を止めて楽にせよ」と注意するが、織物を失うことは自分の楽しみを取られることで、病にふしてしまいそうで止められないという。七〇年も使ってきた機をいまさら手離す気にはなれないのである。機の光沢はすばらしい。彼女の生きてきた汗と脂の光であり、創造の跡である。

底なしの労働をいとわぬ老女の姿こそ、他に例のない織物を生み出すのである。そして、その作業は、このように老女を若返らせ健康にするのである。

家内労働者の多くは、夜なべ仕事を欠かさなかった。「泣く子を機の下で育て、機の音が子守唄であった」と話す老女は、「今のむん（人）は極楽ちゅうもんです。銀飯食って毎晩風呂に入りテレビを観ている。夜なべなんぞせずに買って着せることしか知らん。うちら（自分たち）のこしらえたものは、はやらんとか重たいとかいって笑う。世がこうまで変わるとは思わなんだ」と嘆いていた。

明治年間に織物産業に従事した女性の年齢は一四歳前後ということを忘れてはならない。そして、深夜業の二交替制労働が強いられていた。その上に腕詮議制が施行された。前述の老女の談話のように、不衛生な機場や寄宿舎で、低賃金で働いてきた女工たちも、分業労働であったため、織ることしか覚えていな

桑田機織工場（倉吉，明治43年，桑田重好蔵）

船木機織工場（倉吉，明治後期，船木藤吉蔵）

とっとり教育事情 112

教育と生活結ぶ補習学校

地域社会と学校⑫

　養良高等小学校の跡地へ行ってみると、そこには「足立先生頌徳碑（しょうとくひ）」がある。碑面の文字は四手井次太郎氏によって書かれている。四手井氏の生家は宇田川のほとりに残っていて、そこから淀江の町を横断して学校へ通ったことが分かる。

　四手井氏は京都大学理学部の助教授のあと、東京文理科大学（現筑波大学）の教授を務めた。二つの大学ともノーベル賞物理学者を出したところだから、四手井氏はその基礎づくりの仕事をされたのかもしれない。四手井氏に碑文を書かせた淀江の人は、この学校と足立先生をどれほど大切に思っていたことか。

　一九〇八年（明治四十一）、義務教育が延長されて六年になる。これによって高等小学校に大変化が起こった。高等小学校の部分が二年間になるから、生徒数が半減する。尋常科の六年から中学校や女学校への進学ができるから、上級学校とのつながりが薄くなる。鳥取高等小学校は尋常科の部分を併設して、久松尋常高等小学校と校名まで変えてしまった。弓浜高等小学校は、学校組合を解散して廃校した。各村ごとに高等科の部分を併設して、尋常高等小学校をつくったからである。

養良実業補習学校の女生徒の機織り実習（一九二〇年代）

　しかし養良高等小学校はそうではなかった。義務教育延長の声より早く、一九〇三年（明治三十六）、農業補習学校を開設して、高等小学校の拡大に手をつけていた。学校教育の成果が日常生活の中に生きていない。学校教育と生徒の家業との関係が弱い。これを改善するために、高等小学校卒業生を補習学校へ進ませようというのである。これの提唱者が足立校長だった。

　足立校長は家庭訪問を続けて、補習学校進学を進めた。補習学校には夜間部を設けて、地域の人に理解させようとした。英語、農業、算術、漢文を教科目にして、高級感と実用性を強調した。修身も歴史もここにはない。補習学校の女生徒には裁縫や機織りを教えた。女生徒の中には、高等小学校の部分をやめて直接に補習科に入りたいというものがあった。そのために、補習科に正規のコースを開いた。一年間の補習学校は、二年に延長された。

　養良高等小学校は、廃止どころか新しい教育を開拓するものとして注目され、参観者が絶えなかった。

　もう一方で足立校長は、地区の遺跡や遺物を調査して、実証的な郷土研究を進めた。これが有名になって、見学者がつめかけた。

（篠村　昭二）

織物を学校教育に取り入れた記事（『朝日新聞』鳥取版，1997年12月11日）

い人もあった。ある老女は、六年間工場で働いたが、織ることしか知らないので困ったという。一番大切な型付や括りの工程は教わっていない。工場経営者は、女工に足で機を踏むことしか教えていない。

私は、絣の美しさだけに陶酔していたことが恥かしくなり、女子労働に心を向けるようになった。そして資本家の織物産業の華やかな陰に、少女の安価な肉体の代償があることを知った。

織物を学校教育に取り入れた記事「教育と生活結ぶ補習学校」（篠村昭二『朝日新聞』一九九七年十二月十一日）によると「鳥取県西部の養良高等学小学校には、補習学校として女生徒に裁縫や機織りを教え、日常生活に役立つことを願ったようだ」。

大正末期から昭和初期にかけて絣業は他県の機械絣の普及で生産が不振になり工場閉鎖するものがあった。しかし、家庭織物で衣料不足を乗り切り、戦中戦後の被服管理を行なってきたのである。

六　絣の生産数量と価格

日本三大綿絣（久留米、伊予、備後）の生産反数を比較してみたい。次ページの表とグラフは、産額と生産数量の比較である。

絣の産出数量は、明治初年から記録しているものもあるが、地方によっては、紺縞木綿の生産も含まれていて不正確な数字があるため、明治三十一年から昭和三十五年までの絣の統計を元にして作成を試みた。

表からうかがえることは、第二次大戦では絣生産は地に落ちているが、戦前までの伊予絣の産出は圧倒的に高位を示していることがわかる。明治四十年において、久留米絣が反当たり二円四〇銭、備後絣が一円五〇銭であるのに、伊予絣は一円三〇銭の安価である。それにもかかわらず、伊予絣は最高額の収益を

伊予・久留米・備後絣年次産額高

	伊予絣		久留米絣		備後絣	
	生産反数	生産額	生産反数	生産額	生産反数	生産額
明治31	711,829反	629,408円	644,602反	1,207,207円	84,164反	105,133円
40	2,069,528	2,866,296	1,128,913	2,709,391	437,064	671,344
	(反当価格=1.3円)		(反当価格=2.4円)		(反当価格=1.5円)	
大正 1	1,835,700	2,421,644	704,091	1,600,901	400,686	576,998
5	1,252,952	2,119,284	581,419	1,458,080	225,566	239,751
10	2,312,047	10,150,433	1,204,502	9,639,688	583,632	2,598,864
昭和 1	2,618,136	7,044,808	2,027,958	7,635,261	826,927	1,726,515
5	1,957,887	3,391,808	1,867,057	4,990,764	1,066,772	1,547,620
	(反当価格=1.7円)		(反当価格=2.7円)		(反当価格=1.4円)	
6	1,995,668	3,074,892	2,144,128	4,850,356	1,115,365	1,481,329
8	1,595,601	2,534,215	1,366,874	2,876,258	1,075,769	1,557,500
10	1,692,245	2,671,270	1,354,168	3,051,344	1,306,431	1,856,694
20			137	10,413		
29	1,500,000		1,020,000	919,800,000	1,500,000	
35	1,500,000		1,110,752	999,676,800	3,300,000	

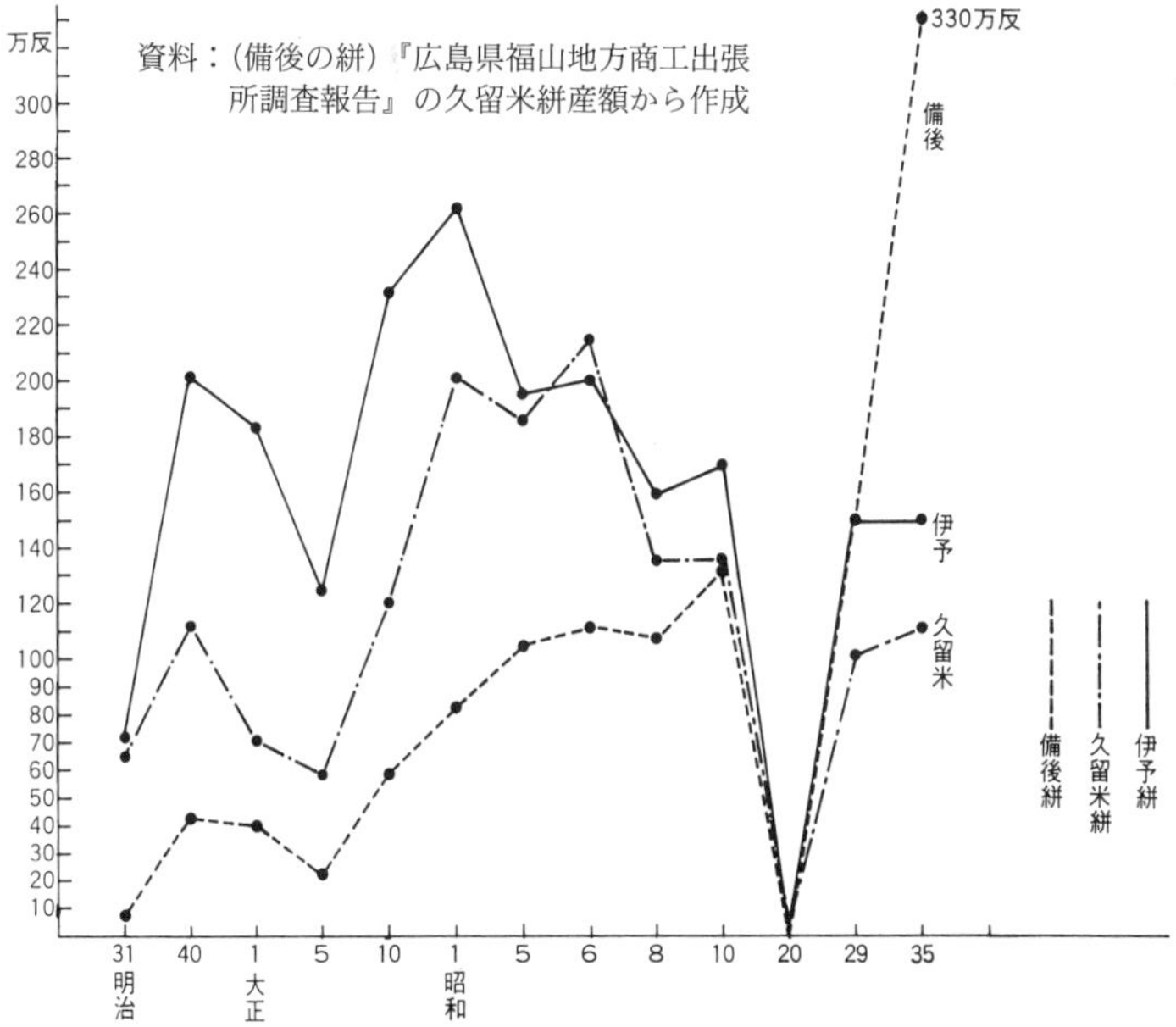

資料：(備後の絣)『広島県福山地方商工出張所調査報告』の久留米絣産額から作成

上げており、生産反数は久留米絣の約二倍を産出していたことがわかる。

昭和元年の産額については、伊予絣が二六一万八一三六反であり、久留米絣が二〇二万七九五八反で、伊予絣の方が約六〇万反増産している。にもかかわらず、金額の面では約六〇万円の減収であることがわかる。このように、伊予絣の反当たり価格は安価であったことを示す記録である。

三大絣別に反当たり価格を比較すると、久留米絣が一番高価で、次に備後絣、伊予絣の順になる。

山陰の絣について調査すると、広瀬絣が最高年産一三万反（明治三十年から四十年まで）であり、反当たり価格は「陰陽八郡郡勢一班」によると、明治四〇年頃の反当たり平均価格は二円四〇銭～二円五〇銭であったというから、久留米絣と同等の値段であったことがわかる。

倉吉絣、弓浜絣については、弓浜絣は反当たり一円（明治四十年）であるのに、倉吉絣は二円五〇銭の価格である。同県内においても一円五〇銭の値段の開きを示していた。そして、倉吉絣、弓浜絣を合わせて年産一三万四九五三反（明治三十二年）の産出を示していた。したがって、倉吉絣は大正末期に衰微して絣の産出が減少しても、金額の面では優位を保っていた。倉吉絣の高価なのに驚き入ったが、板のような強さにも驚いたといわれているほどに、稀少価値的存在であり、久留米絣と同等の価格であったことがわかる。

第三章　絣文様の分類

一　文様の分類

絣といえば紺地である。布の中に何が描かれ、文様にどのような意味があるのかを知り、記録するために、山陰各地の老女たちに出合って指導を受けた。まず布を手に取ってよく見ること、材料（木綿）の紡糸方法と糸の番手、織りの密度、藍の色具合、工程の移り変わりと図柄の流行など、村々を歩き回って絣を収集し、話をよく聞いたことが、私の一番の財産であると思う。それがおのずと絣文様の体系的な分類・整理に結実した。

絣文様を分類するにあたり、まず、各家庭に残る絣布を収集し、約千種類の標本を作ると共に、絣工場で使用した絣柄帳や標本帳約七〇〇種類の文様を調査した。そして他県の収集困難なものに対しては、写真撮影を行なった。そして、収集した絣布や写真には、収集年月日、収集場所および提供者と用途別、製織年代などを記入して年代別、文様別に分類し整理した。

また、製織方法が、地機、高機、動力織機のいずれかについても考察を行なった。そうして、原糸（手紡ぎと機械紡績）とその糸の太さを調査し、染色の方法（天然藍、化学染料）を調べた。染色は、藍の香りの有無、退色の変化と、藍返し（防染した箇所のアラソを取り除いてから藍瓶につけて浅黄にすること）や、色糸の混入や、直接染料による部分染色などを調査して整理を行なった。

絣文様を大きく分けると、幾何文様と絵画文様になる。さらに、絵画文様と幾何文様の組み合わせや、文字記号、抽象図案などの多種類の複雑な構成文様に分けることができる。そして、絣文様は、年代が進むにつれて複雑さを増す。原料を漂白した真白い絣が要求される一方で、文様を藍返しにして落ち着きを

- 絣文様
  - 幾何文様
    - 点
    - 線
    - 四角形
    - 三角形
    - 多角形
    - 円
  - 絵画文様
    - 天地
    - 自然風景
    - 動物
    - 植物
    - 人物
    - 建造物
    - 生活器物
    - 物語・行事・諺
    - 船舶
    - 戦勝
    - 文字記号
    - 祝儀　吉祥
    - 玩具
    - 紋章
    - 抽象

持たせたり、大正期には大胆な幾何文だけの文様が好まれている。

文様を分類すると、不吉なものは何一つなく、めでたい文様が多いことに気がつく。そして、紋章と文様の関係が深いことも納得できた。

(一) 幾何文様

幾何文様は、点、線から出発し、四角形、三角形に発展する。点と線の交叉、曲線と円の構成、正方形の積み重ねや、部分的変化、また発展の仕方が同方向あるいは反対方向に伸びたり、対角線上に重なり合って構成するなど、非常に多くの図形を展開している。

種類でよく知られているものは、十字、井桁、算盤、賽の目、亀甲、井桁十字、追っかけ十字、矢羽根、御幣、麻の葉、虫の巣、菱、松皮、輪違い、提灯などである。

① 点

初期の斑点文様を「あられ」、「飯粒」といい、経《たて》、緯《よこ》どちらか一方のかすれた絣であった。点が経緯構成になり、用途によって点の配列数がきまると、点が小さく数の多いものが最高級の絣といわれた。男物の最高は、並巾に点が一二〇立くらいあり、子ども用は二〇立前後であった（明治年間に流行した）。

点の配置は、経、緯一列であったものが、交互になり、斜方向に並び、菱形を構成したり、蛇行したりしている。

また、点を斜めに二段および三段にずらせた「三ずり」と呼ぶ構成もある。時代によって、点の配置面積と、紺地の面積が違うことに気づく。

一般的に、明治年間の点文様は、点の面積が小さく紺地の面積の方が数倍大きい。したがって、黒っぽい感じを受ける。それが、大正から昭和にかけて、真白い大きな点となり、点の面積と紺地の面積が同量もしくは、点の面積の方が大きくなっている。このように、点文様にも時代による流行と変遷がうかがえるのである。これは、時代の嗜好性が白っぽい絣文様を要求してきた結果であろうと思われる。

② 線

線を直線と曲線に分類し、項を別にして述べることにする。直線には、垂直線、斜線、破線がある。まず直線について考察すると、初期の絣には、経糸によって表わす直線の絣が多い。縞帳の中にも、縞の中に不規則な経線を無造作に入れているのもあれば、糸染めの際にムラ染めにすると自然に経糸はチリ絣状になる。短線を規則的に配し、雨や雪を連想させる（1図）文様と、ジグザグ状に並べた絣（2図）など、経糸を括って表わす経絣であり、緯糸は紺糸を織る。直線文様といえば十字絣の用途が広く、男女を問わず、子どもから老人に至るまでの着物と寝具類に利用された。十字の大小と配置数によって、寝具と着物に区別し、一般的に着物は小さい十字文様を用いた。また女子用の十字には趣向をこらした。撚糸《より》の縞に十字を二段に追っかけるもの（3図）、また十字を菱形に集めて線文をそえている（4図）。それに対して男物には、十字の大小によって子どもと大人の区別をし、子どもは大きく、大人用は十字の小さいものが高級といわれた。一平方センチの面積内に四個の十字が入る。つまり並巾（三六センチ）に一二〇立が最高の絣とされた。その小絣を織る人は絣名人といわれ、村の希少的な存在だった。これ以上の小絣は手括りの技法では不可能であり、経緯の斑点が蚊のように小さい不規則な十字を蚊絣と呼んでいる（10図）。

短線を不規則にちりばめたものや、線と点を組ませたもの、経と緯の線の空間に絵文の蝶を配した麻絣（5図）もある。また寝具用には並巾二立の十字線文（6図）があり、十字を中心に経線と緯線を対称に配置した絣である。

線には、経糸によって作られる線と、緯糸によって作られる線がある。文様の自由な広がりの線には、緯糸による方法がとられているが、経緯の糸が一部重なるとデザインの重みが感じられる（6図）。

経絣は垂線になるが、緯絣での垂直線はむずかしい。斜線や曲線、蛇行線、水平線は緯糸がする。7図は格子に緯糸で亀甲と菱文を配した寝具用の絣である。緯糸での斜線や曲線は9図の花菱入り七宝つなぎ文である。連続構成の文様は、斑点の一カ所をまちがえて織るとチリ絣になる。糸は延びやすく目が離せない。目印は布の両端（耳《みみ》）の縫代《ぬいしろ》になる一センチを紺地にしておくことである。8図の紗綾文様は着物用に明治中期に製織された。緯糸による斜線文様で製織が困難であり、斜線が蛇行しては紗綾にならない。この文様は絹織物に多く取り入れられ、慶長年間に西陣で中国製を模倣して製織したのが始まりといわれている。木綿絣としても多く織り出され、祝儀的な鶴や文字記号と組ませた構成もある。こうした連続文様を積み上げて一反の着物を織る忍耐は想像を絶する。織機は地機を用いたと聞いた。

2　ジグザグ文　着物
（倉吉，明治中期）

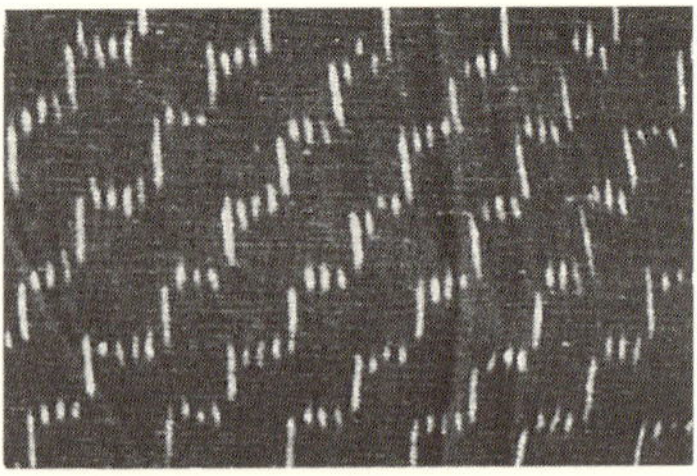

1　雨文　着物
（倉吉，明治中期）

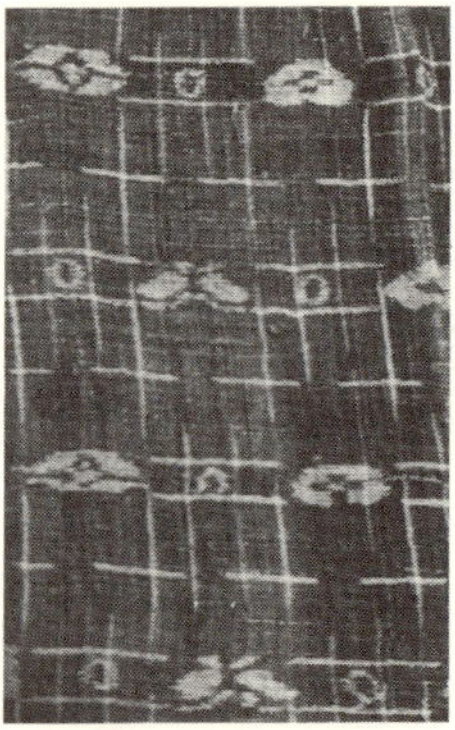

5　線文　麻着物
（倉吉，明治中期）

4　線と十字菱文　着物
（倉吉，明治中期）

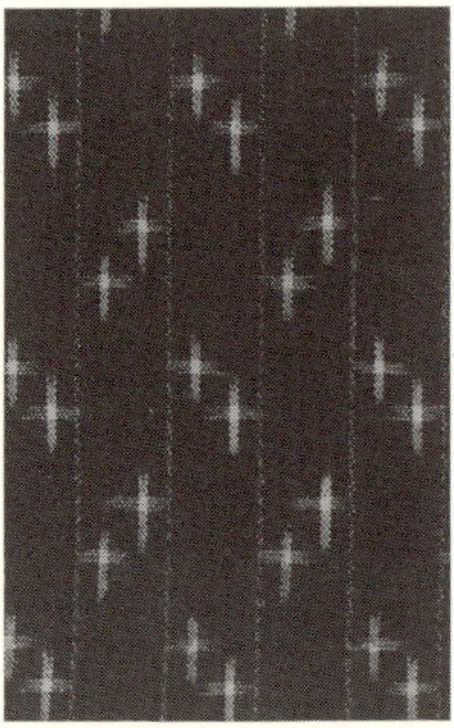

3　追っかけ十字文　着物
（倉吉，明治中期）

8　紗綾文　着物
（倉吉，明治中期）

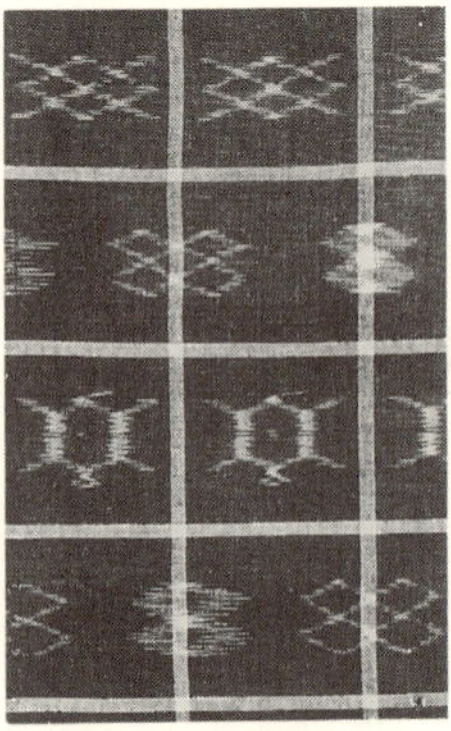

7　亀甲と菱文　寝具
（伊予，明治中期）

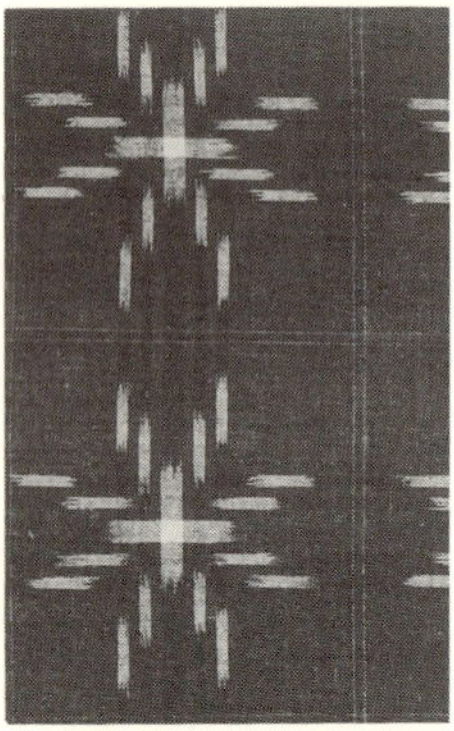

6　十字線文　寝具
（倉吉，明治中期）

9　花菱入り七宝つなぎ文　寝具
（倉吉，明治中期）

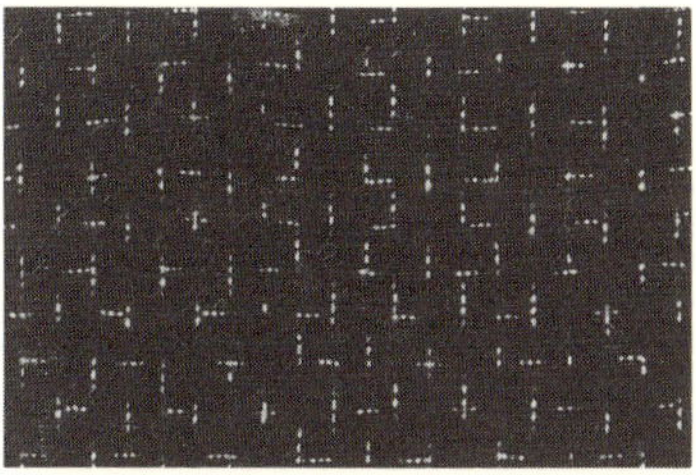

10　蚊絣　着物
（倉吉，明治中期）

11　そろばん絣　着物
（倉吉，明治期）

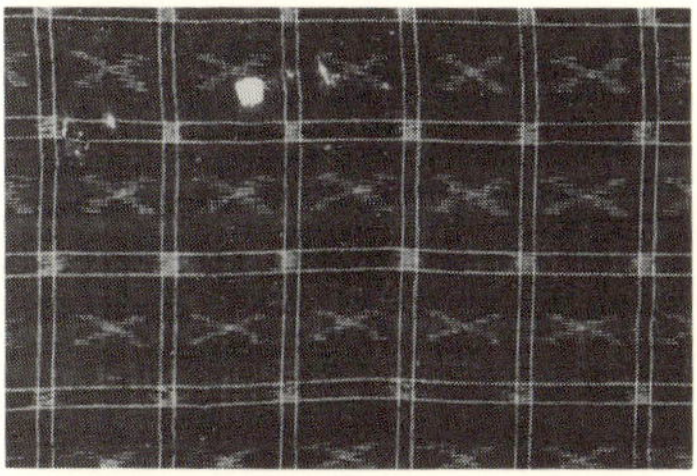

12　幾何文　着物
（伊予，明治後期）

13　飾り矢絣と串団子重ね枡文　着物
（倉吉，明治末期）

14　上り道と花文　寝具
（倉吉，明治中期）

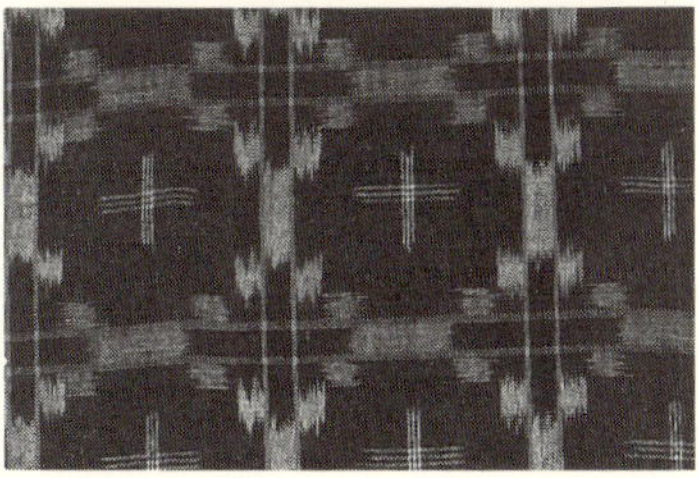

15　幾何文　寝具
（倉吉，明治中期）

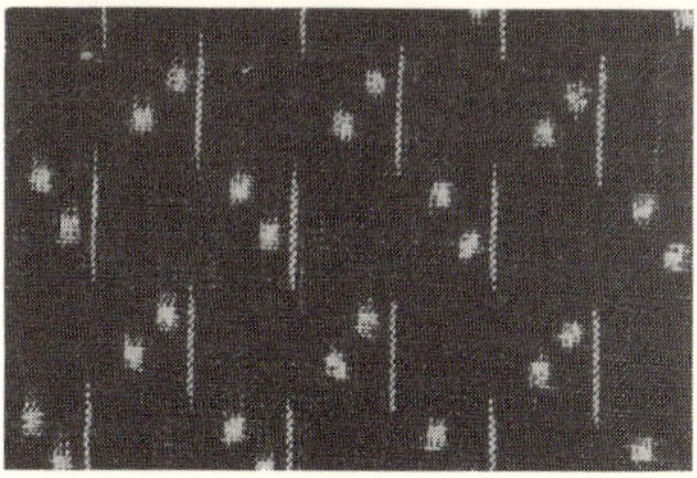

16　雨アラレ文　着物
（倉吉，明治後期）

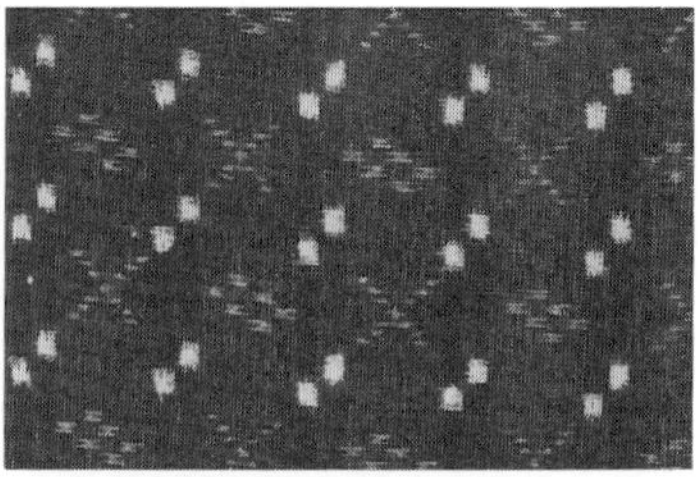

17　豆腐つなぎ文　着物
（倉吉，明治後期）

18　チリ絣　着物（鳥取県西伯郡
名和町，大正後期）

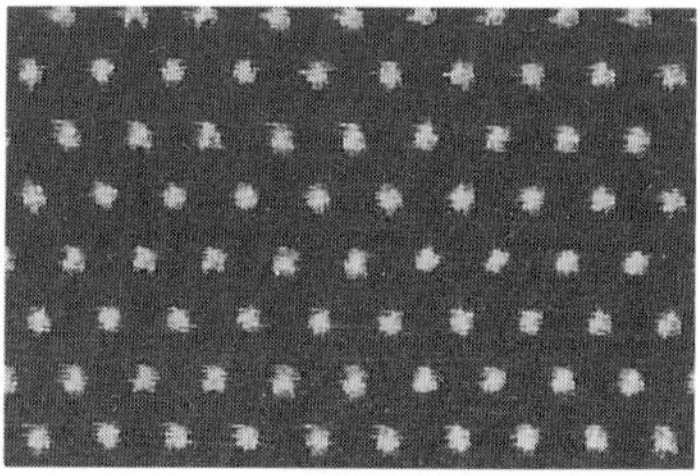

19　アラレ絣　男子着物
一巾18立（倉吉，大正期）

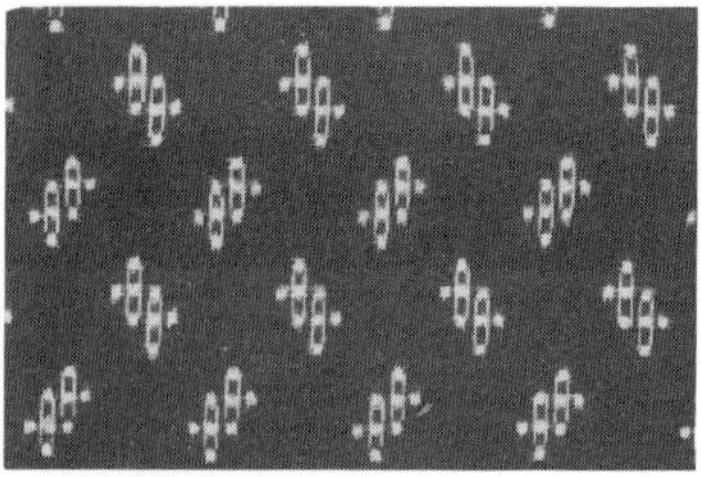

20　追っかけ虫の巣文　着物
（倉吉，明治後期）

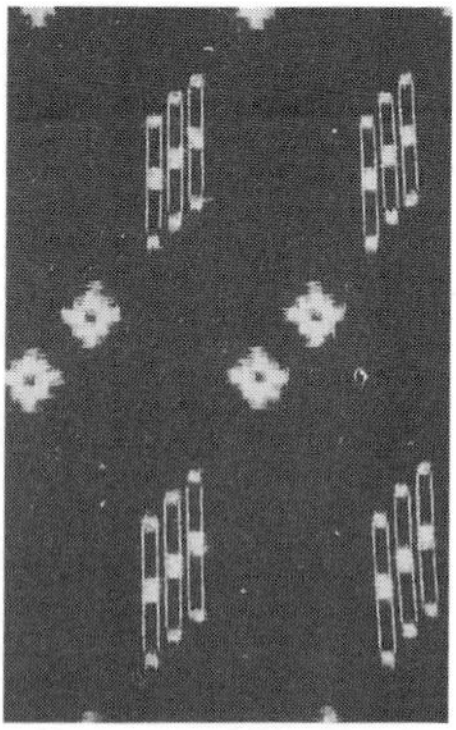

21　追っかけ枡に三段虫の
巣文　寝具　一巾３立
（倉吉，明治後期）

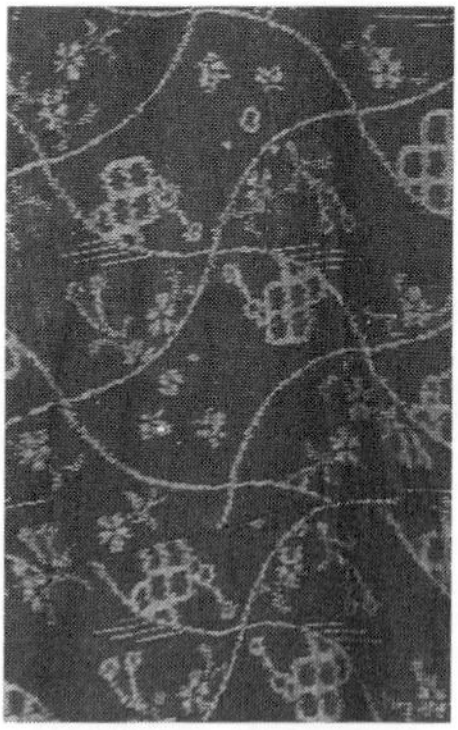

22　小花入り分銅文　夜着
（倉吉，明治初期）

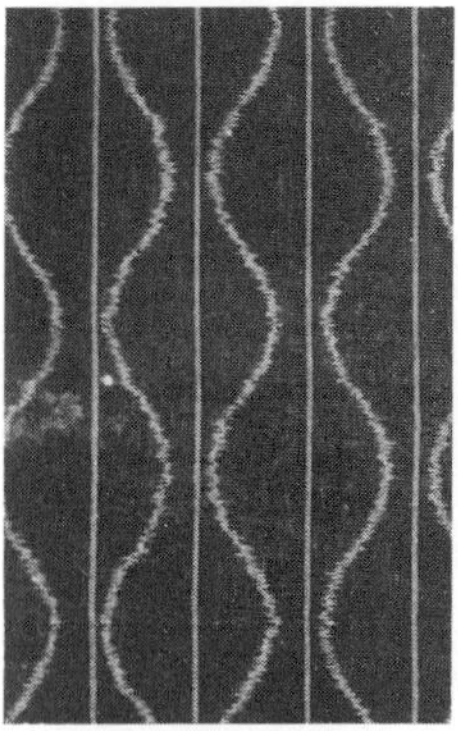

23　縞立涌文　寝具
（倉吉，明治中期）

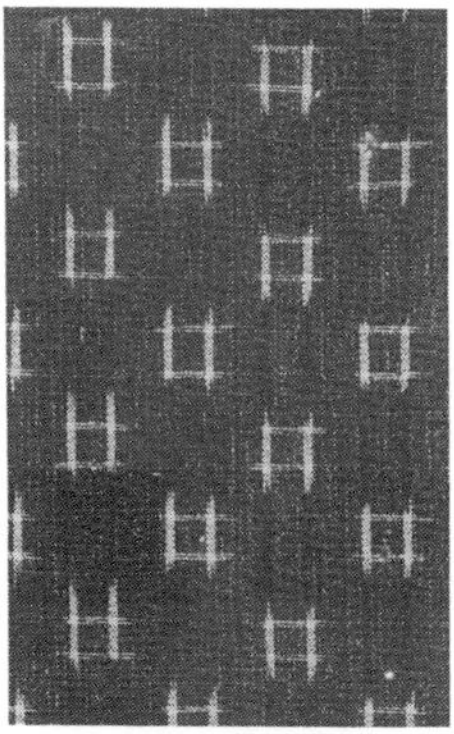

26　井桁文　男子着物
（倉吉，明治中期）

25　藤花立涌文　寝具
（倉吉，明治中期）

24　葵入り立涌文　着物
（倉吉，江戸末期）

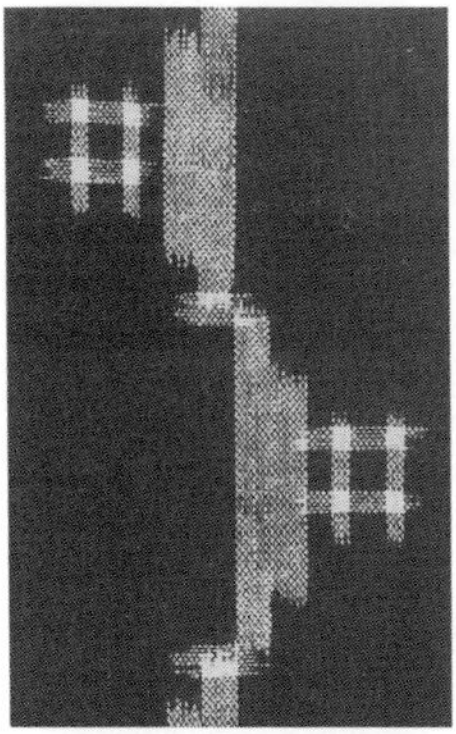

29　井桁つなぎ文　寝具
（久留米，大正期）

28　井桁と瓢簞に駒文
寝具（伊予，明治後期）

27　井桁文　男子着物
（倉吉，大正期）

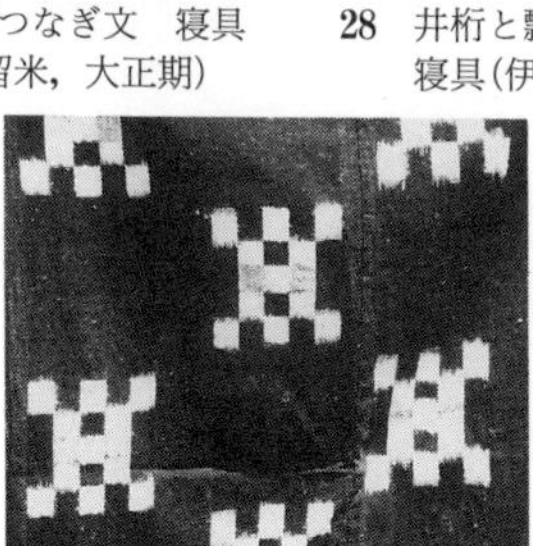

31　市松とHの幾何文
寝具（倉吉，明治後期）

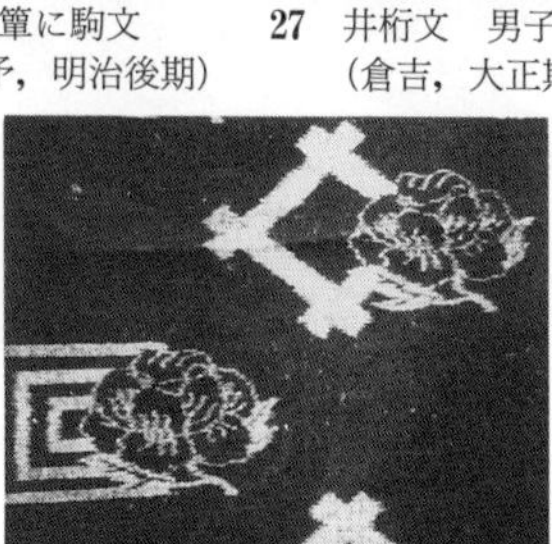

30　三重枡と角立井桁に牡丹文
寝具（倉吉，明治後期）

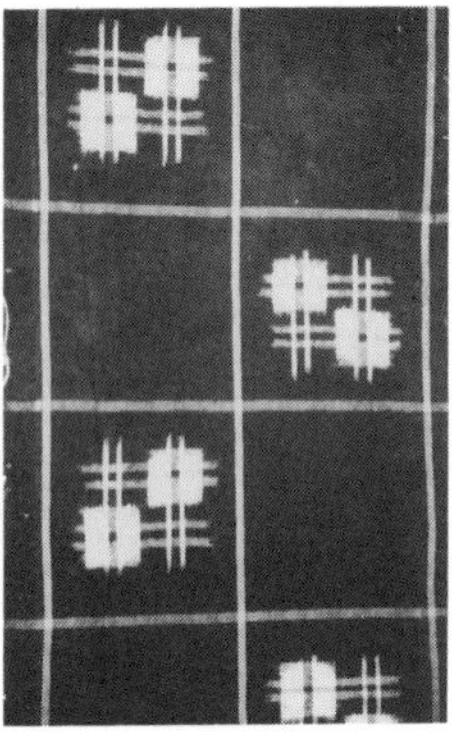

32　格子入り井桁枡文　寝具（鳥取，昭和期）

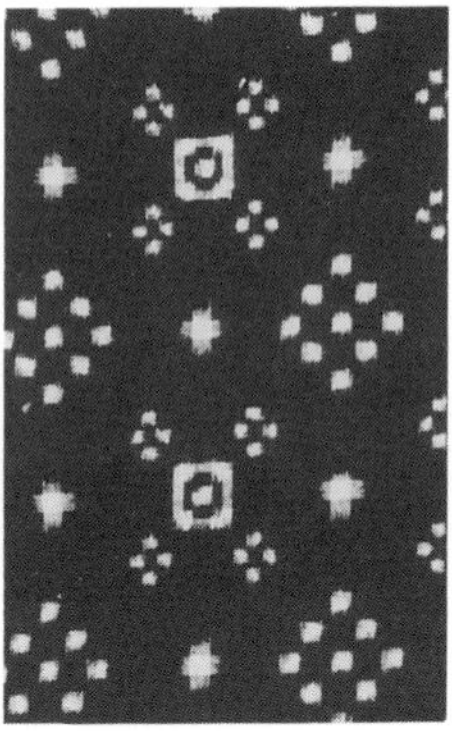

33　豆腐文　着物（倉吉，大正期）

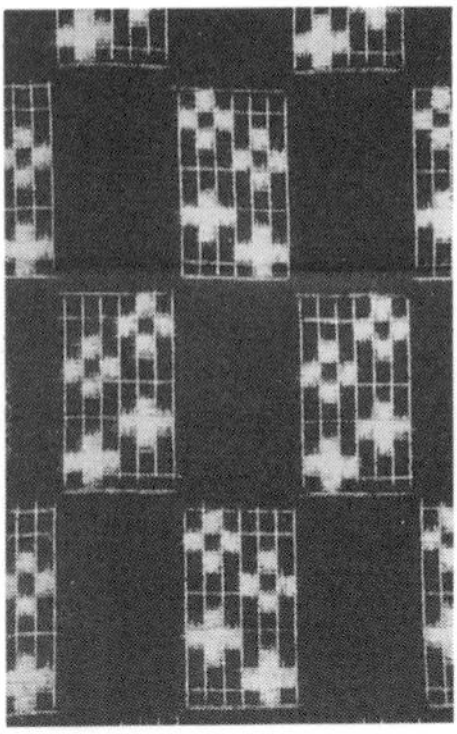

34　追っかけ市松と十字文　着物（鳥取県東伯郡北条町，昭和22年）

35　井桁と方眼枡文　寝具（倉吉，明治期）

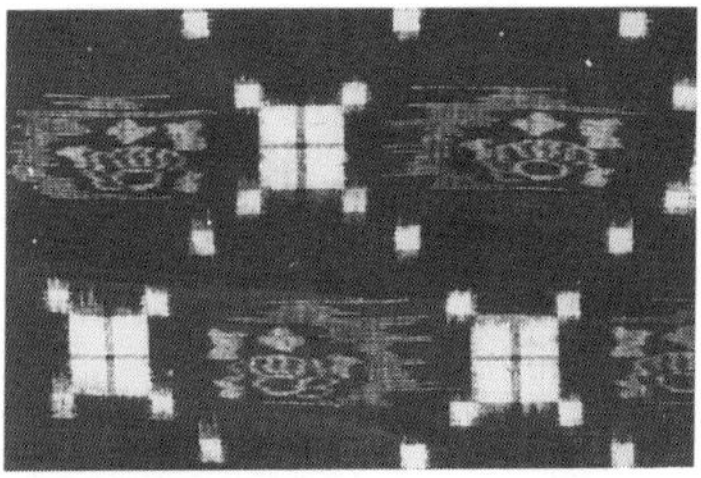

36　子持ち方眼市松と牡丹文　寝具（鳥取，明治期）

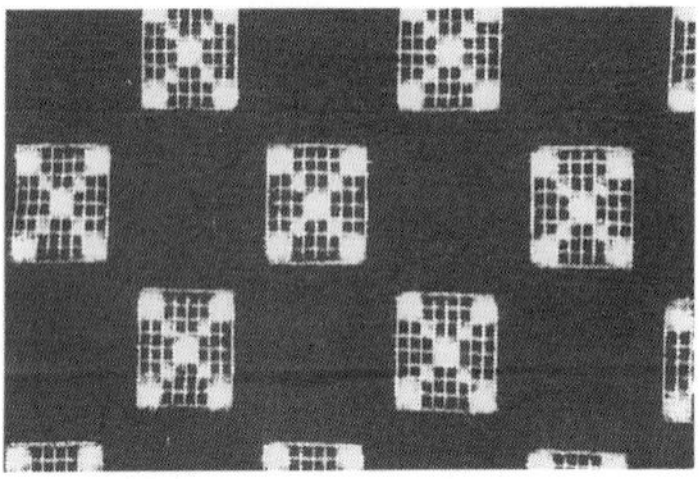

37　方眼市松文　寝具（倉吉，明治期）

38　三つ巴と三重枡文　寝具（倉吉，明治期）

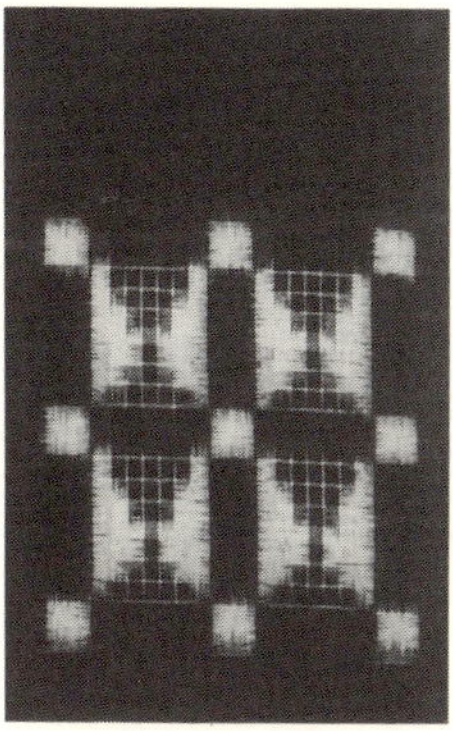

41　籠十字飾り幾何文 寝具
（倉吉，大正～昭和）

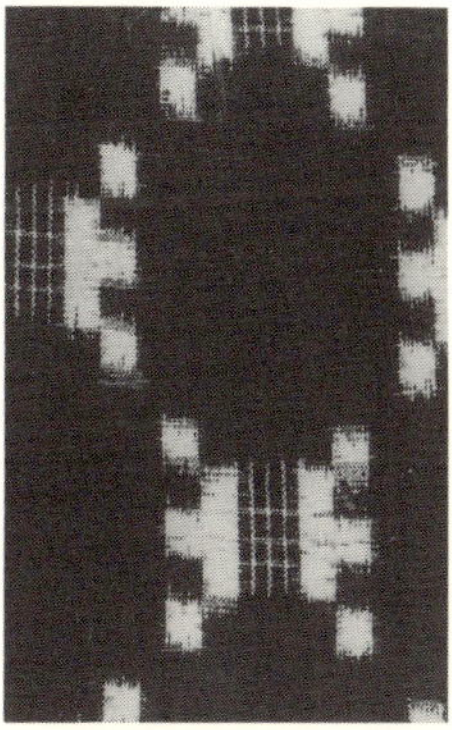

40　飾り離れ十字文　着物
（倉吉，昭和20年）

39　三重枡と幾何文　寝具
（倉吉，明治後期）

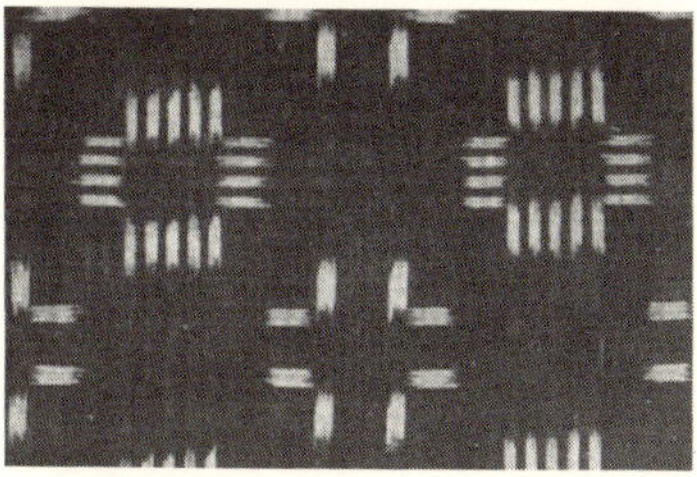

43　籠四角線文　寝具
（倉吉，明治中期）

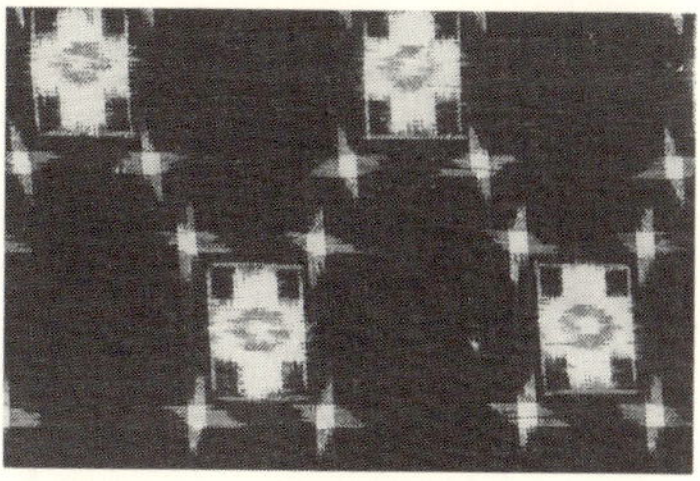

42　子持ち四角十字文　着物
（倉吉，昭和初期）

46　井桁と飾り十字文
寝具（倉吉，大正期）

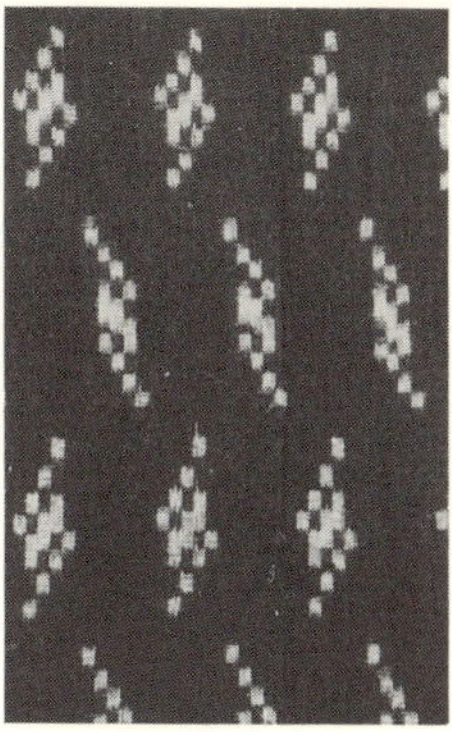

45　幾何文 着物 一巾６立
（鳥取県名和町，昭和10年）

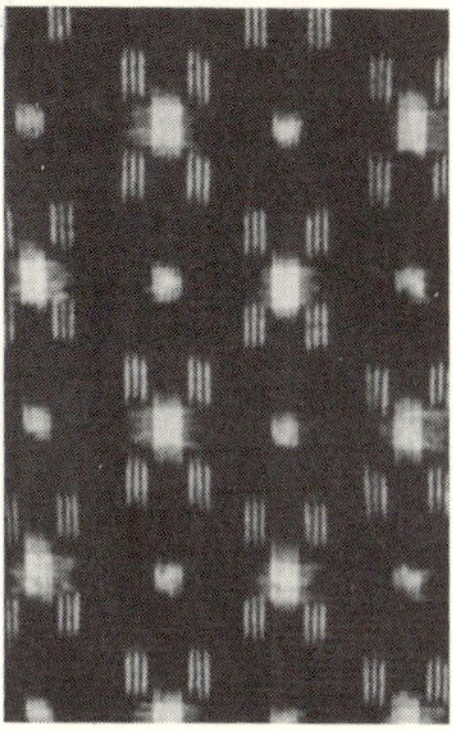

44　幾何文 着物 一巾６立
（鳥取県東郷町，大正期）

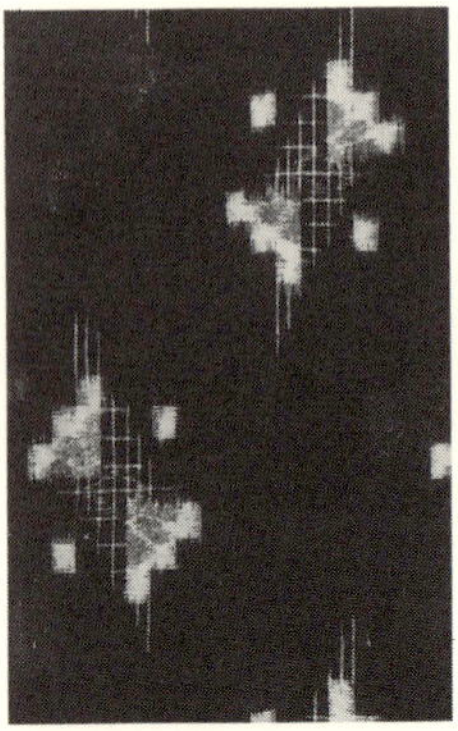

49　鼓文　着物
（倉吉，大正期）

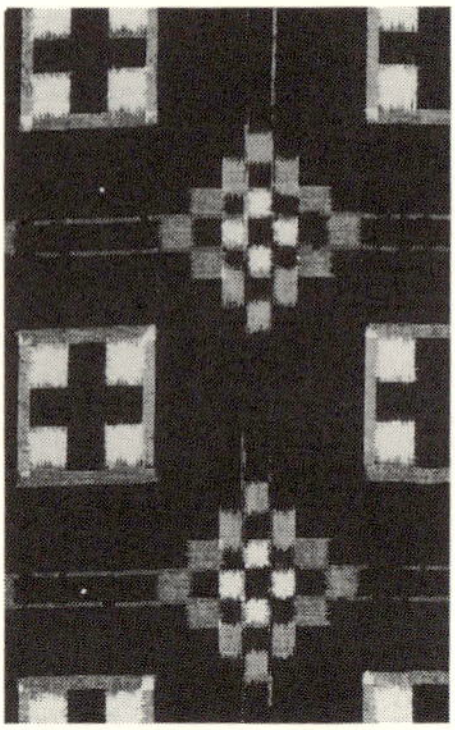

48　縞と組市松に籠十字文
寝具（倉吉，明治中期）

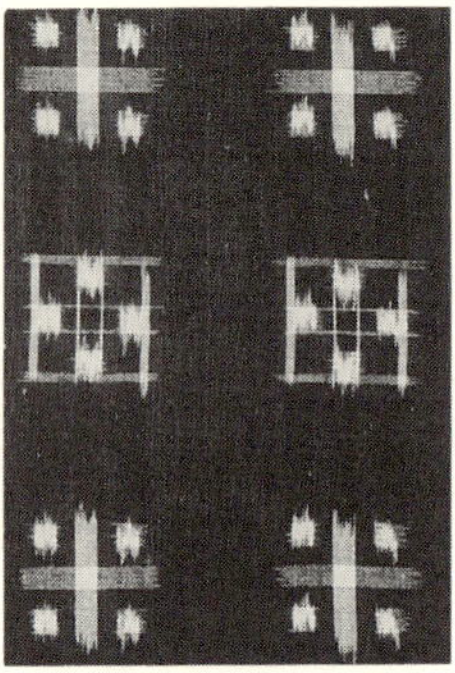

47　籠十字と子持ち十字文
・米文字幾何文　寝具
一巾3立（伊予，明治期）

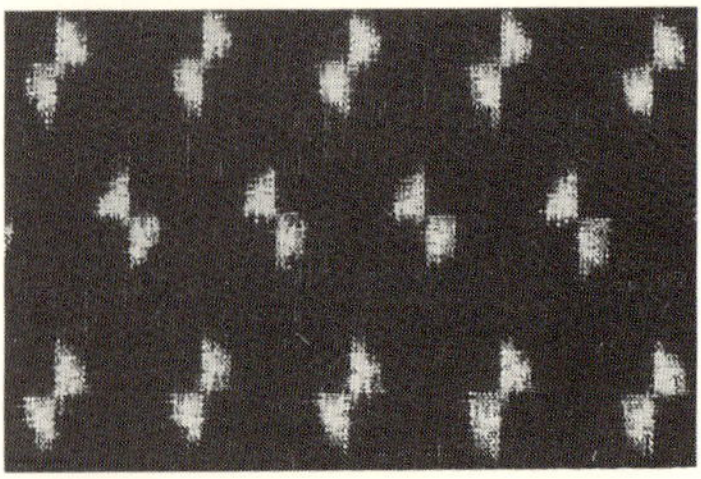

51　小鼓文　着物（倉吉，大正期）

50　離れ市松文　寝具
（備後，明治末期）

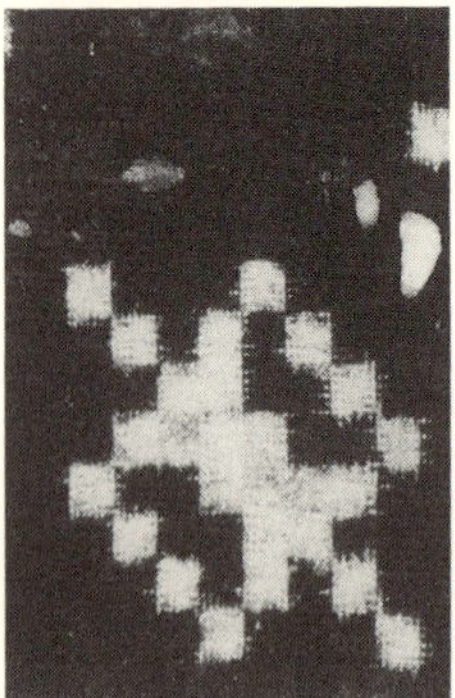

54　飾り鼓文　寝具（鳥取
県西伯郡，大正期）

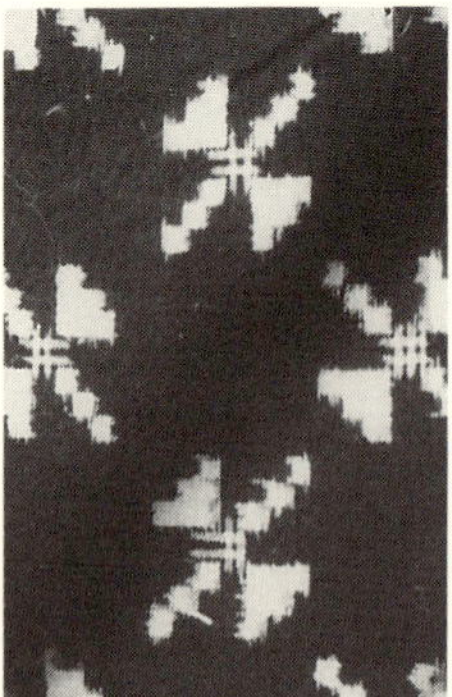

53　飾り鼓文　着物（鳥取
県西伯郡，昭和期）

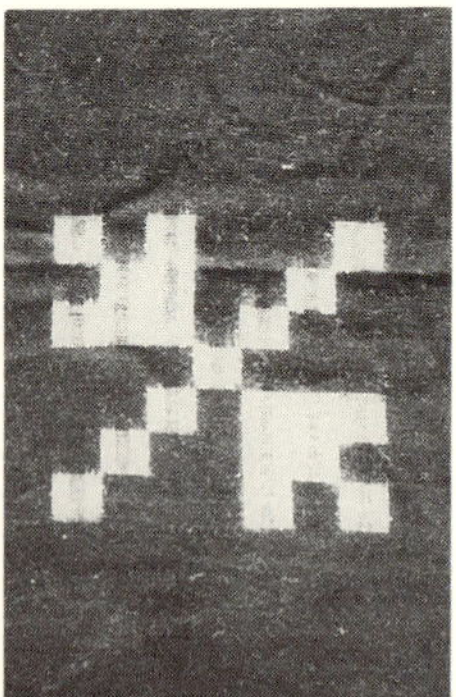

52　飾り鼓文　寝具（鳥取
県西伯郡，大正期）

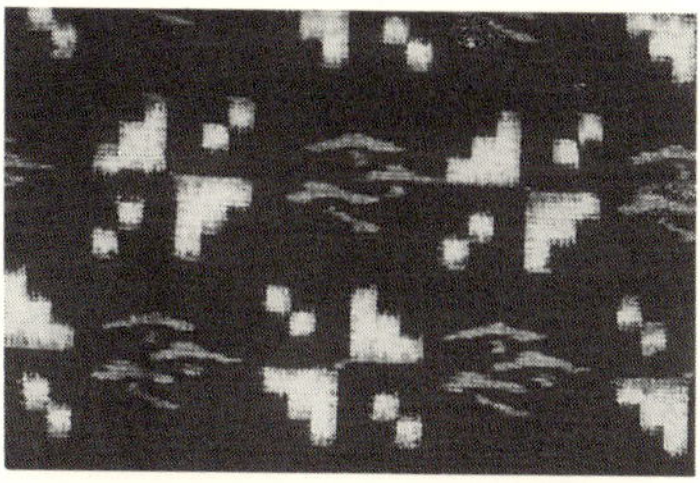

55　鼓文　着物
（島根県安来，昭和初期）

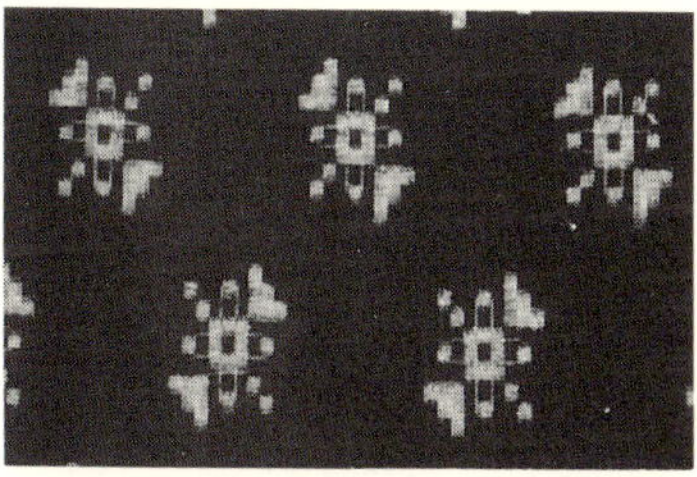

56　枡豆腐に鼓文　着物　手紡糸
（鳥取県赤碕町，昭和20年）

57　亀甲文　着物
（倉吉，明治期）

58　花菱入り提灯文　寝具
（倉吉，明治中期）

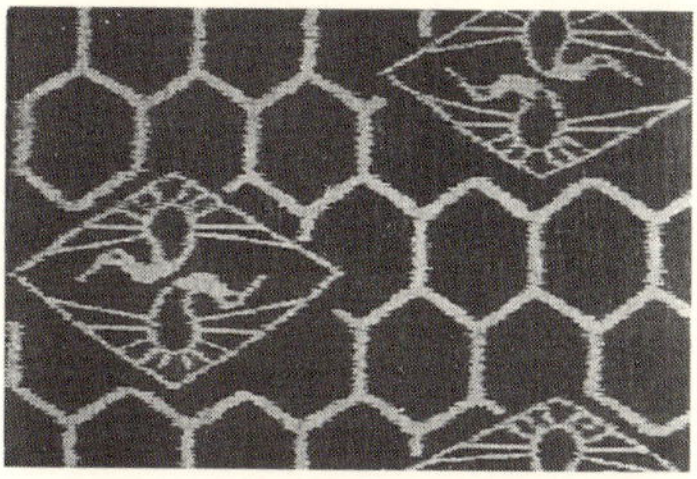

59　亀甲と向かい菱鶴文　寝具
（倉吉，明治中期）

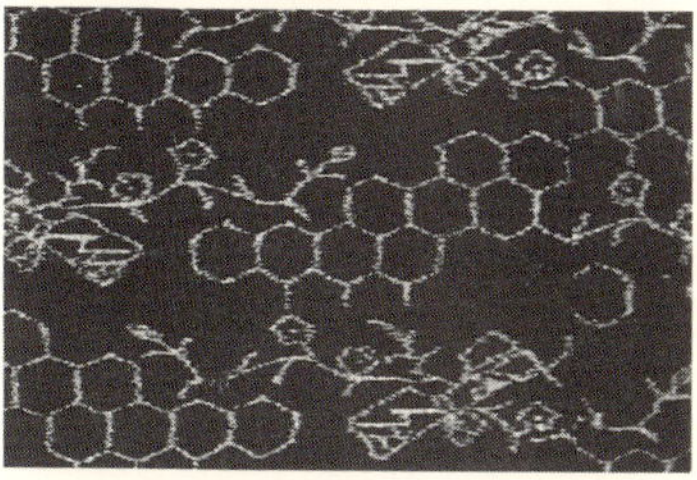

60　亀甲と梅枝文　夜着
（倉吉，明治初期）

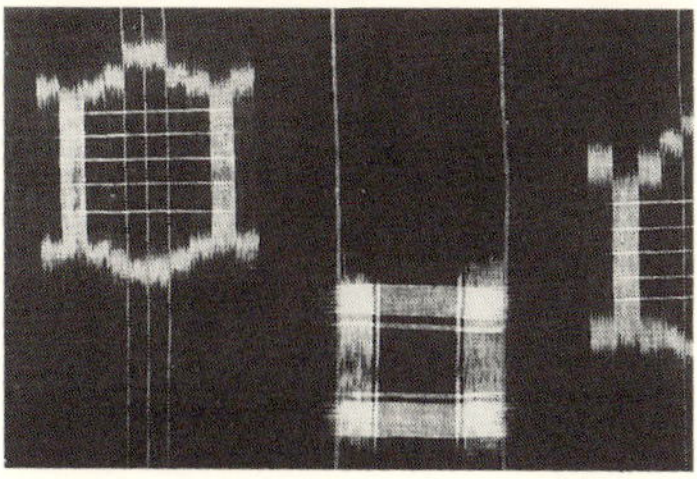

61　亀甲と枡文　寝具
（伊予，明治後期）

62　籠十字に水に亀文　寝具
（伊予，明治中期）

63 松と変わり松皮菱文　着物
（倉吉，明治末期）

64 麻の葉文　着物
（倉吉，大正期）

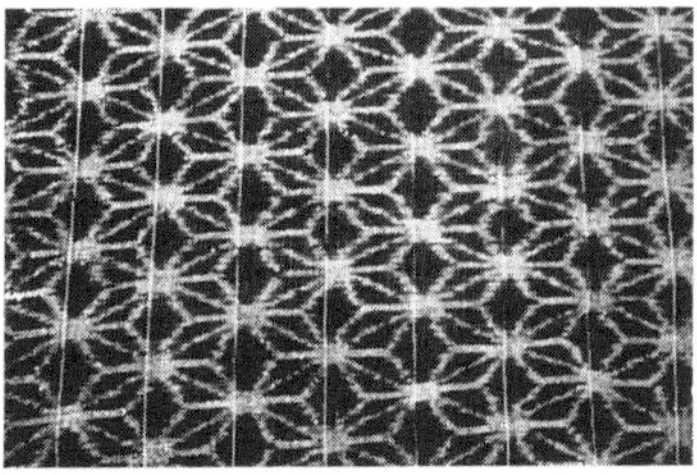

65 麻の葉文　着物
（倉吉，明治期）

66 井桁と線文　着物
（倉吉，明治期）

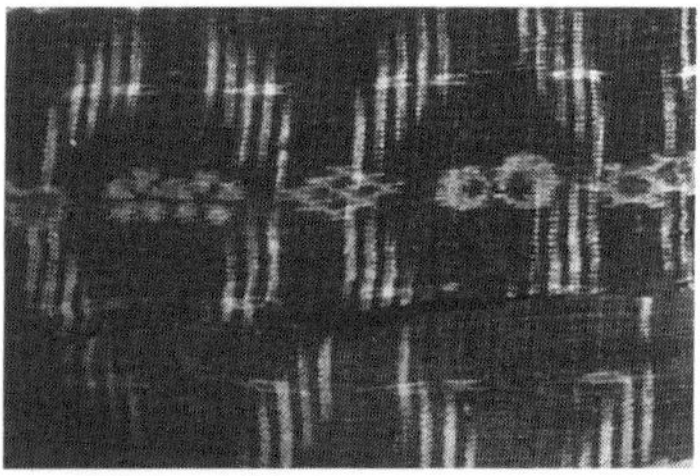

67 線文　着物（倉吉，明治期）

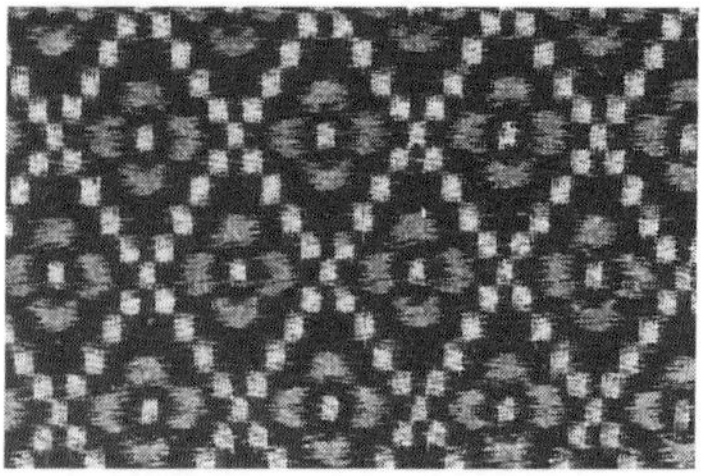

68 花入り経菱つなぎ文　着物
一巾6立（久留米，昭和期）

69 組立て市松文　寝具
（倉吉，昭和期）

70 菱市松幾何文　寝具
（久留米，明治末期）

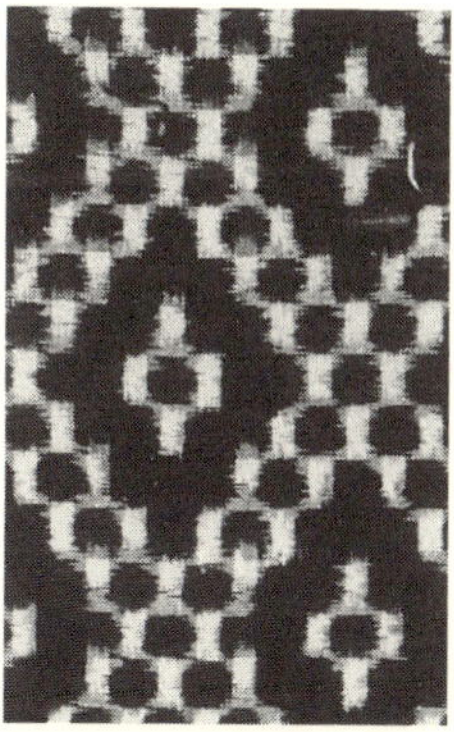

71 経菱市松文　着物
（久留米，大正期）

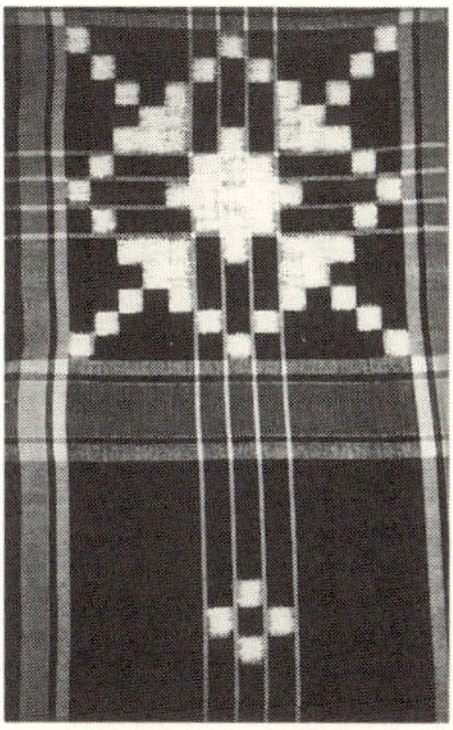

72 色縞組み菱幾何文　寝具
（鳥取県関金町，大正初期）

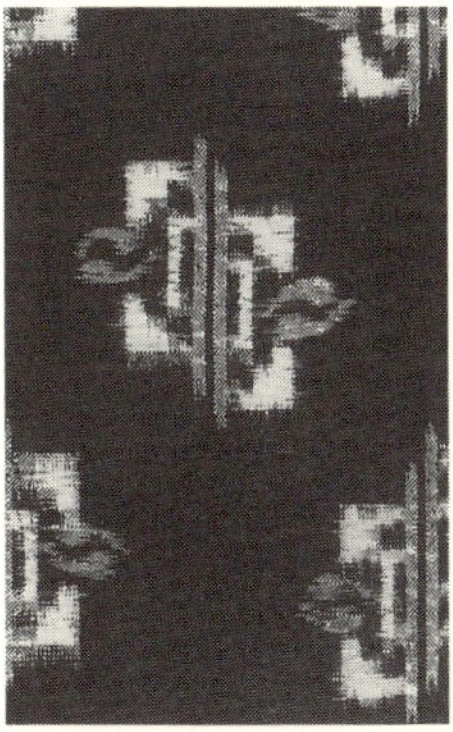

73 崩し巴枡文　着物
（倉吉，昭和期）

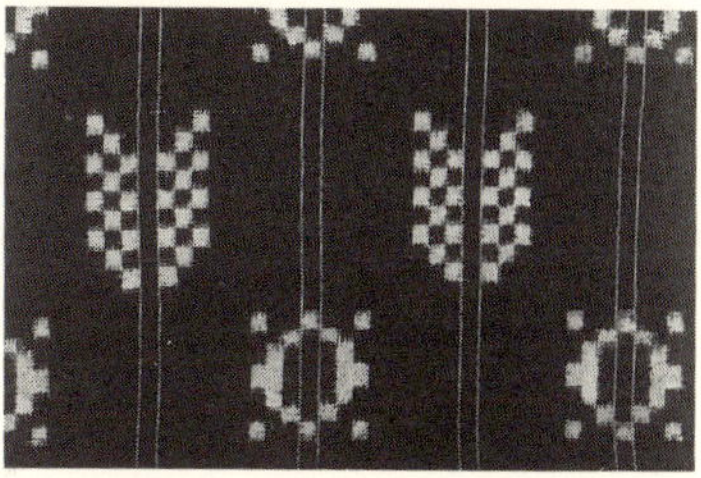

74 縞入り矢市松と幾何文　寝具
（倉吉，大正期）

75 幾何文　寝具（備後，大正期）

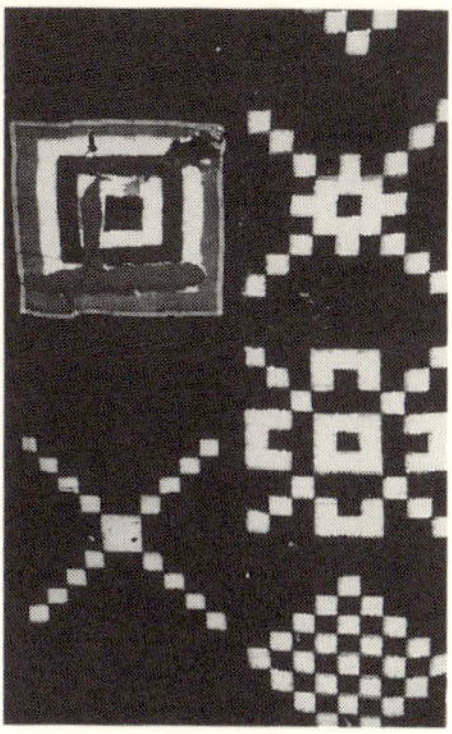

76 幾何文　寝具
（備後，大正期）

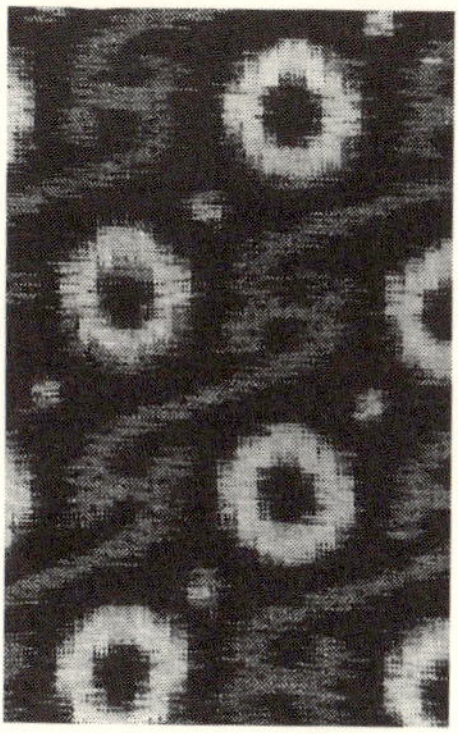

77 唐草とドーナツ文 着物
（久留米，大正期）

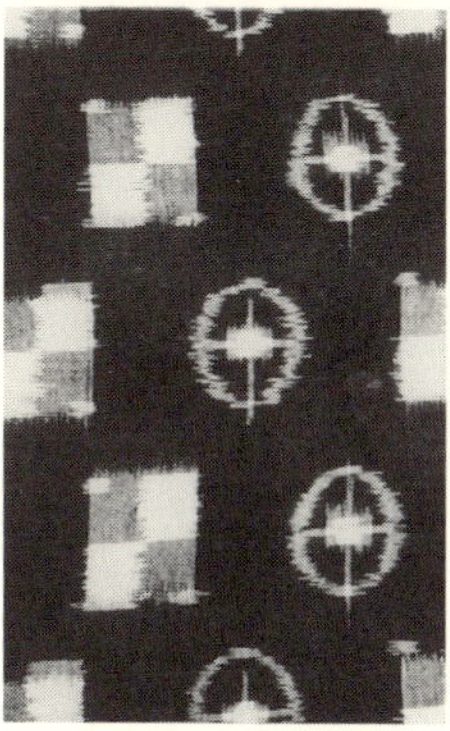

78 丸と四角文　寝具
（鳥取，大正期）

③ 点と線

点と線の構成が幾何文様の基本であろうと思われるものに11図のそろばん絣がある。そろばんは計算器として、富を蓄える願いが文様に含まれていた。二そろばん、三そろばんという名称で経糸の短線に緯糸を二回ないし三回乗せる。特に男子用の着物柄として、経済力のあることを願望したらしい。

点と線の交叉が複雑で、団子を串にさした構成を二段に重ね、四角の隅に点を配した13図は二重枡が廻り出すような印象を受ける。経線の矢絣と緯矢を組ませた構成は高い純度をもつデザインである。

経と緯の短線を階段状に組ませ、その空間に四弁花を並べる14図は、沖縄地方の絣にもよく見かける文様である。これも点で花文を配することによって一段と美しい寝具文様である。経線と緯線の太さに大小をつけ、長さも長短を幾何文に構成した15図は新しい感覚を持っている。垂線と平行線の大小を変化させ、籠十字を織りあげている。

垂線に対して点が大きく真白くなるのは、経絣と緯絣を合体させて真白く表現することで、技術が進歩したことになる。明治後期になると、こうした真白い正方形を「豆腐」と呼称し、二段階につなぐ文様がみられる（17図）。同じように正方形を白く抜き出すアラレ文も、男子用の着物（19図）として幅広く着用された。並巾（三六センチ）内に正方形を何個並べるかによって、老年・若年・子ども用に分かれ、19図では正方形を一八個配置することになり（一八立）、子どもか成人の着物であることがわかる。

20図、21図は、虫の巣文である。点と線で空洞を作り結んでいる。虫の巣を二段ないし三段に配置すると次第に複雑になる。他の産地にも点と線を結び空巣を作ったものがあるが、虫の巣の呼称は老女から聞き取った。この山陰地方では、虫の巣とは吉につながる名称で、穴のある巣作りは大繁昌になるといわれ、嫁入り荷物の中に一枚は虫の巣の着物を持参したと説明した。小絣が二カ所に巣を作り、左右に子持ちを表現する20図は山陰特有の幾何文である。

④曲　線

曲線には円弧・楕円弧・波線・螺旋・放射状線（点から四方に放した線）などがあるが、円弧・楕円弧については別項で述べるとして、ここではその他の曲線文様について説明する。緯糸で曲線を描く網目文や波文様は、曲線を自由自在に表現している。22図の小花入り分銅文も繊細な曲線である。また、経に向かって曲線を表現する立涌《たてわく》文様は、古くから伝えられている日本の代表的文様でもあり、緯糸によって描いている。

立涌文様（23・24・25図）は経縞が入り縞にそって拡大部分と縮小部分が作られ、その比率は四対一とか二対一の割合で連続構成されていて、女性らしい優しい文様として愛用された。なかには、立涌を崩して草木や花、動物や扇を組み合わせた変化に富んだデザインもある。立涌を緯立涌にして波文にしたものもある。このように古くから美の基本として曲線美を表現する絣は、いつの時代にも歓迎されてよく織り出されている。

⑤井　桁

井桁とは、井戸の上部のまわりを木で四角に組んだものからきた呼称で、井戸は神聖な場所であるため、気高くけがれのない文様としてこのように多種類の井桁が使われたのではないかと思う。

明治期の井桁と大正・昭和時代に製織された井桁を比較してみると、次のことが看取される。地色の紺の面積と井桁の文様の面積の比が、大正・昭和時代の作品は大きくなり、明るく強いものに変遷している。

なかには棒で組んだような井桁が流行し、全般的に黒場より白場が多くなっていることがわかる。

井桁文は、十字文からさらに発展したもので、十字よりも安定した感じを表わす。井桁は、単線によるもの、複線によるもの、長方形の井桁など、個々のパターンが出すイメージによって違った感じとなる。また、十字と組ませた井桁十字もある。

同一方向に延びる配置、たとえば、井桁の周囲四隅に幾何文を配するもの、縞の上に井桁を配置するなど、力強い印象を与える。

井桁は、特に男物の文様として広く利用され、子どもから大人の晴着に至るまで、大小さまざまの組み合わせで取り入れられている。

井桁文様は、落ち着きと安定感を与える。古老たちは男の子たちに井桁の着物を着せることが何よりの楽しみであったという（26・27図、男子着物文参照）。このように井桁は、幾何文様の中でも代表的な文様で、絣の中で井桁の占める割合は大きく、親しまれた文様である。布団にも多く用いられた。布団には並巾に大きく一つ配置して絵文様と組ませた構成が多くみられる。

26・27図の井桁は、年代によって彩度が異なる。明治中期に製織されたもの（26図）は、経二本の垂線に緯糸二本を平行に配置した井桁である。同じ井桁でも、27図の大正期のものは、経糸が井桁状で緯糸の井桁を重ねた経緯絣で真白く抜けている。井桁の密度も高く紺地も少ない。明治期から大正期は一段と白場の多い力強い井桁に移り変わっている。技術的にも優秀な作品である。一般的に「織物は経糸が勝つ」とよく聞く。経糸の密度によって違うのだが、着尺の場合の工程では、そのとおり経糸の絣が鮮明に表われる。井桁に組み合わせると、そのことがよく証明される。

28図の井桁と瓢箪に駒文は、伊予絣特有の並巾に一立の井桁と絵文を配置している。先に述べた井桁の経緯絣で強い印象を受ける。しかし真中を籠十字にデザインしていることが温かみを感じさせる。井桁は産地により絣文様として多種類図案化されてきており、あげればきりがない。29図は久留米絣の井桁つなぎである。経糸と緯糸が重なる透明感の経緯絣が流行すると、市松や四角形の大小による構成文が織り出された。

30図は三重枡と角立井桁に牡丹を配置した明治後期の寝具である。井桁も三重枡も経緯絣の真白で大胆な文様である。絣の面積が大きい図柄ほど括り分量が増える。いくら製織技術が良くても、経糸と緯糸が合体するよう絣計算をしても、正確に括らなければ文様は潰れてしまう。経緯絣の泣き所とは絣合わせにある。

⑥ 四角形

四角形には、正方形、長方形などさまざまの文様が、非常に豊富にデザインされている。分離したり、三つ重ねになったりして、市松文とか枡文を形成している。

市松文様は、江戸時代の歌舞伎役者・佐野川市松が、この文様を袴に使って好評を得たので市松文様とよばれているらしい。また、枡文様は、「増す」「増加する」という意味で、吉の意を表わす文様として有名である。

四角形を主体にして、子持四角を対角線上に大小並列させるもの、また四角形の斜方連続構成などは、幾何文の構成美をよく表現している。また、構成の複雑さは年代が進むにつれて増大し、抽象文様に進んでいる。田の字文や賽の目文、石畳文などは最高に美しく、石畳の色にコントラストがついている。

31図の市松とHの幾何文は経緯絣の計算されすぎた重々しささえ感じる。技術的にも人間の手で糸を打ちこむのであるから均一な力量で緯糸を配することは困難である。このパターンのように英語のHを表わすためにデザインしたのではなく、線と線の中間を結べば安定した形となり、籠市松の上下に市松文を飾ったものであろう。32図は格子の中に線井桁を二重にし、その上に四角形の経緯絣を配している。団子を串にさした感じが面白い。四角形は真白の経緯絣で、豆腐文とも呼んでいる。豆腐の中心を丸くしたり、菱形に積み上げたり、大小の市松をみごとに配置し精密に織り上げている（33図）。

34・35・37図は四角に線を方眼に敷いている。中には市松と十字文を枡目でうめたり、対角線を大小の四角で真白く抜いている。経緯絣の高い純度をもつものであろう。一方、四角形の大小三個を重ねたり、四角形に方眼線を入れて四方に飾りつけた市松をつなぐ幾何文様を、絵絣と組み合わせたものもある（36・38・39図）。

線を方眼に書き枡目を斜列や三角にうめていくもの、方眼線の左右をトの字形にし上下を市松で飾る幾何文は、大正から昭和にかけて山陰地方に流行したパターンである。幾何文様の嗜好性が安定したことを物語る（40・41図）。

四角形と線を組ませるデザインと、正方形四個を斜形にずらし紗綾状にした45図は、高度の技術を要する。初期は線状であった紗綾絣が昭和期には一センチの正方形八組と二センチの長方形四個を規則正しく経緯絣で織り出している。また、市松を十字文や井桁絣と組ませたもの、市松を石畳のように積み上げクロスさせ、上下に市松文を配し、左右を透明に三角形にまとめた備後絣もある（50図）。また、市松を菱形に配置し、四角形の四隅を正方形にとり、中は籠十字文ができる（48図）。四角、菱形、十字の幾何文が堂々としている。

⑦三角形

三角形文様は、明治末期から大正、昭和にかけて流行した文様である。四角形を対角線で切り離したもの、四角形を左右に配置して安定感を出したものなどがある。久留米、伊予、備後絣によくみられるパターンで、婦人の着物文様に使用された。山陰地方には、鼓文として多く用いられた。

51～56図は着物と寝具のデザインである。着物は女性用であり、小鼓文の密度が高いものは中年齢者用であり、鼓文に市松飾りを付けたもの（55図）、あるいは方眼線を中央に配置した（56図）着物は若向きである。寝具は並巾に一立～二立の大きい鼓文である（52図）。昭和期に入ると絵絣と鼓文を組ませた島根県安来の絣や、枡豆腐の上下に鼓と正方形を散らしたものがある。56図は大戦後、昭和二十七年に結婚した友人の着物で、綿を栽培しそれを紡糸して織り出した経緯絣である。並巾に三立と四立の鼓文を交互に並べ花車が廻り出すような感じを受ける。かすれ部分のない鮮明な織りであり、村の絣名人といわれる人が織ったと話していた。

⑧多角形

多角形を代表するものに亀甲文様がある。亀甲文様は六角形を連続構成したもので、吉祥文様として古くから広い範囲に使用され親しまれてきた文様である。亀甲は、花や鶴亀と組み合わせた構成がみられる。亀甲の大きさは大小さまざまで、小さくなるほど正六角形に製織するのに骨が折れ、技術を要した。したがって高価であった（57・59・60図）。

亀甲によく似た文様で花菱入り提灯文がある（58図参照）。亀甲を崩したようなもので、厭《あ》きることを知らない美しさがある。菱および松皮菱は、紋章にも使われている文様である。直線を斜方向に連続構成すると菱や松皮菱となる。この文様には多種類の変化に富むデザインがみられる。

麻の葉文様は古く鎌倉時代から絹の小袖や帯に多く取り入れられた文様で、麻の葉のようにじょうぶでまっすぐに育つことを願う文様として知られている。江戸末期に織られて結婚に持参したという口絵の着物（倉吉市、涌島こよ）は並巾に麻の葉が一三立し縹《はなだ》色の絹縞が一五本入っている。百年以上眠った着物と思えない輝きがある。麻の葉も時代が新しい作品は大型で派手である。麻の葉文は繊細な経縞を入れている場合が多い。製織中に斜線が蛇行しないためと、麻の葉の鋭角を目安にするためである。麻の葉が製織できるようになれば一人前になったと、古老は語っている。年数をかけた熟練者の麻の葉には線に力があり、一見して判断ができる。したがって、腕前を競うには麻の葉が一番だと語られるほど技術を要するデザインである。

68・70図の経菱は、経緯絣の正方形を菱形に連ねたもので、久留米絣である。並巾六立の菱の中に花を入れた昭和期の着物柄で、小絣の最前線の地位を示している。69・70・72図は寝具である。いずれも並巾一立〜二立の大胆な構図に、経緯の糸が重なり合った真白いパターンで、菱形や多角形の組み合わせである。73図・74図は四角を二等分して崩したり、矢状に市松文を移動させている。これらの幾何文は四角形を元にデザインして多角形に展開させているようである。いずれも精巧な絣ばかりである。

⑨ 円

円弧、楕円弧の文様について考察すると、円文様は製織が困難である。ややもすると楕円弧になったり瓢簞に変化したりする。そこで、あらかじめ、糸の番手や組織密度を計算した上で、製織においては、同一力量で筬《おさ》を打たなければ正しい円弧を作ることはできない。まさに熟練した人間の勘が必要で、機械織りには見られない優れた織物の底力をみるのである。

明治中期頃は、円ばかりをつないだ輪つなぎ、七宝つなぎが流行した（一八七ページ377図、一八六ページ372図）。明治後期から大正、昭和にかけて、円は経緯の真白い円に変わり、透し二重円、ドーナツ円が久留米、備後絣の中に多く生産された。

円の渦巻文様や丸文、波状文は、日本の縄文土器や土偶の表面に刻まれている文様であって、古くから広い範囲に使用されてきた。織物で二重円、三重円を作り出すことは、技術的に高度の水準であるといえよう。

(二) 絵画文様

絵画文様とは、先に述べた直線や曲線の交錯による抽象的な文様に対して、動物文、植物文、生活器具などの絵画文のことである。

日本人は古来から、衣服はもちろん、生活調度品や建築装飾の中にもいろいろな文様を使ってきた。なかでも「花鳥山水」とか「花鳥風月」などは、美しい日本の風土とよくマッチする基本的な文様であると思う。

自然の風景をよく描写した絣などは、まったく日本独特のもので、大きな文化遺産である。

そして、高い純度を持つ名物裂《ぎれ》の金襴御所車などの文様が、庶民の着物や寝具の文様として取り入れられ、何の抵抗もなく用いられていることに驚くのである。

たとえば、水の流れ、雲の動き、鯉が泳ぐ絵、蝶々の飛びかう絵、花弁が散る風景、こうした自然風景に対して、生活器具、祭具、玩具、諺のいろいろな文字絣や物語、動植物のすべてにわたって文様が表現されている。

文様は時代をよく表現するものが多く、戦争にちなんだ軍艦や三勇士の文様は、日清・日露戦争時代のものである。

文字絣の中には、祝儀に関する文字や氏名が多く、なかには短文さえみられるのである。

　富田川のあさせの水は澄みとおり　かぎりもしらぬ砂の流れる

これは、山陰の広瀬絣に織り出されたアララギ派歌人・伊藤徹也の歌である。こうした文字絣や「寿」の文字を四巾構成に織り出した久留米絣などは、生活水準の高さを表わすものである。

文様は、用途によって図柄の大小などが異なるが、絵画的文様は布団文様として多く取り入れられてきた。

次に、絵画文様を天地、自然風景、動物、植物、人物、建造物、生活器物、物語、行事と諺、船舶、戦勝、文字記号、祝儀、吉祥、玩具、紋章、抽象に分類し、簡単に述べることにする。

①天　地

天地文様には、太陽、月、雲、雪、波、水があげられる。天地はあめつちともいい、宇宙の神秘を意味した。

太陽や月が、文様や紋章によく使われているのは、天地の万物を祈る信仰的意義から来たものであろう。かつて天照大神が日の神であるという思想のもとに、床の間に天照大神の掛軸をかけ、手を合わせて拝んでいた。この習慣は昭和二十年、敗戦を迎えるまで続いた。それ以後、床の間からはずされたものの、人間の習慣は変わることはなく、太陽の昇る日の出を拝んでいた。

月は、満ちたり欠けたりの形の動きと美しさ、その月光にうつし出された影や月の光は美しく、おのずと手を合わせて拝む習慣が生まれた。「お月さん」と敬称の意味をこめて呼んでいる。

山陰の山中鹿之介が三日月に向かって、「我に七難八苦を与えたまえ」と拝んだことは、小学校の教科書で学んだものである。このように太陽や月を崇拝し、天地の高貴な文様を衣服に取り入れることによって、最上の喜びを感じたのである。

79・82図は月文様である。三日月と燕文や蝙蝠《こうもり》と組ませている。蝙蝠は昼間は暗い所にいて日暮の月が出るころに出ては昆虫を食べるので、月と組み合わせたのであろう。また、雲を表わした文様も夜着にみられ、松竹文や青海波と組ませている（80・81図）。青海波は、舞楽「青海波」の袍《ほう》に用いられたことからこの名がある。また、生活調度品の器物にたくさん応用された文様でもある。服飾にもこの種の文様は多く、金襴緞子《きんらんどんす》などにも織り出されているものが、木綿絣として庶民にも多く使用されたものである。

波文にはいろいろな表現があるが、波頭文は蕨状のように波頭を立てた勇ましい文様であり、波動まで感じられる。

水文様は千鳥と組ませたり、菊花に流水や、亀と流水などがある。水文様は雲・雨文様に対して渦巻や波の流動する文様として変化に富む表現が用いられているが、いずれも明治中期ごろに多いパターンである（84図）。

② 自然風景

自然風景を多く用いているのは明治中期までの布団文様である。なかには絵師に風景画を描かせて織り出したものもある。一つ一つについての写実風景についての説明は略すとしても、85図の風景には秋を感じさせる。雁は秋の彼岸に飛んで来て春の彼岸に飛び去るといわれる渡り鳥で、その風景は昔から画かれてきた。この文様は雁の飛来する自然風景を見事に製織しているのである。また、前出の蝙蝠もよく見るデザインの一つである。86図は柳に飛びかう蝙蝠文である。87図は石灯籠と小枝に鶴が飛び、その中に人の顔が描き出されている。その意味の判断は誤りやすいので省くことにするが、着用しても風雅で楽しい文様が多い。

88図は夏の夕立を連想させる文様で、伊予絣布団である。電線に燕と傘の文様から電気の生活が始まった時代を表わしている。

③ 動物

動物文様には想像上の架空の動物（雨竜、唐獅子など）がある。そして広範囲な種類に及ぶ動物の文様として用いられているので、ここで一応類別してみることにした。

哺乳類、鳥類、昆虫類、爬虫類、甲殻類、軟体類である。まず哺乳類の虎文から述べてみたい。

虎　虎は哺乳類の中に入るのであるが、架空の唐獅子も多くみられる。簡単に述べてみたい。

虎は竹や松竹、笹と組ませたものが多く、多種複雑なデザインが考案されていて、写実性に富み、産地の特長をよく表わしている。山陰地方のデザインと、久留米・伊予絣の虎文について比較すると次のことがいえる（89・90図と91・92図参照）。明治期に織った同種の虎と竹文について、山陰地方のものは描写的で線が複雑である。しかし久留米（二〇二ページ3図）・伊予の虎は複雑な線を省いて単純化・文様化していることに気づく。89図の伊予絣の虎文は、竹の笹を経緯絣で白く出し、デザインに明暗をつけてすっきりさせている。

95図は牡丹唐獅子文様である。菱市松を経緯絣で出し、緯絣で絵文を配置した優雅なものである。獅子は百獣の王であることから、二つを組ませてよく用いている。96図の獅子は斬新なデザインで形や線の動きを感じさせ、橘入り幾何文も新しい構図で心を惹かれる。

鼠　94図は鼠文である。鼠は子孫繁栄につながり、鼠文様をつけることによって家の繁栄を意味したのである。特に結婚布団にはこの鼠文様が喜ばれた、と古老は語っている。また、鼠はよく働くので、餓死をしない動物であり、その意味からも生涯貧乏をしないようにとの祈りが込められていた。

94図の鼠文様は、竜を振り返り、人参の上に乗った姿が面白い。その他伊予・久留米絣の中にも鼠文様がみられ、二重枡と組ませて家の繁栄を意味している。

鳥類　鳥類は文様に使用されたものは非常に多く、まず代表となるのは鶴であろう。その他に、鷹（鷹羽）、烏、鶏、鷺《さぎ》、鷲《わし》、鳩、鴛鴦《おしどり》、雀、燕、雁、千鳥、鳳凰《ほうおう》、尾長、鶯《うぐいす》、梟《ふくろう》などがある。

鶴は美しい鳥であり、延齢長寿を意味し、古くから千年もの長生きを願う祈りから用いられた文様である。鶴は家紋にも使用されていて、その家紋を織り出したものもあるが、鶴の姿をいく態にも研究してデザインしているのである。地方によって呼称もさまざまであり、立鶴、飛鶴、舞鶴、降鶴、向かい鶴、菱鶴などという呼称もある。

他の鳥類の文様として用いられたものに比較すると、鶴文様ほど変化に富む表わし方は例がないように思われる。美しい縁起のよい文様で、慶祝には欠かせなかったのであろう。

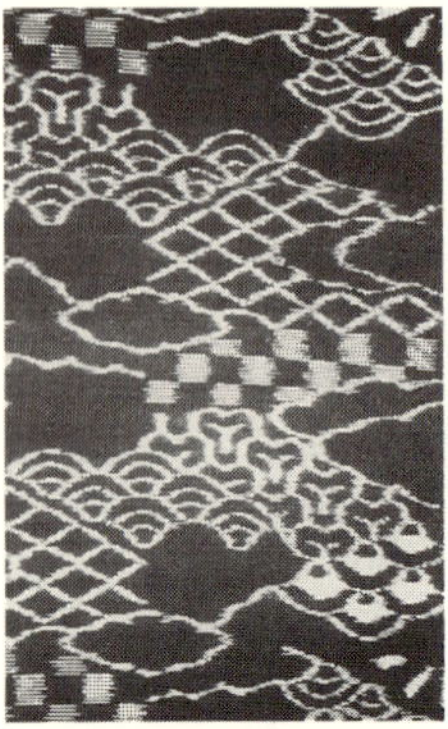

81　青海波と雲文　寝具
（鳥取県大栄町，明治）

80　松竹に雲文　夜着
（倉吉，明治中期）

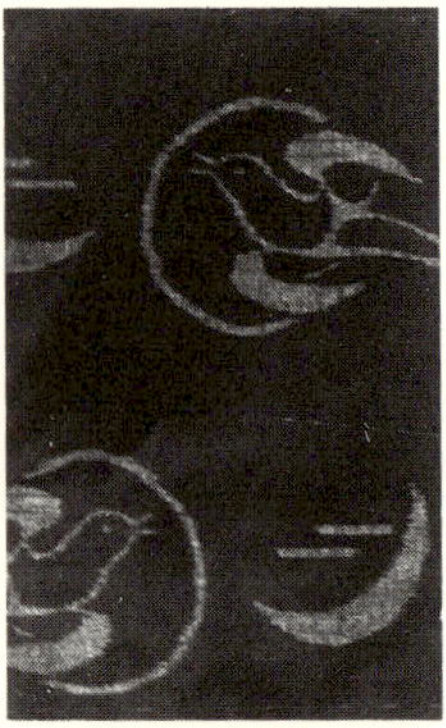

79　月に燕文　寝具
（伊予，明治後期）

83　波に千鳥文　着物
（倉吉，明治中期）

82　釘抜十字に月と蝙蝠文　寝具
（倉吉，明治中期）

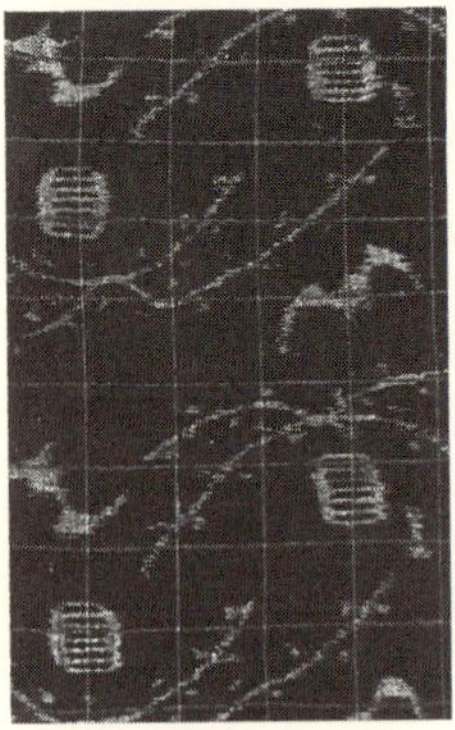

86　柳に蝙蝠文　寝具
（倉吉，明治初期）

85　雁文　寝具
（広瀬，明治初期）

84　菊水文　寝具
（広瀬，明治中期）

87　石灯籠に鶴と小枝文　寝具
（倉吉，明治中期）

88　電線に燕と夕立と傘文　寝具
（伊予，明治中期）

89　松竹梅に虎文　寝具
（伊予，明治後期）

90　竹に虎文　寝具（倉吉，明治中期）

91　竹に虎文　寝具
（鳥取県東伯郡，明治期）

92　竹に虎文　寝具（弓浜，明治期）

95　菱市松に牡丹唐獅子文　寝具（伊予，明治後期）

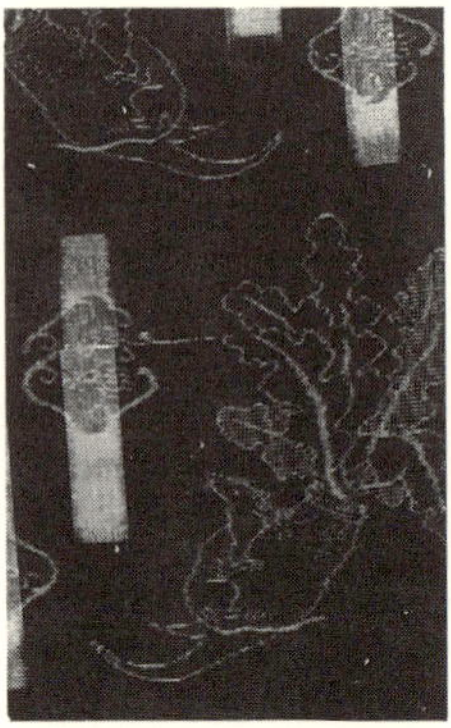

94　菱竜に人参と見返り鼠文　寝具（倉吉，明治中期）

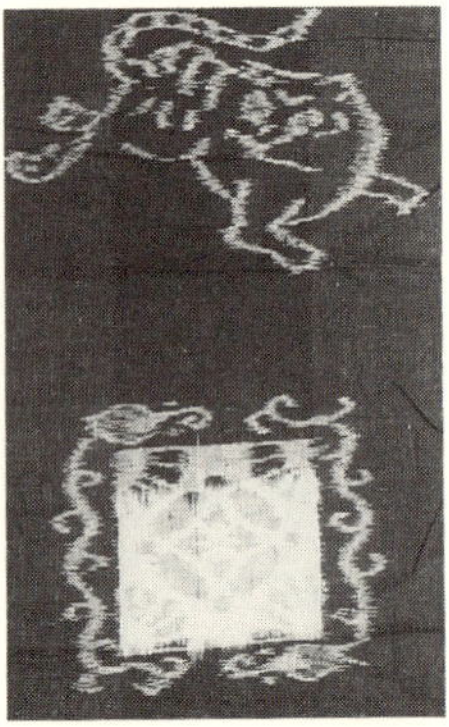

93　陰の七宝入り幾何竜と虎文　寝具（伊予，明治後期）

98　竹に稲穂と雀文　寝具（伊予，明治中期）

97　幾何に松と鷹文　寝具（倉吉，明治後期）

96　橘入り幾何に唐獅子文　寝具（伊予，明治後期）

100　幾何に向かいふくら雀文　寝具（倉吉，明治後期）

99　梅に鶯文　寝具（倉吉，明治中期）

101 巴枝木の鶏文　寝具
（伊予，明治中期）

102 孔雀文　寝具（倉吉，明治中期）

103 鶯に梅，一地紙に紗綾文　寝具
（鳥取県西伯郡大山町，明治期）

104 飛鶴文　寝具（倉吉，明治期）

105 松梅にリボン蝶と鶴文　寝具　経緯手紡糸のため鶴の首が太い（鳥取県東伯郡東伯町）

106 亀甲に松竹梅鶴文　寝具
（倉吉，明治初期）

109 籠市松と花鶴文　寝具
（伊予，明治中期）

108 鶴丸文　寝具
（倉吉，明治後期）

107 竹に雲松と鶴文　寝具
（倉吉，明治初期）

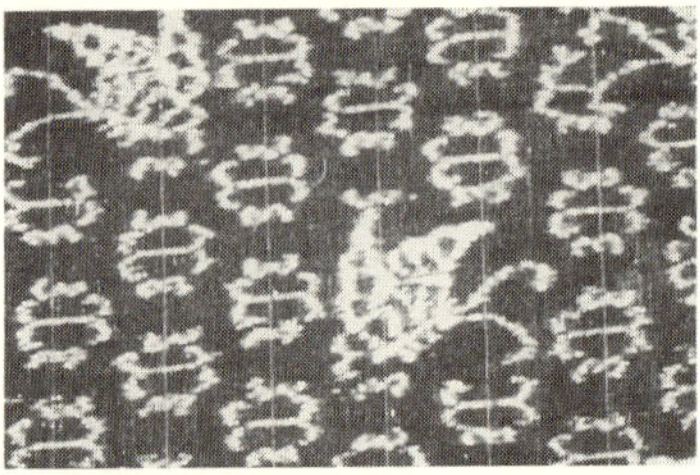

111 蝶文　着物（鳥取県東
伯郡赤碕町，大正期）

110 向かい鶴菱文　寝具
（倉吉，明治中期）

114 揚羽蝶文　寝具
（倉吉，明治初期）

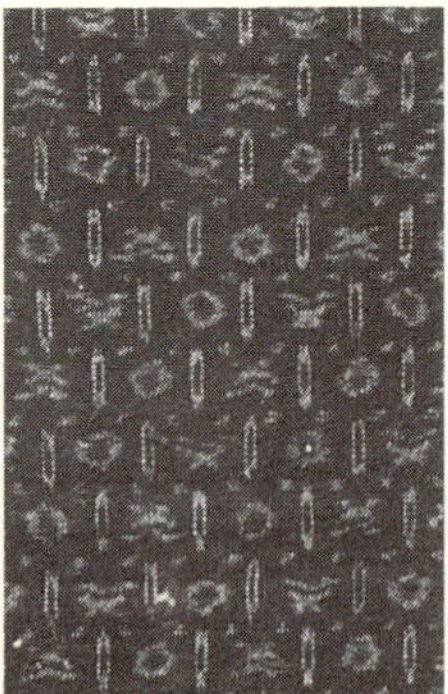

113 丸に虫の巣と蝶文　着物
（鳥取，明治末期）

112 菊花入り幾何に蝶文
寝具（伊予，明治中期）

115 分銅に蝶文　寝具
（倉吉，明治初期）

116 市松飾り陰の菊入り幾何と波に向かい鶴亀文　寝具（伊予，明治期）

117 蜻蛉文　寝具
（伊予，明治期）

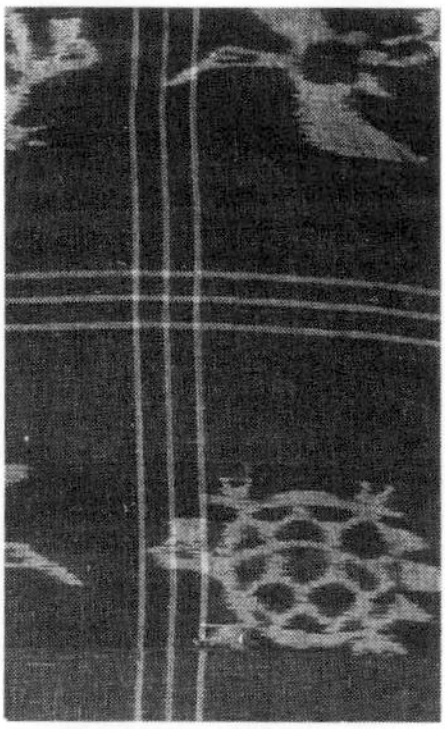

118 格子に鶴亀文　寝具
（備後，明治中期）

119 枡に市松と鶴亀文
寝具（備後,明治後期）

120 竹に亀文　寝具
（倉吉，明治初期）

121 親子亀文　寝具
（伊予，大正初期）

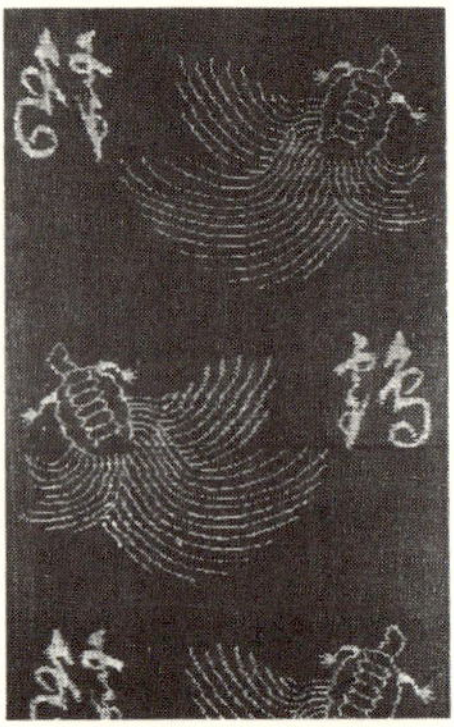

122 鶴文字と亀文　寝具
（倉吉，明治中期）

123 崩し井桁と亀文　寝具
（倉吉，明治中期）

124 井桁と亀文　寝具
（伊予，明治期）

125 亀文　寝具（倉吉，明治中期）

126 井桁と亀文　寝具
（倉吉，明治後期）

127 鶴亀文　寝具（備後で
収集，明治期）

128 輪つなぎと鶴亀文 寝具
（鳥取県気高町，明治後期）

129 市松と竜文　夜着
（倉吉，明治中期）

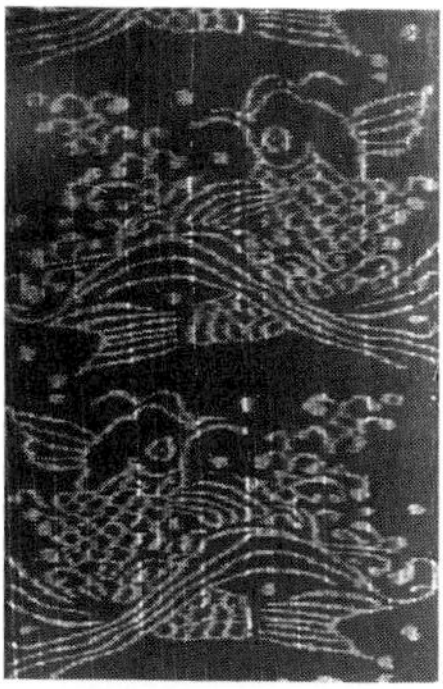

132 波頭と鯉文　寝具
（倉吉，明治中期）

131 石垣に鯉の滝昇り文　寝具（倉吉，明治後期）

130 宝珠幾何に竜と松に鷹文　寝具（伊予，明治中期）

134 菱形幾何と鯉文　寝具
（倉吉，明治中期）

133 青梅波と鯉文　寝具
（倉吉，明治中期）

137 菊花入り幾何と蛤鯛文
寝具（伊予，明治後期）

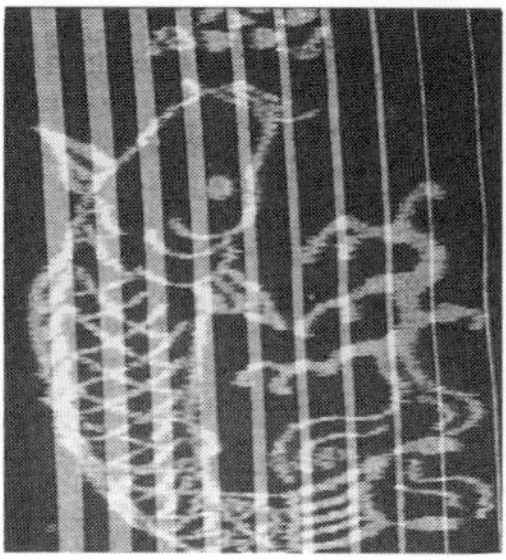

136 色縞入り鯉文　寝具
（倉吉，明治後期）

135 流水に鯉文　寝具
（広瀬，明治期）

97図の松に鷹文様は繊細な絵と大胆な経緯幾何絣で構成されている。よく見ると、鷹の鋭い目で心の深淵を覗かれているような気になる。

99・103図は梅に鶯を織り出している。鶯と巣箱、梅枝に一地紙の組ませ方など吉祥を意味し、眺めていて心が温まる。100図の雀文様も生活と愛情を表現した文様だと思う。作者の想いを我流に解釈すると、向かい合う二羽のふくら雀が稔りを枡に積みあげ、豊かに楽しい生活を願うための図案に感じる。また、伊予絣の竹に稲穂を抱える雀も、豊穣を祈る農民が懐《ふところ》に秘め続けることを文様に描いたのだろう（98図）。

101図の鶏文様は、松山市の山内恒男（絣収集家）を訪問して撮影を許可された。鳥類の中でも鶏のパターンは希であり、あまり文様として多く用いられていないように思う。この鶏は巴枝にとまっていて、夜明けをつげる希望のある文様である。

102図は孔雀文様である。並巾いっぱいに尾を広げていて美しい。

鶴について前述したが、図版によって特長を述べる。104・105図の飛鶴文様は明治期に織られた布団文様である。両者の絣技術を問われるほど繊細な鶴の首と太い首の対称的な鶴文様である。105図は図案が複雑であり、鶴の首が手紡糸で図柄が延びている。リボン蝶と松梅文を線絣に託して祝儀の心を伝えようとしている。106・107図は明治初期の優れた作品である。雲松文や亀甲を正六角形で表現するなど強い印象を与える文様である。108・110図は、鶴を丸くしたり、向かい菱鶴形にまとめている。それと同じく、109図の鶴を花と組ませてデザインした伊予絣も見事である。

蝶　蝶文様は奈良時代からすでに使われていた文様で、衣服だけでなく、調度器具にも盛んに用いられている。蝶紋はまた平氏の家紋として有名であり、蝶の形状はいろいろに文様化されている。

飛ぶ姿を文様化したもの、静止した蝶と羽を上にあげた揚羽蝶など、さまざまである。また蝶の相対したものを向かい蝶と呼び、羽根の斑点の大きいものを鎧《よろい》蝶という。

鳥取県では、かつての城主・池田侯が揚羽蝶紋であったことから、この蝶紋をいただいたと古老は語っているが、着物と布団文様に蝶の絣を織り出している。

111図・113図は蝶文様の入った着物である。明治期は小柄が流行したようだが、織りの苦労が偲ばれる。布団絣には並巾一立の蝶と幾何文と菊花を組ませ、経緯絣で明暗をつけた伊予絣がある（112図）。

蝶の絵絣を布団用に四巾縫合すると、蝶の羽ばたきを感じるほど魂を揺さぶられる思いがする。織りを体験すると素直にそう感じて頭を垂れる。114・115図の揚羽蝶と分銅に蝶文様は明治初期の布団絣である。

蜻蛉　蜻蛉《とんぼ》文様は初夏を連想させる文様であり、家紋にも使用されている。武士の矢を入れる箙《えびら》にも蜻蛉文が描かれているといわれている。それは、蜻蛉は勝軍虫として好まれていたようであり、明治期の男子用寝具などによく用いられていた。117図の蜻蛉文様は、経絣の中に紺色を抜いた伊予絣である。

爬虫類　爬虫類には亀と竜をあげることができる。亀は鶴と同じく延齢長寿の意味をもち、万年の長生きを願う気持ちで文様に用いられてきた。衣服に亀文様を取り入れることによって、長寿が約束されることを信じていたのであろう。亀には、水亀、すっぽん亀、海亀がある。すっぽん亀は池沼に棲み、海亀は海に棲む。これらの亀をデザイン化したのであるが、産地ごとに顕著な特徴をもっていたことがわかる（第四章を参照）。一番目につくのは亀の尾の変化であろう。

亀は鶴と組み合わせたものが多く、亀の尾の部分の変化と、耳をつけていること、亀字を崩したデザインなどは興味のある文様である。

116図は伊予絣の代表とされる精巧な織りである。市松を四方に飾り、陰の菊花入り経緯絣と、波に向かい鶴亀文様を並巾一立で仕上げている。三巾ないし四巾を構成した布団はすばらしいものだ。119図は備後絣の布団で鶴を大きく亀を小さくしている。その上下に四角の枡を市松に経緯絣で正確に織っている。生活の安定と幸運を願う気持ちがよく表われている。120 122 123図の三態の亀は、尾の形のデザインで感じが違う。尾が一本の亀と三方に三四本の線を広げたものは山陰の絣である。121図は伊予絣で一巾一立の幾何文を上下に組ませた大正初期の大柄で、図版は亀文のみである。子亀を尾で包む形など、子孫繁栄と長寿を感じさせる。また124図の伊予の亀は語りかけてくるようであり、井桁と組ませている。128図は輪つなぎの中に鶴と亀を入れた文様など、括りと織りが困難な絣である。動物を織り出すことはなお大変な技が必要である。

竜文様は、古く中国から伝わっていることは周知のとおりであるが、その文様も、竜文と雨竜文の二種類に大別することができる。竜は、仮想的な動物で、水中に棲み天に昇るともいい、また雨竜は、竜巻きを起こして雨を降らせてくれるということらしい。この竜文様は、魔除けの意味をもち、布団文様として用いられたのである（129・130図）。

129図の竜文様は、虫の巣の崩し井桁と市松並びと組み、小絣を交互に織っている。それに対して、130図は、絵画と幾何文様を上下に配置し、宝珠入り幾何文の真白の四角形を竜が囲んでいる。絵文は松に鷹が描かれている。いずれも明治中期の布団である。

魚　類　魚類の中には、鯉、鯛、金魚などがある。なかでも鯉の滝昇りが文様として一番多く用いられている。鯉の滝昇りは、子どもの出産祝いの布団文様に使ったもので、元気のいい男子の成長を願って製織したのである。鯛はめでたい文様であり、祝いの魚としては鯛の文様が多くみられる。そして、流水や波を合わせてデザインしている。このように絵画文様の多くは幾何文様と組み合わされている。

131図は石垣に鯉の滝昇りで、複雑な石垣と組み合わせている。一巾三六センチ内に滝を斜方向に流し二匹の鯉が昇る絵文を交互に配置した、気の遠くなるような構図である。緻密な織りに先人の力量を感じる。132図の波頭と鯉文様も秀れた作品である。鯉の目玉や口ひげなどは鮮魚のように、激流を昇る勇ましい顔の表情がにじみ出ている。

137図の蛤と鯛文様は、蛤の貝合せとして賞《め》で、鯛の祝儀的意味から笹の葉もそえている。幾何文様の中に菊花を入れ、絵文様を上下に配置した構成は伊予絣の特長であり大胆である。

甲殻類　甲殻類には、海老と蟹文様がある。海老は長寿の象徴として「海の老」とも書くほどであり、跳ね上がる躍進の意味を持つ生き生きした動物ということが、大切な文様の要素となったのである。そして正月の飾りと食膳にも用いるので、喜びの文様として多く用いられた。

海老のひげを眺めると各絣産地の趣向性がよく表われている（第四章を参照）。伊予絣の海老に対して、山陰地方の海老のひげは長くて曲線であることに気づく。

138・140図の海老文様は山陰地方の布団である。なかには笹と三方を組ませたり、米文字のような経緯絣を配したものもある。豊作を祈り、健康で長寿を願う気持ちを表わしている。日本海にもっとも近い弓浜絣に海老文様が多い。

④ 植 物

植物文様は、非常に多くの種類が用いられ、優美にデザインされている。植物文様を、植物分類法に従って分類すると次のようになる。

1 キク科――菊
2 バラ科――梅、桃、桜、薔薇
3 ボタン科――牡丹
4 キンポウゲ科――鉄線
5 イネ科――竹、笹、稲
6 アオイ科――葵
7 ツバキ科――椿
8 ブドウ科――葡萄、蔦《つた》
9 アブラナ科――大根、蕪《かぶら》根
10 ブナ科――柏
11 ゴマノハグサ科――桐
12 ウリ科――瓢箪
13 カエデ科――楓
14 マメ科――藤
15 ヤナギ科――柳
16 ミカン科――橘

17　ヒルガオ科――朝顔
18　マツ科――松
19　ヒシ科――花菱草
20　アヤメ科――杜若
21　ユリ科――万年青、チューリップ
22　スミレ科――菫
23　スギ科――杉
24　その他の草花

菊　菊文様の代表的なものは、枝菊、菊花、菊水などである。

菊は、皇室の御紋章であり、文様としても高貴なものであった。

菊水は、長寿を意味し、衣服のデザインに広く用いられている。また衣服だけでなく、古瓦、太刀、工芸品の中でも菊文様には権威があり、木綿絣の中にも多く取り入れられ、広く用いられた。

141・142・144・145図の菊文様は経緯絣の幾何文様と組ませ、交互に配置して色に明暗をつけている。いずれも明治期の寝具文様である。幾何文様も井桁や籠十字文様や虫の巣などが鮮明に織り出されている。143図の菊は、枝菊を丸くして花弁七個を配置し、籠市松の経緯絣である。枝菊花の丸形と幾何文の四角形がよく調和して美しい。146・147図の菊花は松皮菱と組ませたり、格子と組ませている。

梅　梅文様には、梅花、枝梅、梅鉢などがある。梅は、松竹梅という組み合わせが多くみられる。すなわち、歳寒の三友であり、縁起のよい正月の飾りでもある。

梅紋は、菅原道真をまつる太宰府の天満宮が有名である。また一般庶民の間にも梅を紋章として用いている人が多く、梅紋を寝具のデザインに取り入れた例もみられる。

婦人の長着には、竹梅のデザインに工夫をこらし、竹は垂線を切り離し、梅花を並巾に一〇立くらい並べたものが多い。梅花と桜花の組み合わせも多くみられる。寝具文様は、並巾に一～二立くらいの梅花を笹と組ませたものが多い。その他、枝梅には鶯がよく組み合わされている（149図）。

また150図の籠十字の経緯幾何文を交互に配した枝梅の着物文様は優れている。

151図の格子の中に梅花と五枚笹文様を交互に組ませたデザインは紋章を用いたものと思われる。枝梅に松葉と竹を幾何文様の十字で表現した構図もある（148図）。


桜　桜花は、日本を代表する美しい花だけに、文様としても多く用いられている（207図）。桜は花びら文様の他に桜文字絣（246図）もある。また、趣向をこらした桜花と大正文字を組ませた伊予絣（二〇五ページ25図）もある。

久留米絣には桜の花弁と三勇士を織り出した男子の着物がある。明治後期の日露戦争時代の作品といわれている。

155図は流水に蝶と桜文様の明治初期の絵絣である。白場に花弁を抜き出す工夫が見られる。

牡丹　牡丹は、中国原産で、中国の花の王様とよばれた豪華な花である。牡丹文様は非常に多く、菊文様、梅文様と同じく多種類のデザインの変化がみられる。そうして、牡丹と蝶という組み合わせや唐獅子に牡丹という組み合わせが多く、花牡丹、葉牡丹、枝牡丹という呼称がある。その他に、蟹牡丹という、珍しい伊予絣もある。四枚構成による大きい文様である。これは牡丹の花弁が一部蟹の親爪を表わした牡丹である。また伊予絣の牡丹は花弁に独特な線がみられる（四一ページ、花器と牡丹に幾何文の図参照）。牡丹文様は、豪華で権威を感じる文様で、年代を問わず用いられている。

156図は牡丹と幾何文様を二段に追っかけて、交互に配置している。十字幾何文の中は釘抜に抜き、経緯絣で仕上げている。152図の枝牡丹は縞と組み一巾いっぱいの絵文様である。また牡丹の花弁を麻の葉で継ぐもの、菱井桁と並べるデザインなどさまざまである。157図の枝牡丹文は美しい。

鉄　線　牡丹と同じくキンポウゲ科の植物で、中国原産である。文様は独特の蔓を巧みにデザインしている。鉄線には、花の色が紫と白の二種類ある。紫色の花の感じを表わすために、藍返しをしたものもある。鉄線は風雅な花だけに絣文様としても愛好され、自由に使用されている。

竹・笹　竹・笹はイネ科の植物である。竹と笹は年代を問わず絣文様に多く用いられたパターンである。笹は桃山時代の小袖などの中に古くからみられる文様であり、竹・笹の組み合わせの他に松や梅花とも組んでいる。竹・笹と松文様は全般的に各産地に多く、明治初期頃まではデザインに絵画的な繊細さがみられる。年代が明治中期以後になると、竹・笹は直線的なデザインに変わっているように感じる。特に山陰地方は竹の描写文が多いが、伊予絣には竹を直線的に巧みにデザインした絣がめだち、産地別の特長をよく表わしている。

松・竹は緑色で勇ましく、風雪によく耐え色を変えないというので、調度品などに広範囲に用いられて

139 海老と幾何文　寝具
（広瀬，明治末期）

138 海老と幾何文　寝具
（倉吉，明治末期）

141 井桁と菊文　寝具
（倉吉，明治後期）

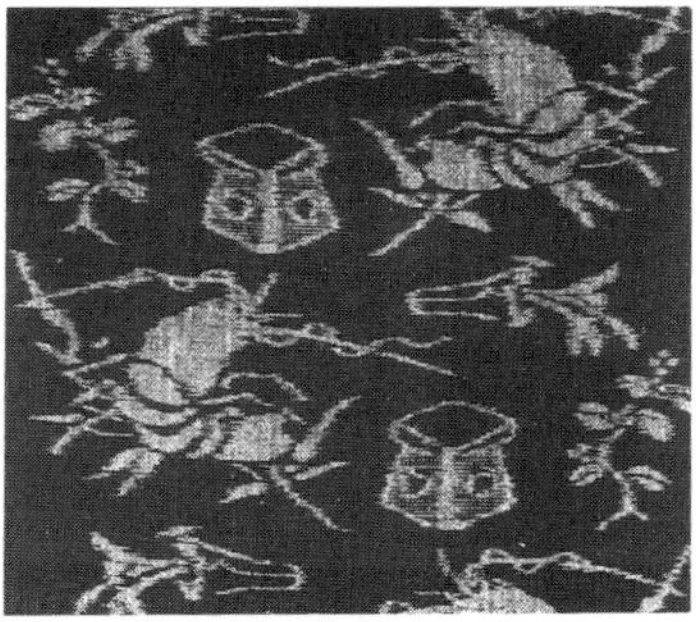

140 海老に三方文　寝具
（倉吉，明治初期）

143 枝菊と籠市松文　寝具
（倉吉，明治末期）

142 籠十字幾何と菊花文　寝具
（倉吉，明治後期）

145 虫の巣と菊花と蝶文　寝具
（鳥取，明治期）

144 子持ち籠十字と菊文 寝具 一巾 2 立
（鳥取県東伯町，明治中期）

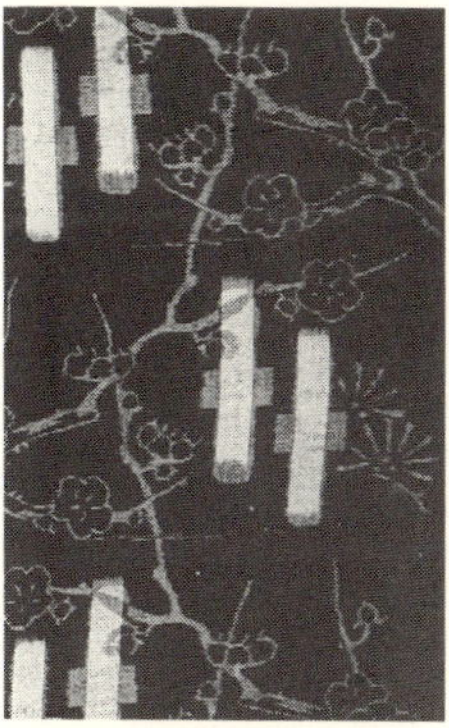

148 枝梅と松竹文　寝具
（倉吉，明治期）

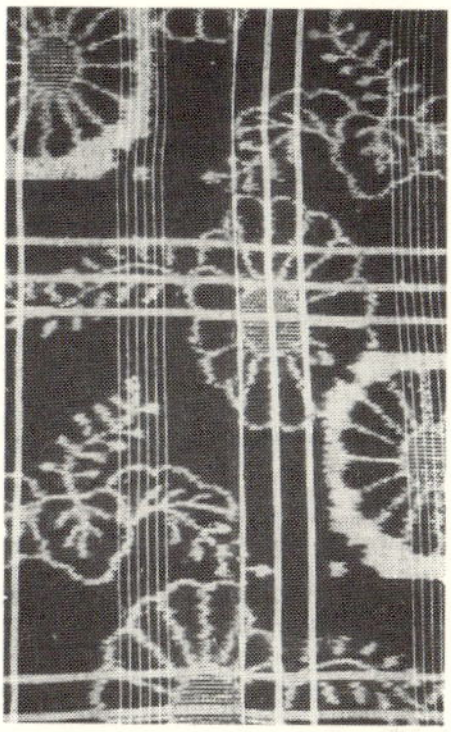

147 格子に桐と菊文　寝具
（倉吉，明治後期）

146 松皮菱と菊花文　寝具
（鳥取県関金町，明治後期）

151 縞入り梅花と五枚笹文
寝具（倉吉，明治中期）

150 枝梅と幾何文　着物
（安来，昭和20年）

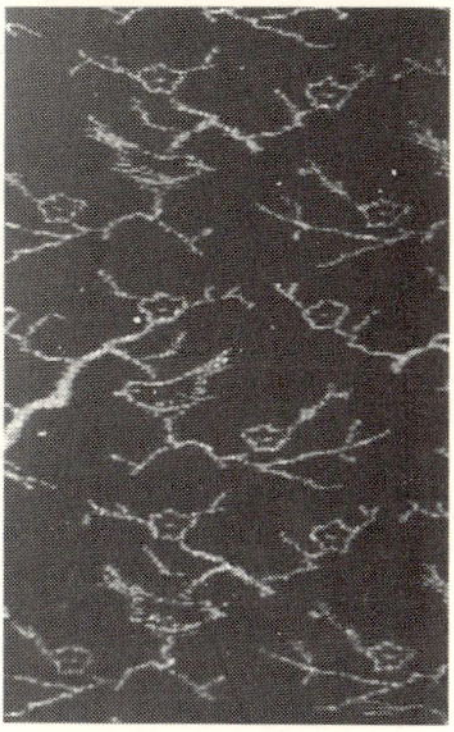

149 枝梅に鶯文　寝具
（弓浜，明治中期）

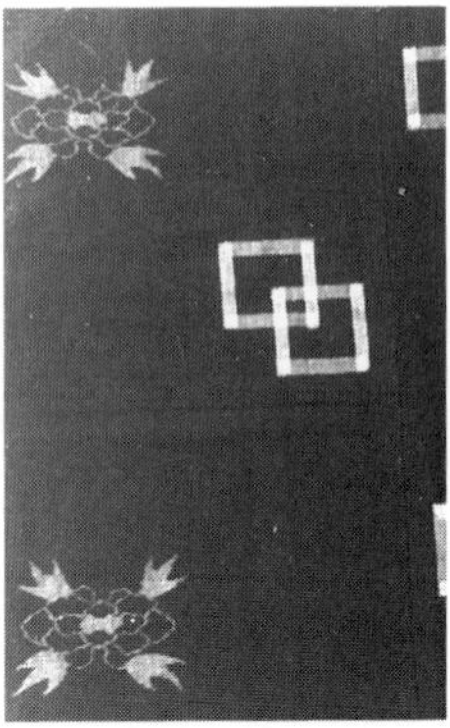

154 枡つなぎと牡丹文　寝具（弓浜，明治後期）

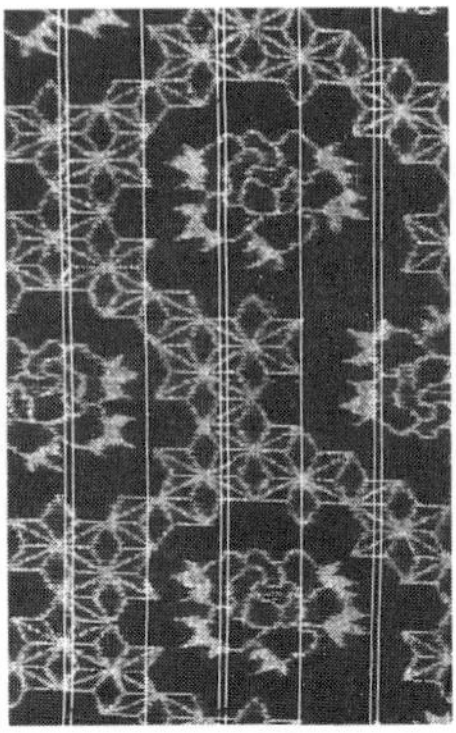

153 麻の葉と牡丹文　寝具（倉吉，明治中期）

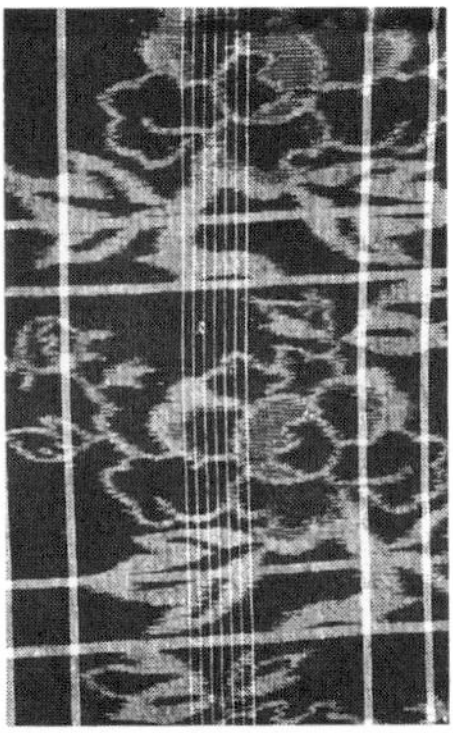

152 縞入り枝牡丹文　寝具（鳥取県東伯町，明治後期）

156 十字に釘抜幾何と牡丹文　寝具（倉吉，明治後期）

155 流水に蝶と桜文　寝具（倉吉，明治初期）

158 幾何と菱井桁に牡丹文　寝具（倉吉，明治後期）

157 枝牡丹文　寝具（倉吉，明治中期）

161 三角菱つなぎ幾何と竹に虎文　寝具（倉吉，明治後期）

160 竹井桁に松梅丸文　寝具（倉吉,明治中期）

159 鉄線文　寝具（倉吉，明治中期）

163 竹井桁に葵籠文　寝具（倉吉，明治中期）

162 松竹梅に一地紙と葵・藤花に笠文　寝具（倉吉，明治初期）

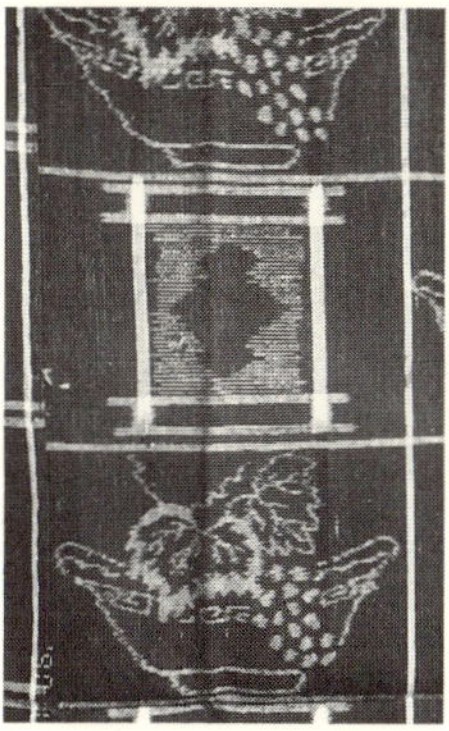

166 松皮菱入り幾何と葡萄皿文　寝具（鳥取県羽合町，明治中期）

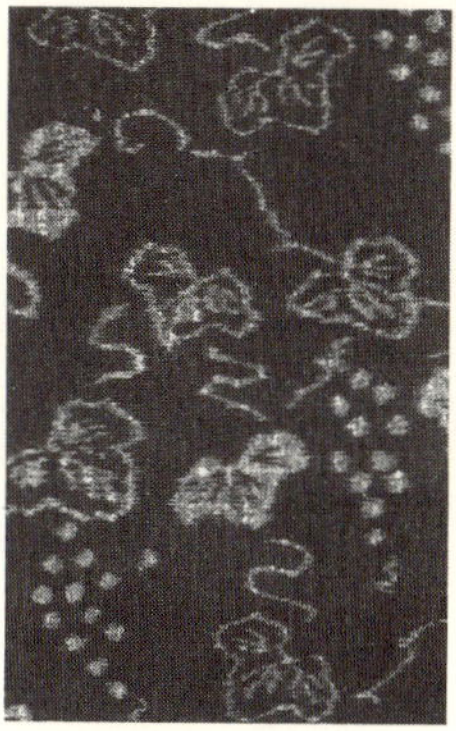

165 葡萄文　寝具（倉吉，明治初期）

164 五徳と椿文　寝具（伊予，明治中期）

169 桐と寿文字に孔雀文
寝具（弓浜，明治中期）

168 追っかけ井桁と三ツ柏文　寝具（鳥取市，大正期）

167 菊水入り幾何に蕪と大根文　寝具（伊予，明治中期）

171 縞入り藤花と蔓文　寝具
（倉吉，明治初期）

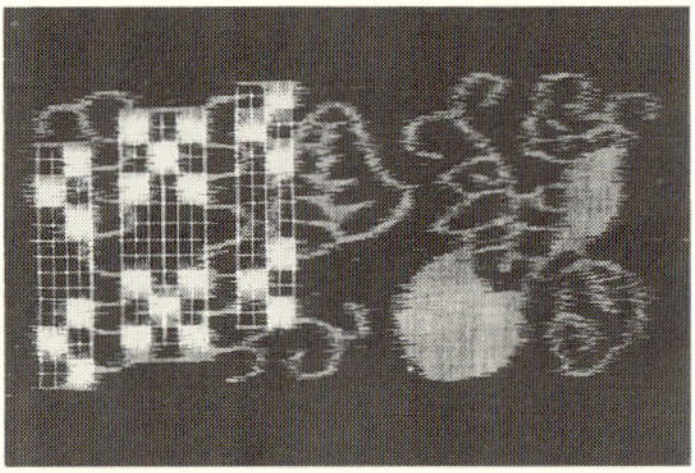

170 瓢簞に方眼市松文　寝具
（倉吉，明治後期）

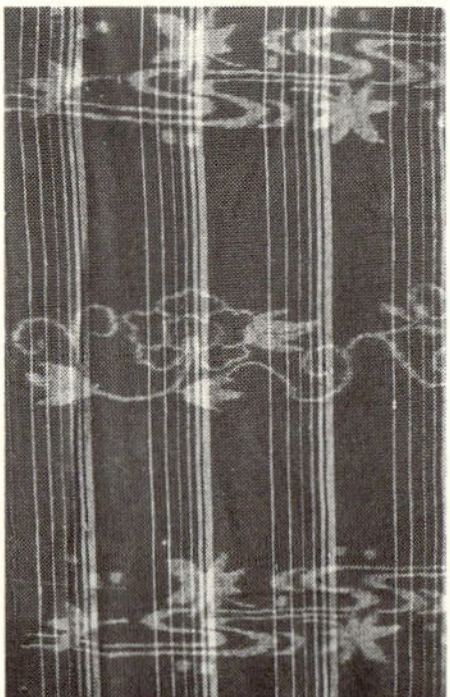

174 流水に楓と牡丹文
寝具（弓浜，明治中期）

173 子持ち方眼市松と葫蘆文　寝具（伊予，明治後期）

172 亀甲つなぎ桐と菊文
寝具（広瀬，明治中期）

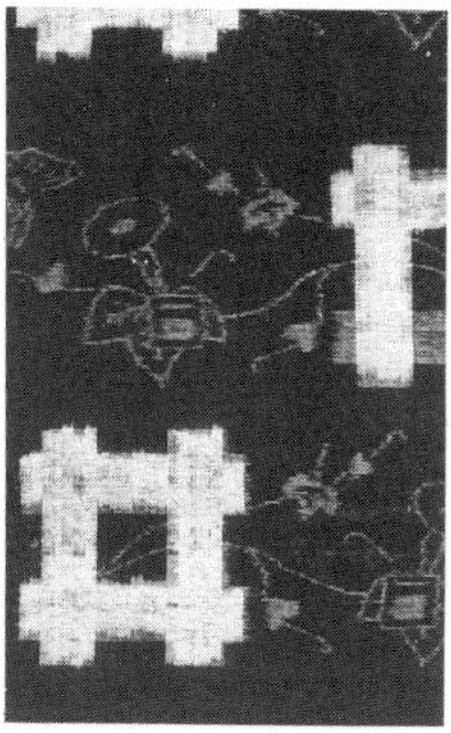

177 井桁に蝶と朝顔文
寝具（倉吉，明治中期）

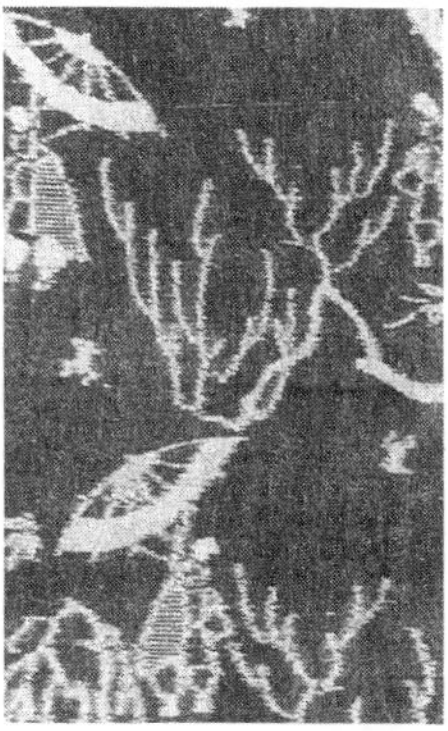

176 柳に蛙と人物文　寝具
（鳥取県三朝町，明治期）

175 藤花に流水と一地紙に
牡丹文　寝具（倉吉，
明治初期）

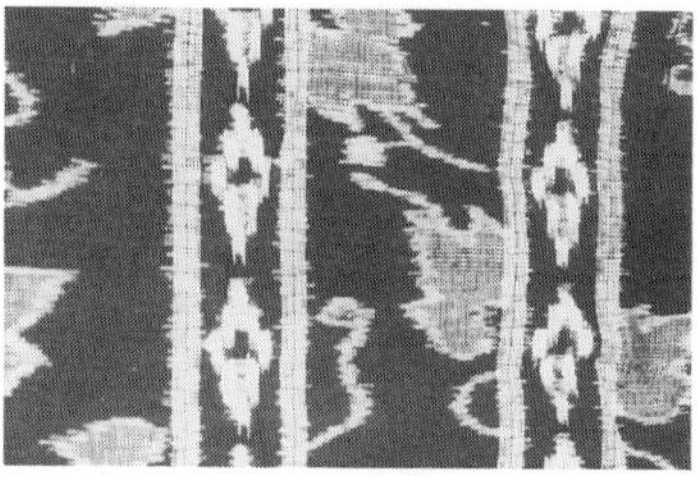

179 縞と朝顔文　着物（備後，昭和期）

178 橘入り扇文　寝具
（倉吉，明治中期）

182 十字豆腐と松竹梅文
寝具（倉吉，明治末期）

181 菊花入り幾何に松竹梅
鶴文　寝具（広瀬，明
治中期）

180 古老松文　寝具
（倉吉，明治初期）

183 幾何に三階松文　寝具
（倉吉，明治後期）

184 花菱入り七宝文　寝具
（倉吉，明治中期）

185 花菱と七宝つなぎ文　夜着
（倉吉，明治中期）

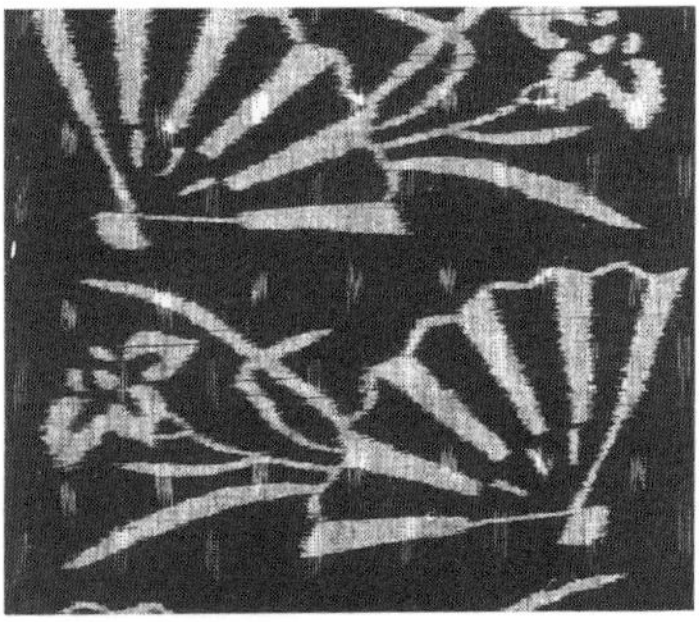

186 扇に杜若文　寝具
（伊予，明治中期）

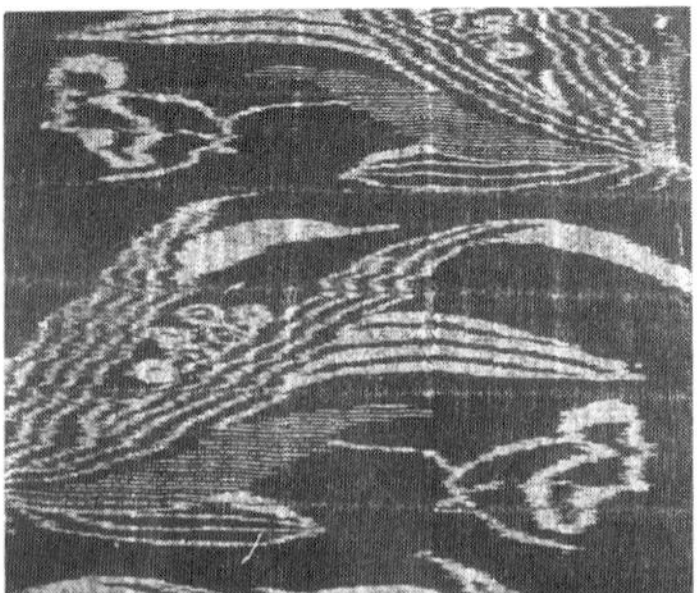

187 万年青文　寝具（弓浜，明治中期）

188 チューリップ文　寝具
（伊予，明治中期）

190 縞入り小杉文　着物
（倉吉，明治中期）

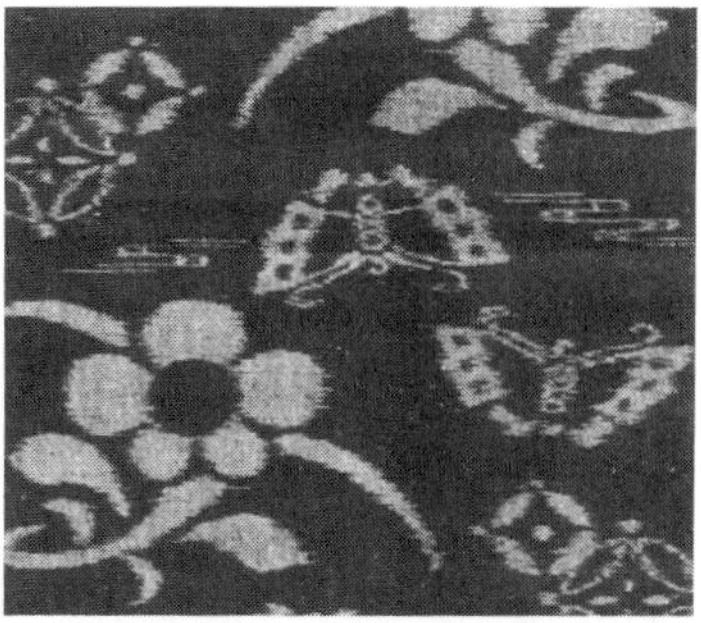

189 すみれ花と七宝に蝶文　寝具
（弓浜，明治中期）

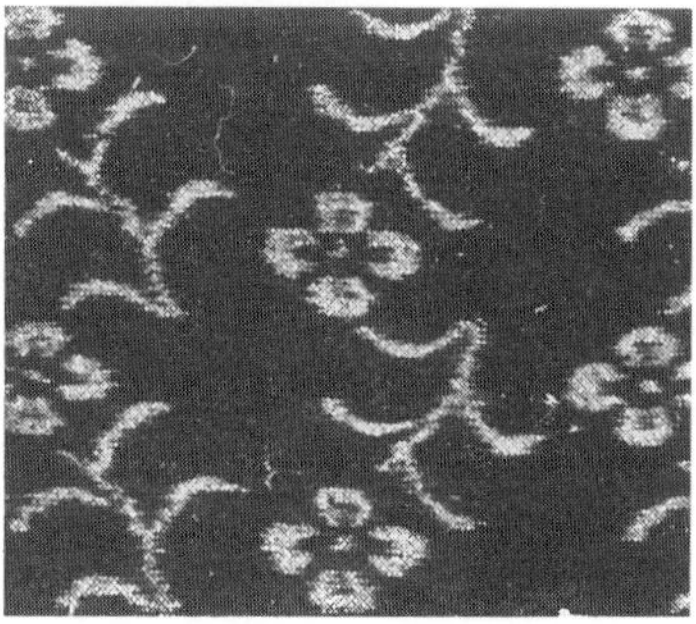

192 花文　着物（倉吉，明治期）

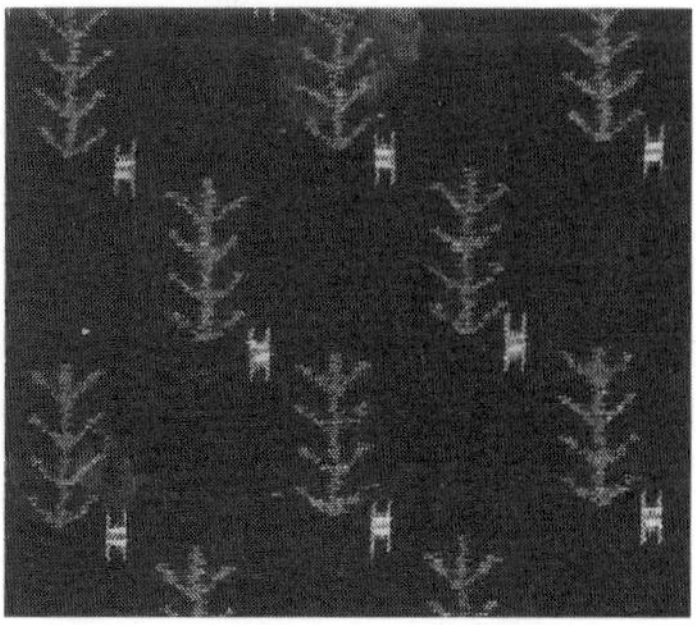

191 杉文　着物（倉吉，明治後期）

きた。また、竹はまっすぐに伸びて根を張り固めていくことを意味し、結婚や子どもの成長祝いの寝具や着物の文様に用いられた。竹に雀、竹に虎などの組み合わせもある（161図）。

160図は、竹を井桁にして笹をつけ、松葉と梅花を丸くしたデザインである。これは新しい領域へ挑戦した松竹梅の文様である。

葵　葵は賀茂神社の神紋として使用され、信仰につながる文様であったらしい。

鳥取県倉吉の賀茂神社の氏子たちは、寝具に葵紋を取り入れている。古老たちは、神社の神紋を戴いていると語っているが、紋章を文様に取り入れることによって、寝具や衣服は神聖なものとなり、あらゆる災害からまぬがれると信じていたようである。

葵は、葵籠文の形で用いられることが多い。山陰地方以外の絣の産地にはあまり見られない文様のようである。

162図は明治初期の絵絣布団である。その中に葵も入っている。竹を短線で表わし、一地紙の中に梅花と笹を配し、笠と藤もみられる。また163図は、前述した竹井桁と葵籠を並べ、左右交互に織った布団で、神のご加護を感じさせる。

椿（山茶）　椿花は五弁花である。椿は花が落ちることがきらわれて、椿文様は山陰地方にはあまりみられない。しかし、山口県の周防大島や瀬戸内の小豆島が椿の産地であることにちなんでか、伊予絣の中には多くみられる。

164図は五徳と椿を組ませたもので、伊予絣布団である。

葡　萄　葡萄は、花と葡萄と蔓を巧みにデザインして面白味を出した文様である。葡萄は紋章としても使用されている。165図は葡萄の葉に濃淡をつけ、緯絣で仕上げている。

葡萄は、衣服の文様だけでなく、古くから工芸品の中にも多く使用された。

166図は葡萄を器に盛り、井桁の中に陰の松皮菱と並べている。この布団は五巾構成した大きいもので、富農が所蔵していた。山陰地方は三巾ないし四巾を縫合した布団が多く、これは中入綿を節約するためでもあった。

大根、蕪根　アブラナ科の植物に属した大根、蕪根は紋章としても用いられている。大根、蕪根は布団文様としては珍しい文様で、山陰地方にはあまりみられない。

167図は伊予絣の布団文様である。四角形の四隅を経緯絣にし、中に陰の菊水文様を配している。その下に蕪と大根を並べた、生活感のあるデザインで美しい。

柏　柏葉は紋章としても古くから使用され、太古の昔は食物を盛る器の役目をしたといわれ、生活と深い関係を持っている。現在の五月に作る柏餅に新しい柏葉で餅を包む風習は、そのなごりであろうと思われる。

柏は、二〜三枚の柏葉を交叉させ、安定したデザインの文様である。

柏葉と花を組ませたり、「寿」と「ふく」の文字と組み合わせている。「ふく」という女性が結婚に持参した寝具で、娘が幸せであるようにとの祈りがこめられた文様であると、弓浜地方の古老は語っていた。

山陰、出雲地方では柏文様を多く用いている。島根県の日御崎社の神紋が柏であるが、この神紋を文様として取り入れたのか否かは、古老たちも知らないので確定したことがいえない。文様としては優美であり、布団文様には最高である。また、山陰では江戸末期の柳行李の弁当袋にも柏文様が使用されていた。168図の柏文様は、追っかけ井桁と組み、並巾二立を交互に配置している。井桁の線の太さを工夫した大正期の布団絣である。

桐　桐文様について『日本紋章学』によれば、「桐の文様が、竹、鳳凰とともに衣服に付けられたのは、皇室において黄櫨《こうろ》（ハゼの木）染の御袍である。この黄櫨染の御袍がはじめて歴史に見えるのは、実に平安朝の初期であって嵯峨天皇の時代（八〇九〜八二三）である」と述べている。

桐文は皇室の文様として取り入れられ、高貴な文様であったことが、この記録からうかがえる。そして以後、廷臣や武臣中にも桐文様が下賜され、藤原時代から鎌倉時代にわたって流行した文様であったと、『日本紋章学』に記されている。

このように桐は、文様だけでなく、桐紋としても用いられ、豊臣秀吉が桐の紋章であったことは有名である。

桐は、高貴な文様であり紋章でありながら、庶民の衣服の文様として、江戸末期から木綿絣の中に多く用いられている。これは、衣服の材質や色に節約を受けながら、最上のものを求め続けた庶民が、その文様こそとばかりに、自由に取り入れた表われであると思われる。

桐文様は多種類のパターンがみられるが、山陰地方の文様は幾何文を交互に配した複雑な構成が特長であり、伊予、備後絣の中には幾何文を上下に配して単純な構成の文様が多いようである。

169図は、桐と寿文字に孔雀文様、その下に幾何文様を配した山陰の弓浜絣である。また172図の桐は、全面が亀甲つなぎの中に菊と桐を交互に組ませた精巧な広瀬絣である。両者の構図の絣括りから製織までの心身の苦労を考えると、絣に打ち込む心構えと熱情と志なくしては織り出せない文様である。

瓢簞　瓢簞は、蔓によく成るという点で、子どもの出生、繁栄を意味し、縁起の良い文様である。山陰地方の千成葫蘆の文様は、その趣旨をよく表わしているといわれる。

瓢簞は古くから紋章としても用いられ、絣文様も多い。

瓢簞文様も地域によって特長をみせている。明治末期の伊予絣と山陰の倉吉絣を比較すると、全般的に山陰地方の文様は連続構成で複雑であり幾何文と瓢簞の並列が交互になっていることがわかる（170・173図）。瓢簞は無病息災の意味でも用いていた。

楓　楓文様は、流水と組み合わせたものが多く、古くから秋の紅葉と山水と組み合わせて文様として使用されている。

174図は楓を色縞と構成した布団で、楓と流水の美しさがいつの時代にも愛されたことがわかる。縞も細いものから太い縞にし、牡丹文様と楓を上下に配置している明治中期の弓浜絣である。

藤　藤は、マメ科に属するもので、藤花の美しさは詩や歌に詠まれている。そして古くから、狩衣や奴《やっこ》袴《ばかま》などの文様として広く用いられ、その美しさが高く評価されてきた。また、衣服の文様だけでなく、調度品とか紋章としても用いられている。絣文様には、山陰の倉吉地方に明治初期に藤花の文様が多くみられ、布団に用いられている。

171・175図の藤花は、蔓を交互させた連続文様や、流水を上下に配して一地紙に牡丹を入れたものなど、複雑な絵絣である。

柳　柳は、蛙や傘と組み合わせたものが多く、なかに蝶との組み合わせもある。そして、柳の靡《なび》く姿を文様としている。明治中期頃までの描写的な文様として山陰の布団に多くみられる。

176図は、柳に蛙が飛び、人物が傘をさしている絣である。鳥取県中部の山間の村三朝地区の旧家の布団であり、手前織りの厚地で明治期のものであるという。柳は雪折れをせず、物事に耐えることから好まれた文様であろう。

橘　橘《たちばな》は、紋章や衣服の文様にも広く用いられている。

『文様事典』によると、「常世の国の木の実の樹として珍重され、奈良時代には庭に植えて観賞し、光明皇后の母橘夫人が特に愛好されたと伝える」と、記している。

橘文様は、明治中期頃の寝具に多く用いられ、山陰地方には経絣と組み合わせた並巾に二個の橘文様の布団がある。

178図の橘入り扇文様は並巾一立の絵絣で、末広がりの縁起をかついでいる。

朝顔　朝顔は、婦人の浴衣に多く流行した文様で、涼しさをよぶ文様である。絣文様としては珍しく、明治中期の布団に用いている。

朝顔の弱い線に対して、井桁の強い線が安定感を与え、明治中期の安定した時代をよく表わしている

（177図）。また備後絣の朝顔は縞と組ませている（179図）。朝顔文は紋章にも用いられ、他の工芸品にも広く用いられている。

松　松は、老松の風雪を耐えた雄姿（180図）や、松の幹部、枝葉、松葉、松毬などのデザインがみられる。また紋章に用いられている三階松もある。181・182図は幾何文様と松竹梅文様として用いられ、婚礼布団に多く用いられていた。

花菱草　花菱草は、変わり七宝つなぎ、七宝と四弁の花菱を組ませた文様が多く、連続構成である。花菱の連続は山陰地方に多く秀美な作品を残している。江戸末期から明治後期に至ってもその年代を問わず用いられた文様である。なかでも唐草入り七宝花菱文は倉吉絣の代表であり、中国文様の影響を多分に受けている（184・372図）。

花菱は紋章としても多く用いられ、工芸品にも広く愛用された文様である（184・185図）。

杜若　花菖蒲によく似ているが、杜若《かきつばた》はアヤメ科の植物で葉に中肋脈がないのが特徴である。紋章としても用いられ、古くから能衣裳や紅型染の文様としても有名である。

伊予絣の中に花器と組ませた杜若が多くみられ、山陰地方にはあまりみられない。布団の文様として多く用いられている。

186図の杜若は、雨と扇を組ませた伊予絣で明治中期のものである。雨を経糸で表現し、雨に咲く花と扇文様で幸運を願う気持ちがよく表現されていて、見ていてわくわくした。

万年青とチューリップ　万年青《おもと》とチューリップはともにユリ科に属する植物で、文様としては珍しい。万年青は山陰地方にみられる文様で、描写的に根、実、葉の裏・表を繊細に表わしている（187図）。チューリップは伊予絣で織り出され、技巧をこらしたデザインである。山陰地方には見られない文様である（188図）。

菫　菫《すみれ》のデザインは葉に特長を示す。五弁花である。伊予絣の中によくみられる文様である。紫の色の感じを出すために藍返しの方法もとられている。菫は紋章としても用いられ、紫の高貴な色が愛された。

杉　松文様に対して杉文様は、稀にしかない文様である。紋章としても用いられている。杉は神社の境内に多く、その大樹は神の木として崇拝されてきた。190・191図は婦人の着物で、文様として小杉文が用いられている。

その他の草花　草花文様の中で名称がつけられないものをあげておく（192図）。この他、植物・動物すべてにわたって図案化され、文様として取り入れられているが、紙幅の都合で省略した。以上のように、文様は多種類に及び、このような被服の文様の交流の場所は、毎月の寺社への参詣や観音さま参りの集まりであったと老女は語っている。

⑤人　物

人物を文様として描いたものは、染織物、陶器、漆器を中心に広く取り入れられている。なかでも七福神の恵比須、布袋や福助などは有名であり、絣の中にも多く用いられた。いずれも微笑を浮かべた福神で、財福をさずけられると信じていたようである。193図の布袋は大きい宝袋を抱いている。また196図の相撲関取文は元気のいい男子の出生にちなんで織られたものであろう。

久留米絣の高砂のおきななどの老夫婦（350図）や、伊予絣の海老と造り酒の男女（355図）の構成は優れ、丹精込めて織られている。

また、広瀬絣には児島高徳の故事にちなむ人物文がある。広瀬絣独特の大柄として抜きでた文様が繊細に織られている（195図）。

⑥建造物

建造物の文様の代表は城、寺院などである。同じ城文様も久留米絣と伊予絣ではパターンが異なり、久留米絣は、経緯の正方形を積みあげた左右均整の真白い大胆な構成で四巾〜五巾から成る雄大なものが多い。しかし伊予絣の松山城は、並巾に緯糸で織り出した線の弱い描写的な絵文様である（197図）。城と、雲松、雁などを組み合わせて年代毎に多少の複雑さを増している。また交互に幾何文を変化させるなどの新しさがみられる。

久留米、伊予両地の城をとりあげ比較検討すると、久留米絣の城の技術は秀抜そのもので、右に出るもののない力作であり、土地の人間性を表現する文様であるといえる。それに対して伊予絣は、絵画的な城のデザインで、南方的な線を巧妙に配した屋根、松などに特徴をみせ、幾何文と組ませる構成で安定した感じを出している。久留米絣ほどの大胆さは見られぬが、絵絣としては申し分のないできばえである（197図）。城、寺院などの文様には、地域の象徴性が含まれているだけに名作が残されているのである（二〇

195 児島高徳の故事文
寝具（広瀬，明治後期）

194 花菱入り十字幾何に魚つり
大黒文 寝具（伊予，明治後期）

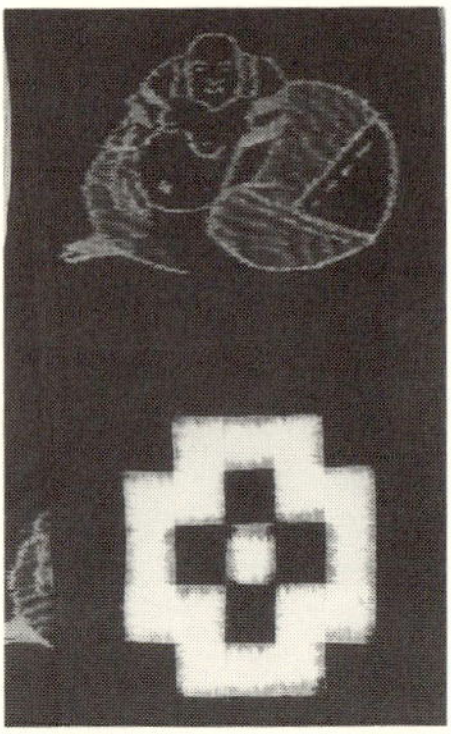

193 籠十字と布袋文　寝具
（伊予，明治中期）

197 城文　寝具（伊予，明治中期）

196 相撲関取文　寝具
（伊予，明治中期）

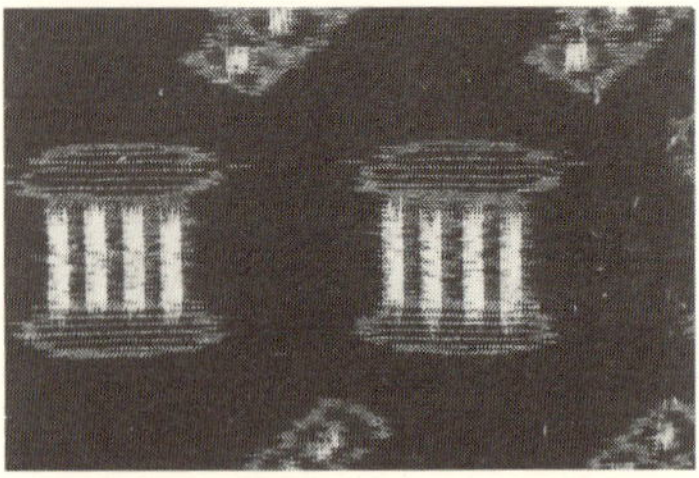

199 糸巻文　寝具
（倉吉，明治中期）

198 松竹にふくら雀と糸巻文　夜着
（倉吉，明治中期）

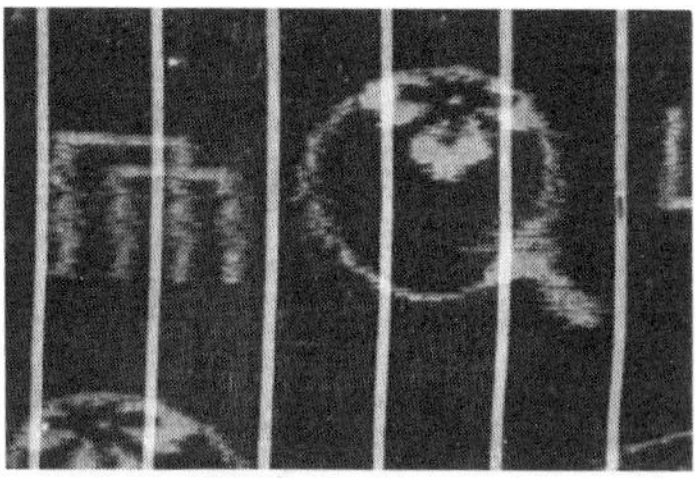

201 源氏香に団扇文　寝具
（倉吉，明治中期）

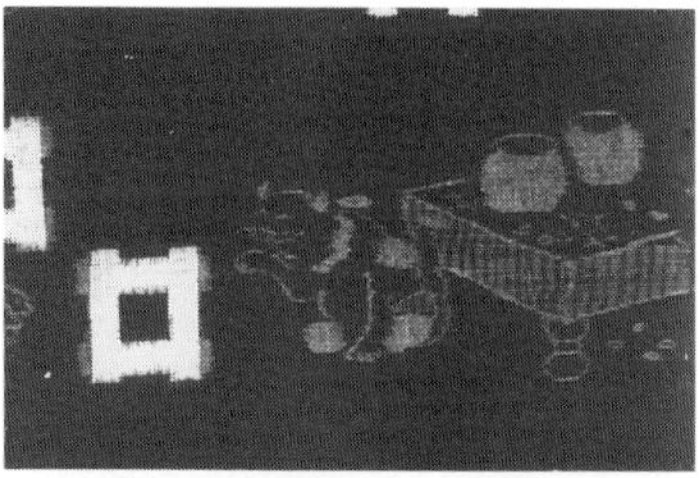

200 碁盤と井桁に招き猫文　寝具
（倉吉，明治中期）

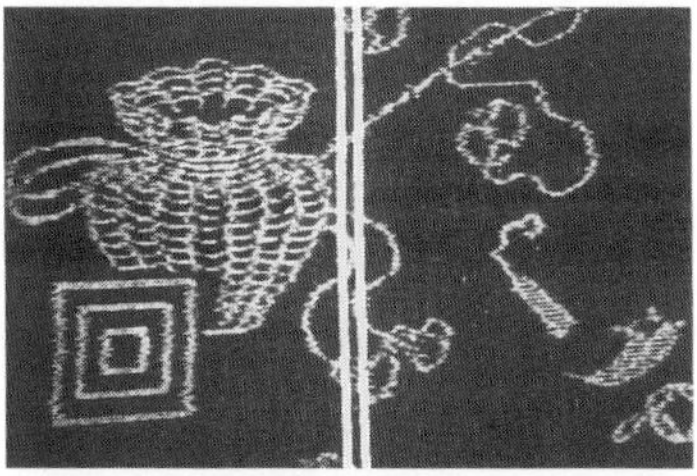

203 竹籠と竿に三重枡文　寝具
（鳥取県北条町，明治中期）

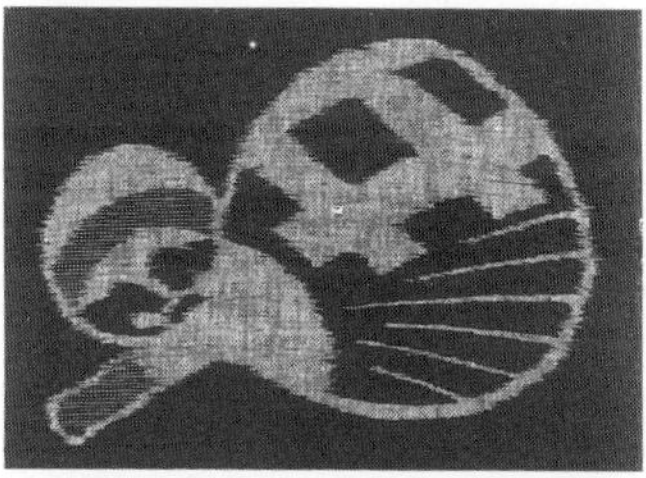

202 毬に団扇文　寝具
（伊予，明治後期）

206 鍵穴と鍵に宝珠文
寝具（伊予，明治後期）

205 陰の福文字と鶯に壺文
寝具（伊予，明治中期）

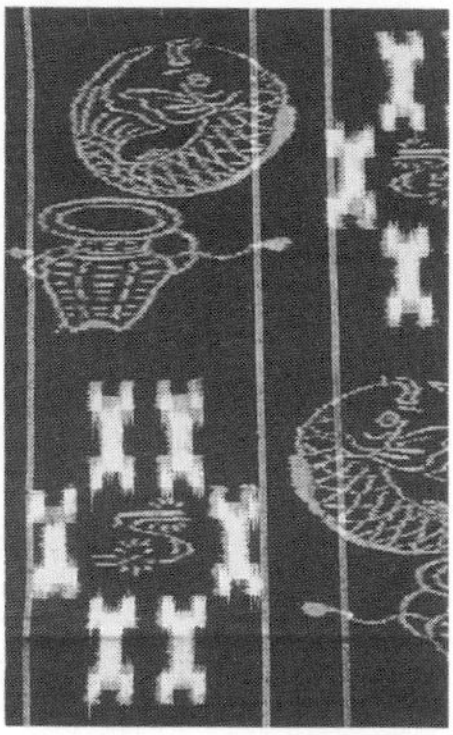

204 絹縞入り幾何と鯉に籠
文　寝具（倉吉，明治中期）

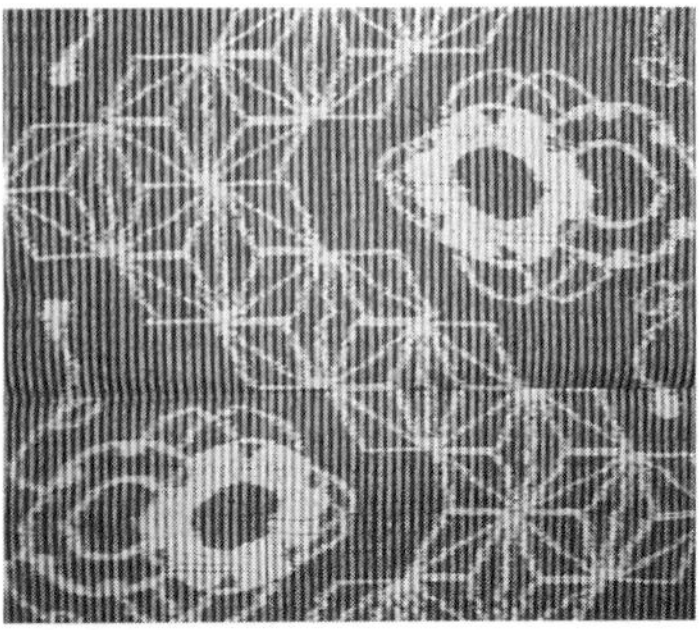

208 麻の葉と鼓文　寝具
（倉吉，明治期）

207 桜と鼓文　寝具（倉吉，明治期）

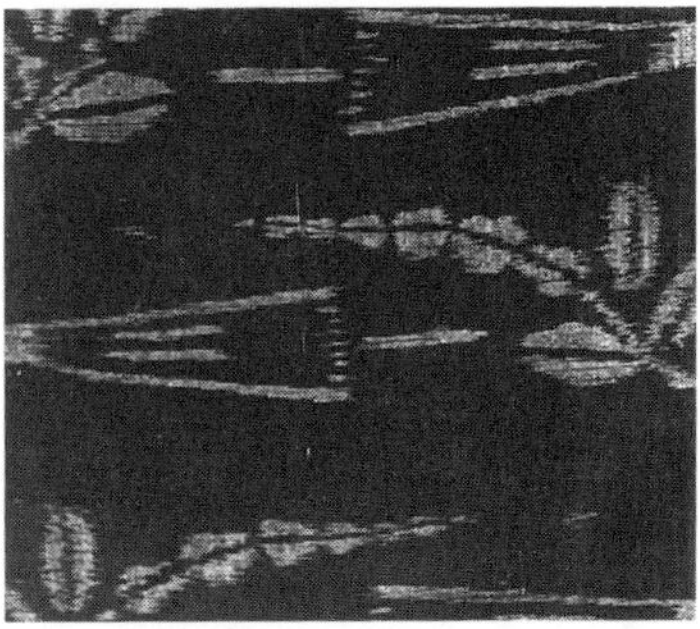

210 藤花と番傘文　寝具
（倉吉，明治初期）

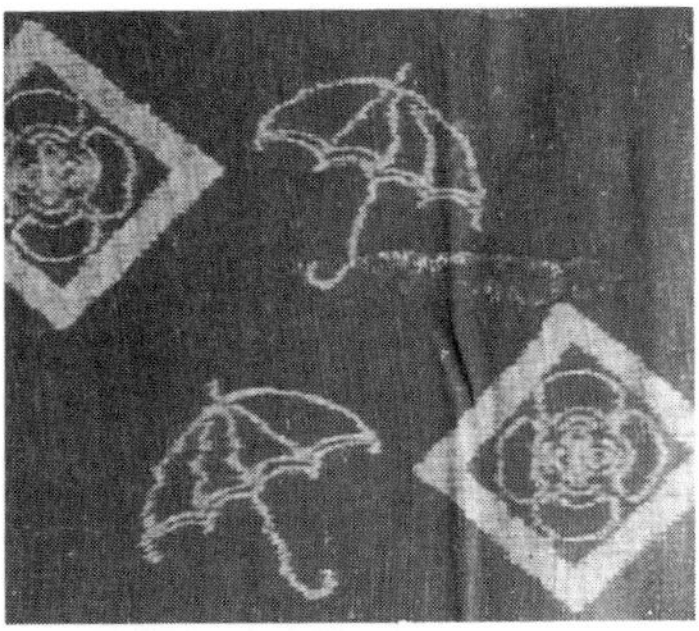

209 家紋と洋傘文　寝具
（弓浜，明治初期）

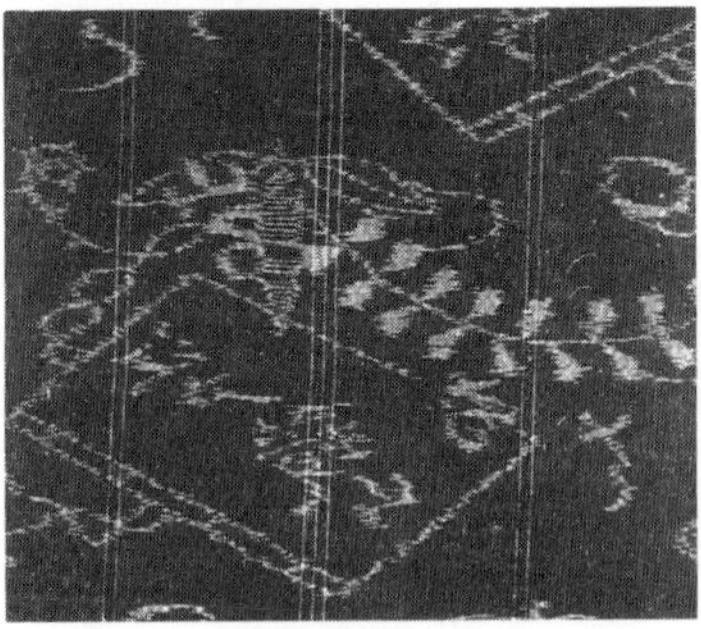

212 藤花と江戸鏡山お初文　寝具
（倉吉，明治初期）

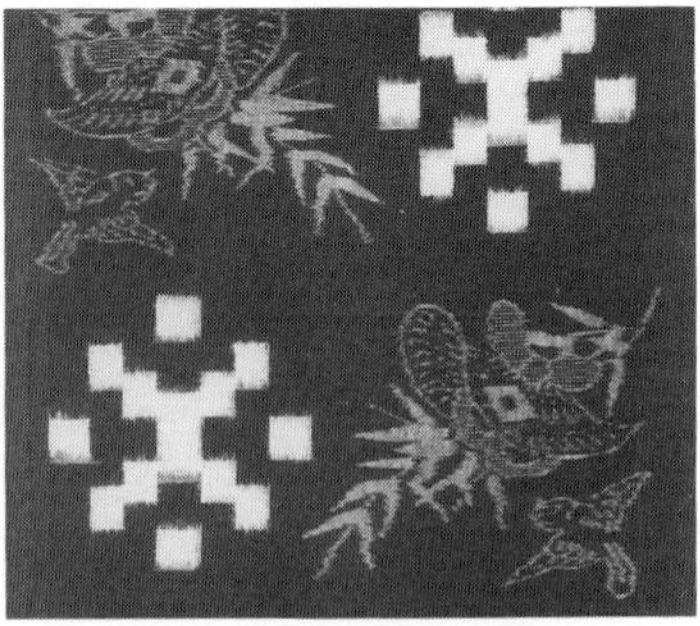

211 幾何豆腐に花笠と笹に雀文
寝具（倉吉，明治後期）

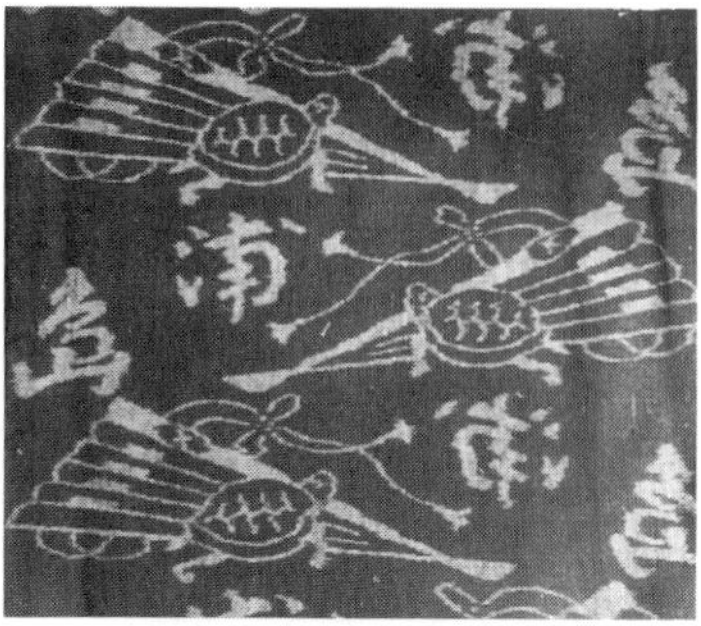

213 物語文　寝具（弓浜，明治中期）

214 波頭に兎と雲月文　寝具
（伊予，明治中期）

215 虫送り文　寝具（倉吉，明治中期）

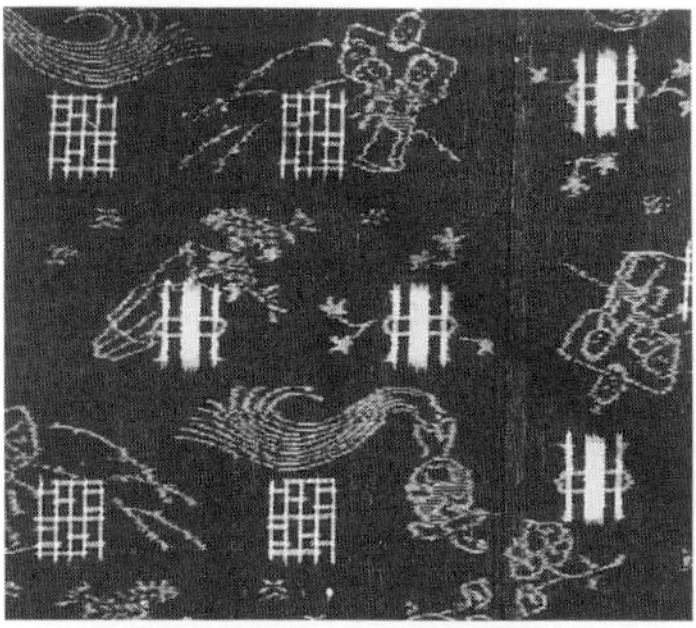

216 流し雛文　寝具（倉吉，明治中期）

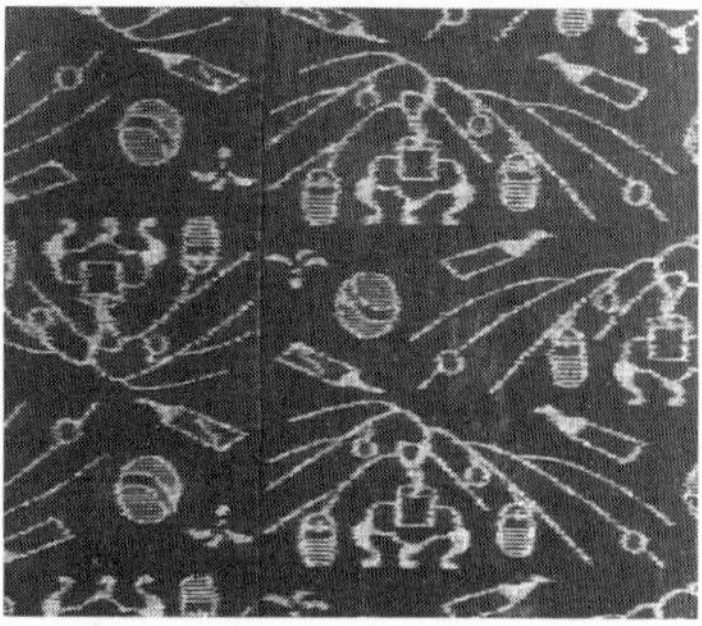

217 正月文（餅花と毬に羽根，羽子板）
寝具（倉吉，明治初期）

218 上演芝居文（煙竜と人物文）
寝具（広瀬，明治後期）

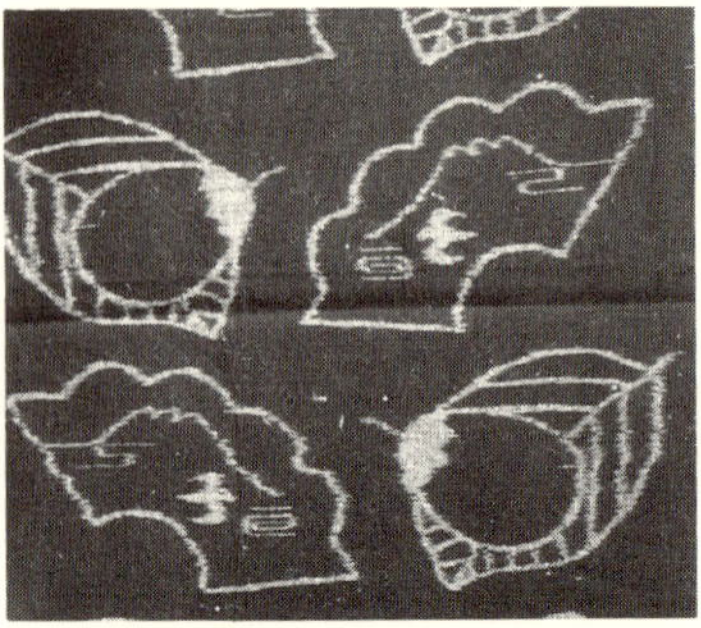

220 一富士二鷹三茄子　寝具
(鳥取県東郷町，明治期)

219 瓢箪から駒文　寝具
(広瀬，明治初期)

223 福面入り幾何と蜻蛉と花文　寝具（伊予，大正期）

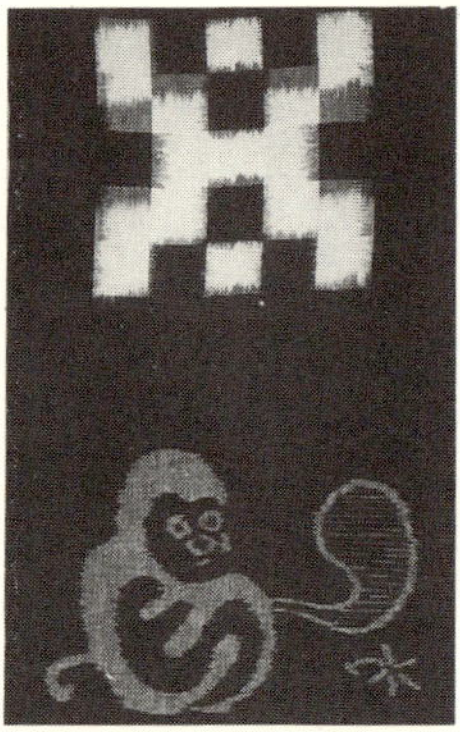

222 幾何と達磨文　寝具
(伊予，明治中期)

221 一富士二鷹三茄子と幾何文 寝具（弓浜，明治中期）

225 牡丹御所車文　寝具
(倉吉，明治中期)

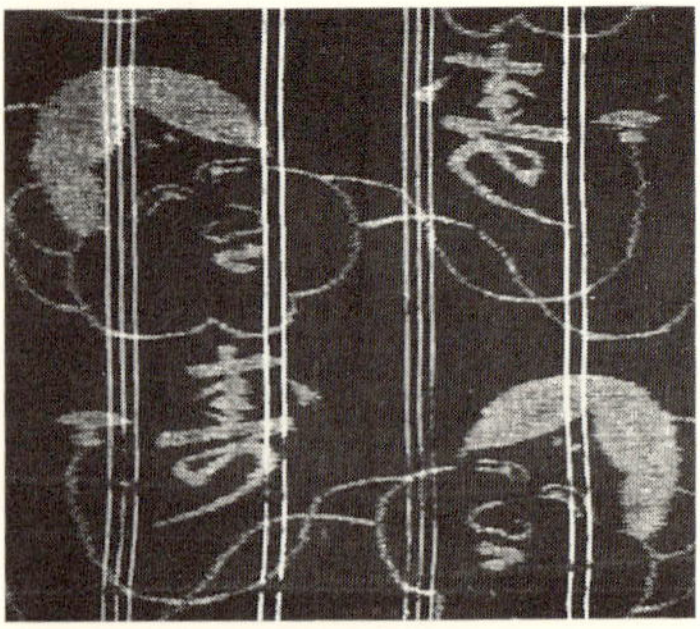

224 寿文字と福面文　寝具
(倉吉，明治中期)

227 人と自転車文　寝具
（伊予，明治後期）

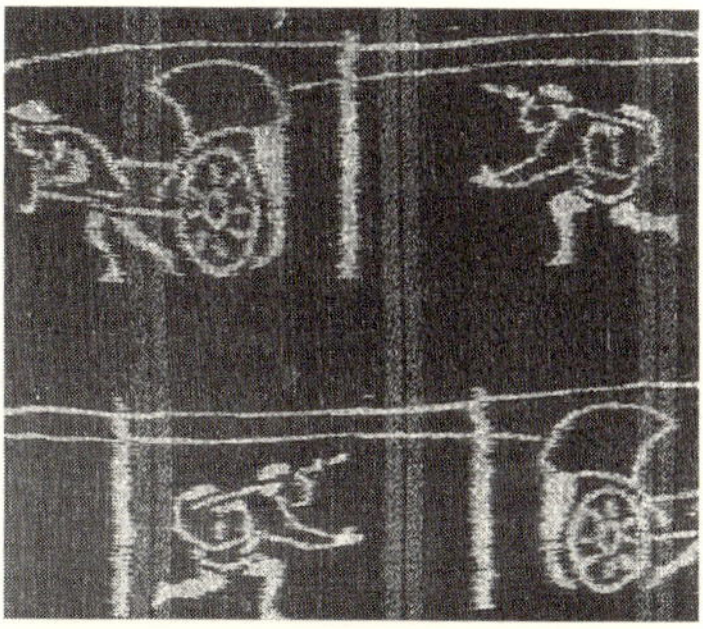

226 人力車と郵便配達夫文　寝具
（倉吉，明治中期）

229 宝珠と国旗文　寝具
（伊予，明治中期）

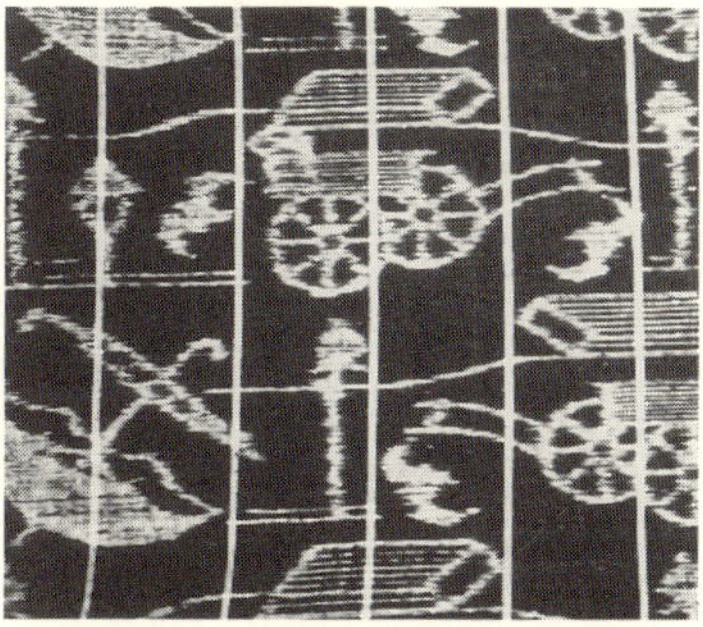

228 洋傘と人力車文　寝具
（倉吉，明治中期）

232 戦勝文　寝具
（倉吉，明治後期）

231 幾何と日の丸扇鶴文
寝具（伊予，明治中期）

230 幾何文と祝盃　寝具
（伊予，明治中期）

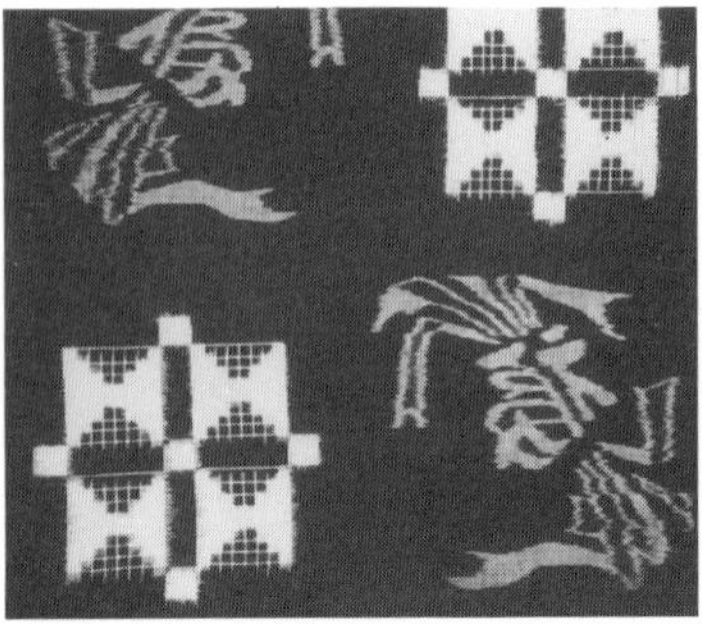

234 幾何に熨斗に福文字文　寝具
（倉吉，明治後期）

233 幾何に熨斗に福文字文　寝具
（倉吉，明治後期）

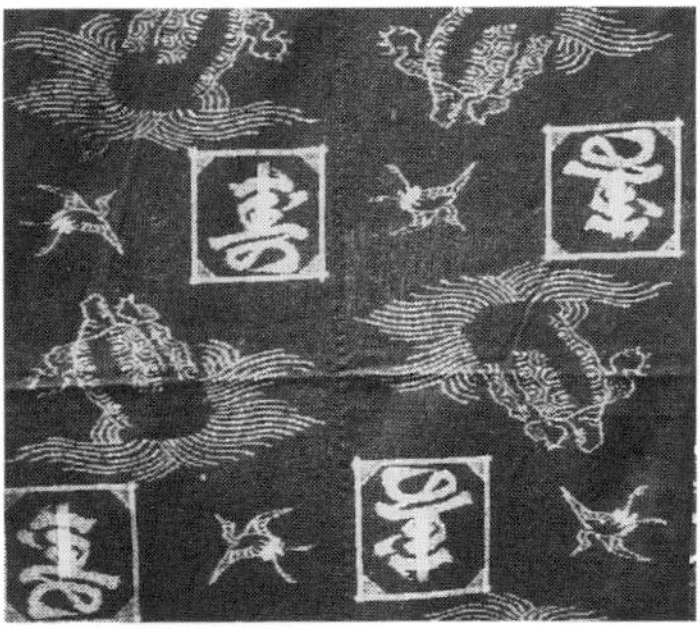

236 寿文字と鶴亀文　寝具
（倉吉，明治中期）

235 福文字と幾何文　寝具
（倉吉，明治後期）

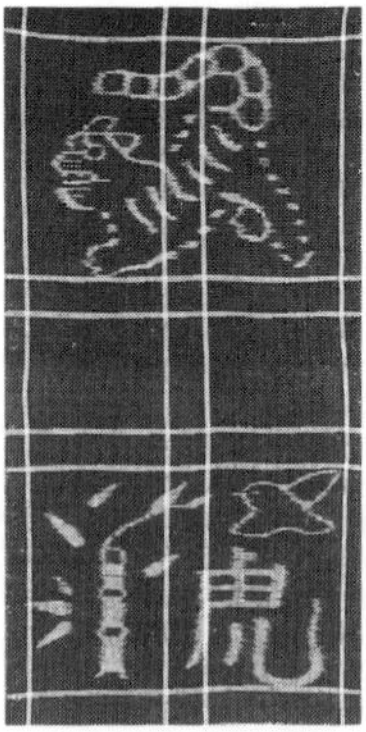

239 虎文字と竹に雀文
寝具（備後，明治中期）

238 寿文字入り牡丹と揚羽
蝶文　寝具（広瀬，明治期）

237 寿文字喰い鶴文　寝具
（備後，明治期）

241 屋号とよこ立涌文　寝具
（倉吉，明治中期）

240 釘抜き十字幾何と寿文字と亀文　寝具（敷）（鳥取県東郷町，明治後期）

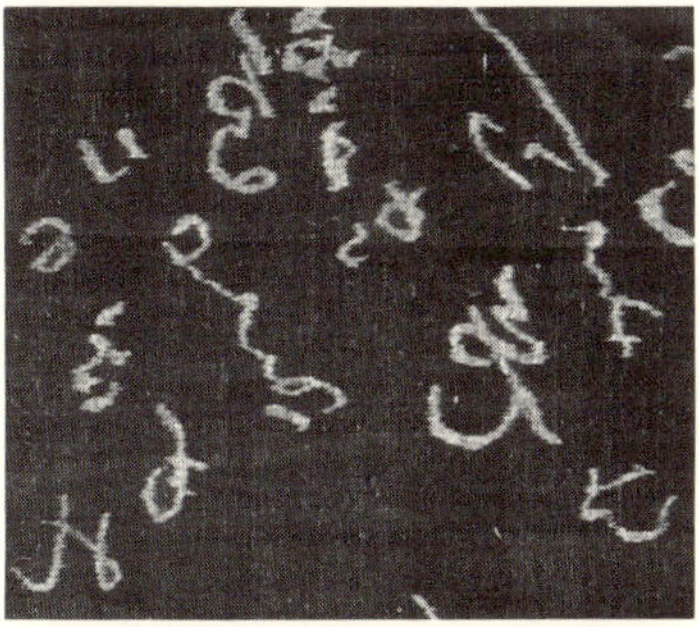

243 鶴亀文字文　寝具
（倉吉，明治中期）

242 月山城と文字文　寝具
（広瀬，明治中期）

246 桜文字と梅竹に市松文
寝具（広瀬，明治後期）

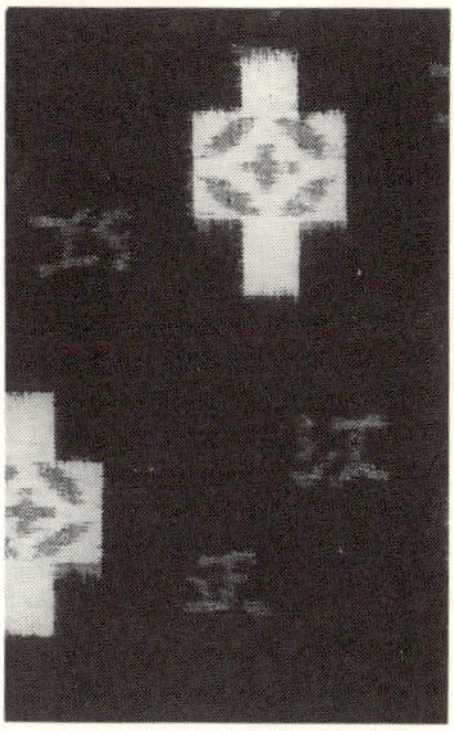

245 十字七宝と正江名前文
着物（倉吉，明治後期）

244 福文字に富士と茄子，
陰の唐草と菊桐文　寝
具（伊予，明治後期）

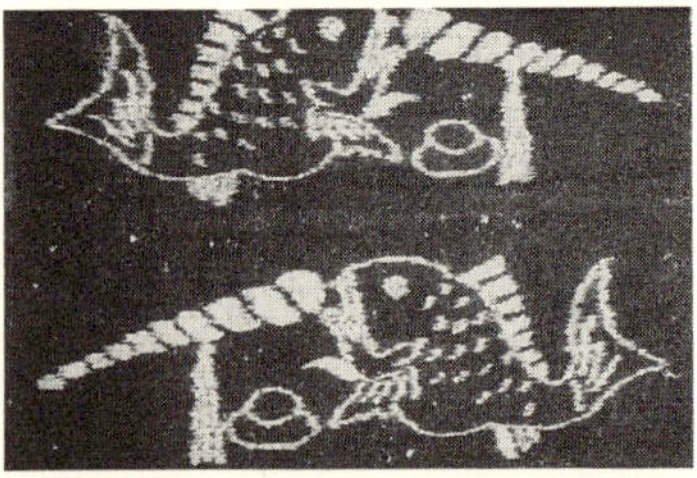

247 祝い鯛文　寝具（弓浜，明治後期）

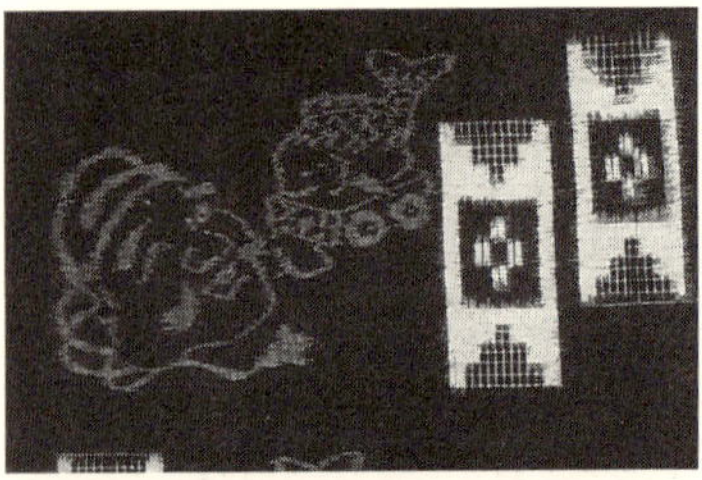

248 祝い魚に恵比須と幾何文　寝具（倉吉，明治末期）

249 ほら貝文　寝具（倉吉，明治中期）

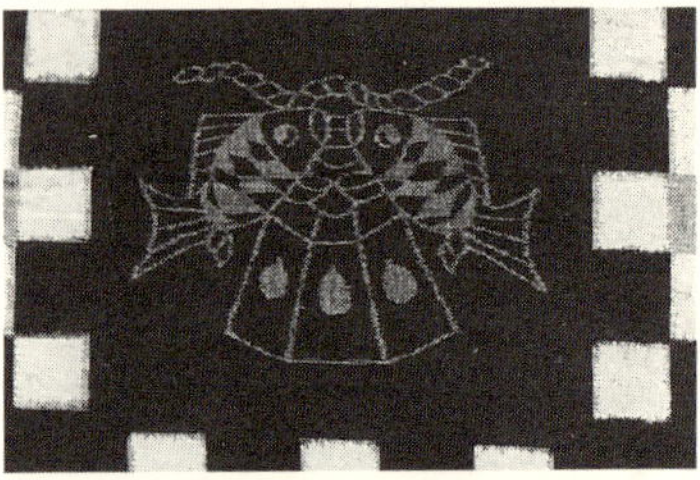

250 幾何としめ飾り文　寝具（久留米，明治初期）

251 熨斗文　寝具（倉吉，明治初期）

252 蝶熨斗文　寝具（倉吉，明治初期）

253 熨斗文　寝具（（弓浜，明治期）

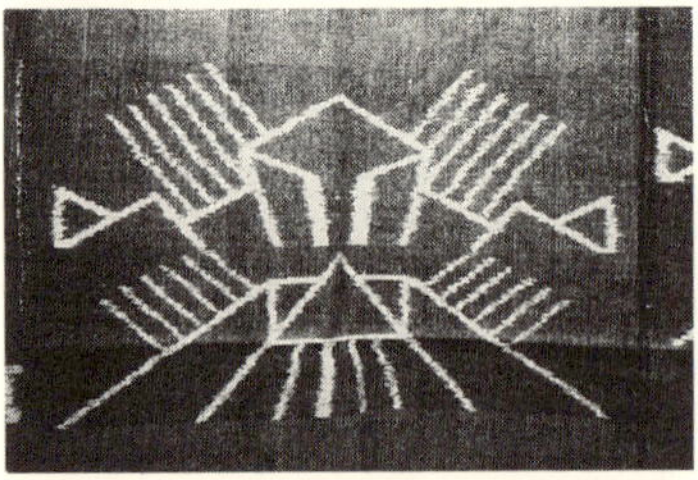

254 熨斗文　寝具（備後，大正期）

257 幾何と宝袋文　寝具
（倉吉，明治期）

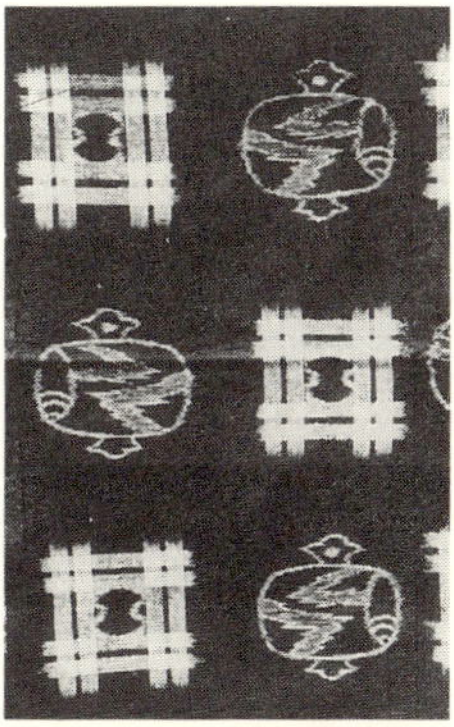

256 井桁と打出の小槌文
寝具（倉吉，明治後期）

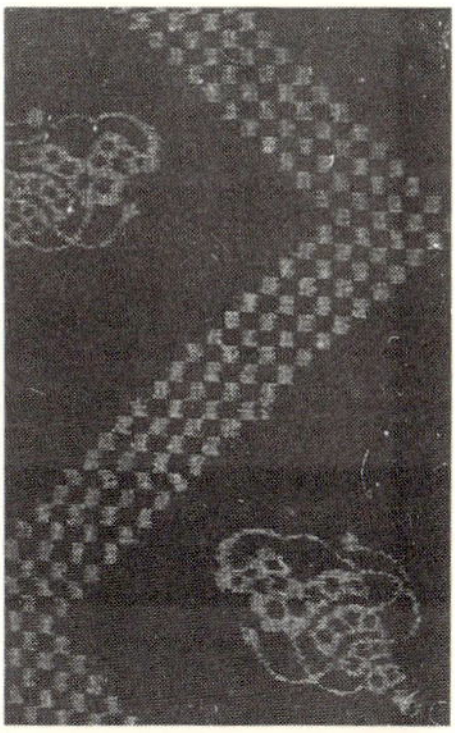

255 ほら貝とジグザグ市松
文　寝具（広瀬，明治中期）

259 吉祥文　寝具（倉吉，明治中期）

258 宝袋文　寝具（倉吉，明治初期）

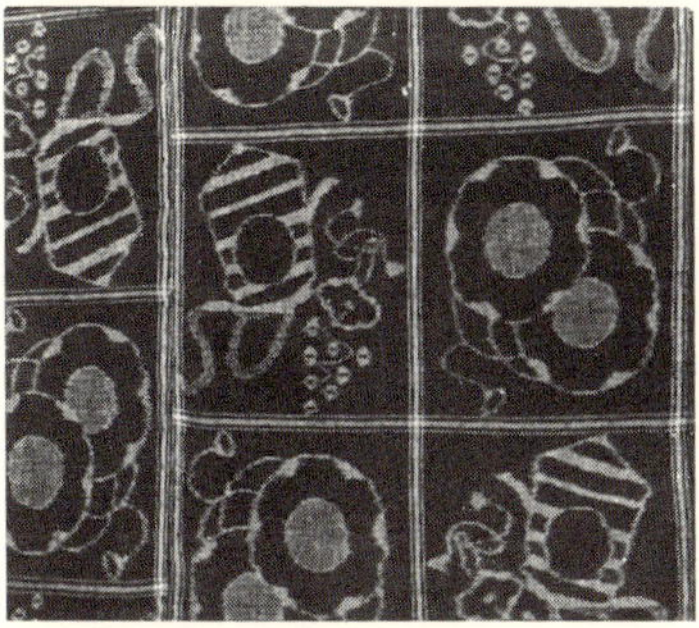

261 鼓と鈴の祭神具文　寝具
（倉吉，明治中期）

260 隠れ蓑文　寝具（倉吉，明治後期）

264 幾何と鬼面文　寝具
（伊予，明治後期）

263 羽子板と手毬鯉文
寝具（伊予，明治初期）

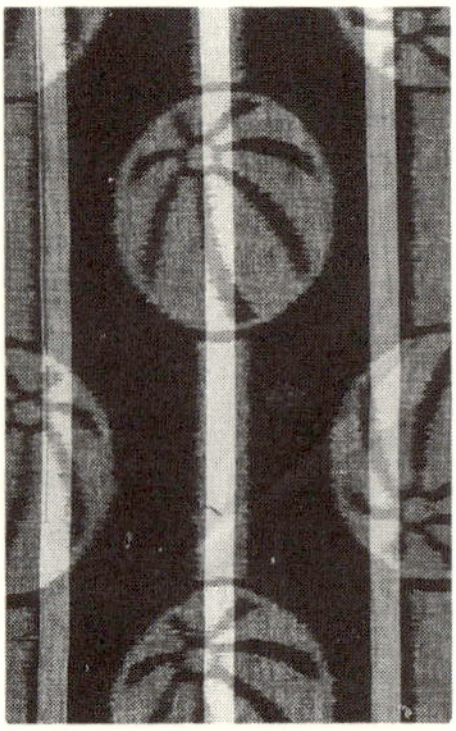

262 縞入り手毬文　寝具
（伊予，明治中期）

266 家紋入り扇文　寝具
（倉吉，明治中期）

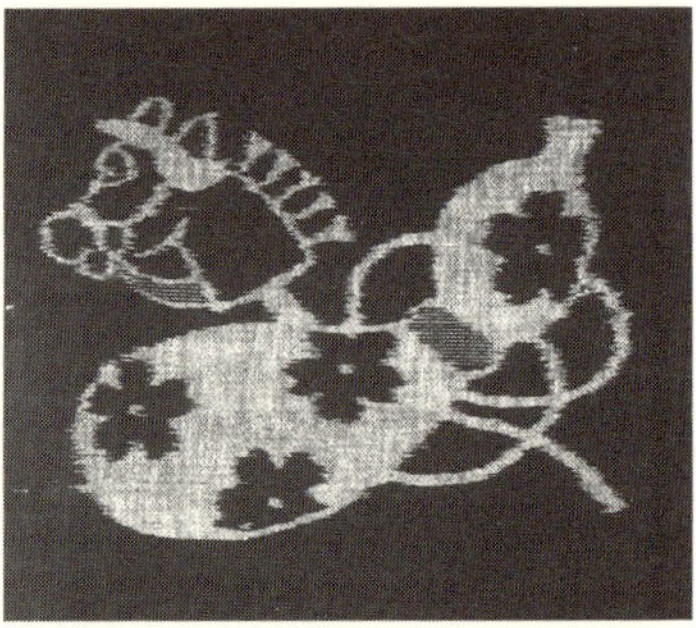

265 瓢箪に駒文　寝具
（伊予，明治後期）

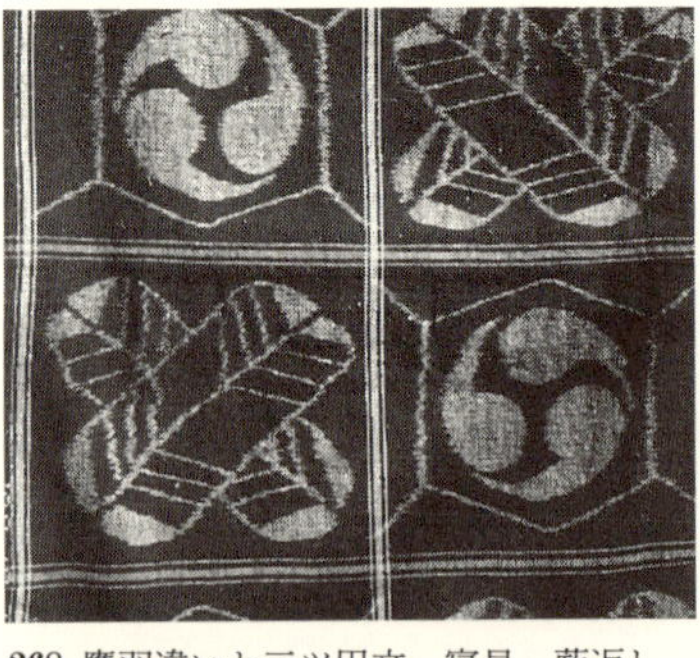

268 鷹羽違いと三ツ巴文　寝具　藍返しと色縞（鳥取県羽合町，明治後期）

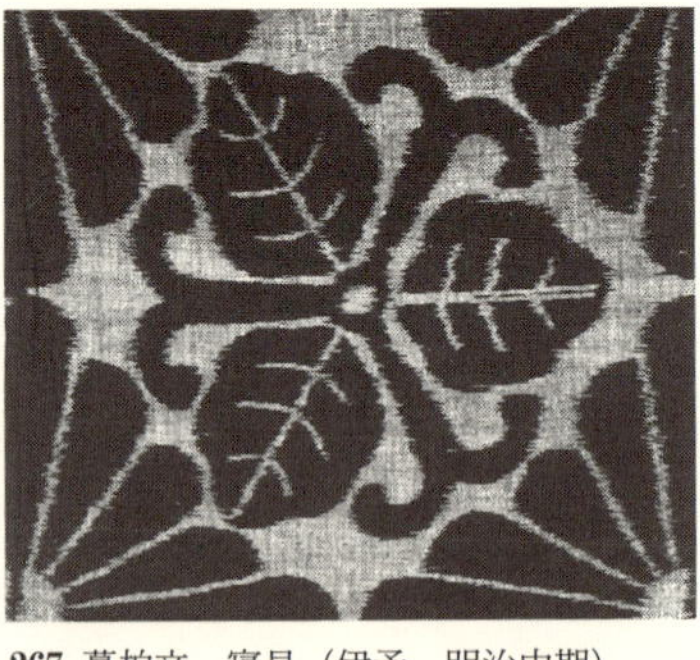

267 蔓柏文　寝具（伊予，明治中期）

270 抱き茗荷と鷹羽入り亀甲文　寝具
（弓浜，明治中期）

269 家紋三ツ柏と屋号文　寝具（敷）
（倉吉，明治期）

271 鳥竹の抽象文　寝具
（倉吉，大正期）

二ページ6・7図、二〇三ページ11図)。

⑦ 生活器物

生活器物を文様に取り入れたものは非常に多い。たとえば扇、団扇、鍵、達磨、五徳と茶器、花器、壺と瓶、糸巻、傘、轡、碇、銭などがある。

どの生活器物文様にも何らかの意味があり、意義深い。扇は別名「末広」とも呼ばれ、扇文様をつけることによって末広がりの幸運を願ったという。特に結婚に持参する布団には、そのような縁起をかついだのである。扇文は全部の絣産地にみられる文様である。

鍵も宝尽しの一つとされる反面、門を閉じて賊の侵入を防ぐという重要な働きがあり、無事、安全を祈る意味が文様化されたのである。

198図の糸巻は、織物用の糸を枠に巻いた絵で松竹にふくら雀を組ませている。199図の糸巻文様は、縫い糸を糸巻に取った絵を経緯絣で表現している。200図は室内での碁盤と招き猫をデザインして、生活の安定と幸せがにじみ出た構図である。

203図は竹籠やつり竿に三重の枡文様である。豊漁と枡を重ねて生活の安泰を祈る心がこの絣にみられる。

205図は壺絵絣の上に角を立てた井桁に鶯が鳴いている。よく見ると福の文字が織られていて驚いた。この絣を創作し織り上げた人はどんなに心を跳らせながら織り進めたのかと、図案の力に作者の真摯《しんし》さが見える。伊予絣の布団である。

207・208図は鼓の文様である。日常の生活に打楽器を打つのは祝祭日に限られている。鼓《つづみ》を打つ喜びと祝事を願い、子孫繁栄を意味する文様のようである。

209・210・211図は、番傘、洋傘、花笠の三種類をデザインした絵絣で、山陰地方のものである。番傘は祝儀に用いられ、花嫁が家を出る時にさしかざす。相合傘といわれて、一本の傘を男女でさして祝福した。こうした傘と家紋を組ませた文様は婚礼用の布団である。

⑧ 物語、行事、諺

物語文様に「江戸鏡山、お初」という文字と、藤花を組ませた絣がある。これは明和八年（一七七一）初演の近松半二の人形浄瑠璃「妹背山婦女庭訓《いもせやまおんなていきん》」の物語文様である。主人公の鏡山は、岩藤という女性に恥辱を受けたので、主人に仕えていた女中、お初が仇討をしたという物語である。岩藤を藤花で表わし、本と江戸鏡山とお初を文字絣にデザインした布団文様である。祖母が大切にした布団で、その物語も聞いた（212図）。

諺文様には、「一富士二鷹三茄子」などがあり、布団文様として取り入れられている（220・221図）。行事には、民俗行事の「虫送り」などがある。虫送りとは、稲の害虫を除去するために、松明をともしてかねや太鼓を鳴らして行列し、虫を灯と共に送ってしまう行事である。昔は害虫防除にこんな方法をとった。虫送り絵絣は山陰独特の文様である（215図）。

「流し雛」も鳥取県の一部に古くから行なわれている行事の一つで、竹にはさんだ人形を三月三日の夕方に川で流す。人形を桟俵に乗せ、いろいろ供え物をして流す行事である。女性は心身ともに美しくありたいと願い、身につけたけがれを落とすという意味があり、現在も行なわれている（216図）。

213・214図は浦島太郎と白兎と鰐鮫の物語文様で、弓浜絣と伊予絣である。また217図は餅花と手毬に羽根と羽子板を一巾二立に配置した正月文様である。餅や毬のある新年の行事を願う庶民の暮しがみえる。絣文様には作者の知性がにじみ出たものが多い。

諺文様の中にも上演芝居の絵画絣がある。広瀬絣独特の大柄の珍しい文様だ。その中に煙から想像上の竜神が昇り、それを見上げる人物文様がある。竜が天に昇ることは五身出世を意味し、めでたい文様といわれる。吉祥の図柄を寝具に織り、毎日眺めることによって幸せに暮らしたいという願望である。広瀬絣で明治後期のものである（218図）。同じく広瀬絣の明治初期に瓢箪から駒が出る諺文様がある。222図は達磨絣である。達磨は七転八起を意味し、めでたい文様である。「松山の姫達磨」は有名で布団文様としてたくさん用いられている。

223・224図は福面をデザインしている。福神は幸福を授ける神として信仰の対象である。寿文字と組ませた倉吉絣の福面は明治中期の作品である。伊予絣の大正期の福面は、幾何文の中に陰の福面を描き、左右に草花と蜻蛉を配置した手のこんだ絣である。このように文様には作者の愛情の姿勢が感じられる。

⑨ 船舶と車

船舶文様も、その時代の社会情勢をよく表わしている。

江戸末期から明治初期にかけて和船文様が多く用いられたが、明治中期から後期にかけて、戦争の影響を受けて、戦艦などの軍艦文様が多く用いられた。

地域としては、久留米絣の中に多く船舶のデザインがみられ、山陰地方にはあまりみられない。軍港との関係も考えられるが、確定したことは言えない。

225図は御所車と巻物に牡丹を組ませている。皇室や将軍用の車を布団文様に取り入れることによって貧困から抜け出たいと願っているようだ。226・227・228図の人力車や自転車は明治期の文明開化を象徴し、快適な生活を表現している。

⑩ 戦　勝

戦勝文様は、明治中期から後期にかけて多く用いられ、特に日清・日露戦争の好景気が影響をしているように思われる。文様には高揚感と愛国心が感じられる。

戦勝文様には、鉄かぶと、兵隊の帽子、鉄砲、国旗と、祝盃などをあげることができる。いずれの文様も、国をあげて勝利を祈っていたことがよく証明され、戦勝祝いにデザインしたものと思われる。

⑪ 文字記号

文字記号の文様には、年代や地方別に文字のデザイン表現が異なっているように思われる。たとえば「寿」文字は年代とか地方を問わずよく用いられている。「寿」文字が長寿、祝賀の意味を持ち、めでたい文様として重視されていたことがわかる。地方毎に考察すると、久留米、伊予、備後地方の「寿」文字は楷書による表現が多くみられ、山陰地方のものは草書の表現が多いようである。しかし、時代によって、社会が軍国調の時代は、「寿」文字も大胆な四巾構成の経緯絣を楷書で用いている（346図）。反面に、江戸末期から明治初期にかけての「寿」文字は、草書で緯絣が多く、優しい線である。その他、鶴が寿文字を咥えているのもみうけられる（237図）。「福」文字（233・234図）は熨斗文と組ませている。

また、戦時中の文字記号は、「海軍」、「日本桜」、「三勇士」、「日本」、「日出」などがみられる。

一方、家庭にあっては、「正江」という娘の結婚に持参する布団に、母が心をこめて「正江」と織り出しているのもある（245図）。

地方別の文字記号についてみると、広瀬絣の布団の中に「広瀬」「月山城」の文字を取り入れたり、久留米絣には「九州、久留米絣産地」の地図と文字をデザインした奇抜な文様もある（347図）。また、山陰、弓浜地方には亀と「浦島太郎」の文字もみられ、「安来千げん名の出たものは」という安来節の文字絣もみられる。産地を表わす文字も多い（五八ページ図参照）。

時代を表現するものについて考察すると、明治以前の呼称では屋号をデザインしたものが多く、特に倉吉地方に多くみられ、〈高　〈マ　元 などの屋号を織り出している（241図・269図・382図）。

また、明治初期の作品には、「文明開化」などの日本の黎明期を物語る文字記号もある（二〇八ページ43図）。

そして、伊予絣の中に、桜と花蝶の文様に「大正」の文字を趣向をこらして組ませたデザインがある。この大正時代のデザインの傾向は、文字記号にも新しい感覚を取り入れていておもしろい。大正の「正」が鳥居にみえるようだ（二〇五ページ25図）。

このように、文字記号文様には、多様な影響の諸要素が加味されてデザインされ、変遷していることに着目したい。

⑫ 祝儀、吉祥

祝儀文様には、樽肴や祝盃、しめ飾り、熨斗文様をあげることができる。なかでも熨斗《のし》には、蝶熨斗と束ね熨斗、焔玉と束ね熨斗を組ませたものが多い。熨斗は祝儀の贈り物の飾りに使用するもので、左右均整にデザインされているものが多い。布団文様として多く用いられている（251・252・253・254図）。

吉祥文様には、打出の小槌、隠れ蓑（260図）、隠れ笠、焔玉、宝袋（257・258図）などがある。

打出の小槌は、福の神がよく持っていて、振ると宝が出るという、瑞祥的意義の文様である。宝袋も同じ意味を持っている（256・259図）。

隠れ蓑、隠れ笠は、宝尽しの一つとして、これを着用すると誰からも見られないという吉祥的意義がある（260図）。

焰玉、宝袋（257・258図）も、金銭が思いのままにできることを願う意味を持ち、熨斗と組ませてデザインした場合が多い。これらの文様も結婚時に持参した布団文様である（二〇七ページ42図・二〇八ページ47図参照）。

以上の文様は、古くから他の工芸品の中にも用いられ、宝尽文様とも呼ばれている（259図）。

祝儀文様の250図はしめ縄と鯛である。しめ縄は正月の門戸に飾ったり災いを防ぐ意味があり、これらの文様で身体の健康を祈っている。

249図のほら貝も、修験僧の山伏が持ち歩き、ほら貝を吹くことからの吉祥文だろうと思う。

絣の中に込められた人びとの想いと願いは書きつくせない。人びとは日々創造しながら天地の万物に祈り、感謝して暮してきた、それらが絣糸に託されていると思う。

⑬ 玩具

玩具文様は、手毬、羽子板、羽根、鈴、折鶴、竹馬、碁盤などである。

手毬は美的意義があり、鈴は祭祀に用いていたものが玩具に使用されるようになり、魔除けの意味を持っていて、文様として多く用いられている。

折鶴は、昔から他の工芸品の文様として多く用いられている。また、折鶴は代表的な折紙遊びであるとともに、千羽鶴は幸運をもたらす祈りがこめられたものである。
264・265図の竹馬や鬼面に棒がある。節分の「鬼は外、福は内」を想い出す。昔の遊具はこうした竹馬や鬼の面で、戸外で遊んでいた。265図の瓢箪から駒が出る絵文は作者の心が弾んでいたことと思う。

⑭ 紋　章

紋章と文様の区別はつけにくいが、結婚時に持参する布団に生家の紋章をつける風習は山陰地方に残っていた。

代表的な紋章文様について考察すると、次のことがいえる。

まず、よく用いられている紋章は、「巴」「丸に角立井桁」「花菱」「橘」「菊水」「揚羽蝶」「上り藤」「抱き名荷」「柏」「丁子」「一二本枝菊」「雪輪に石持ち九枚笹文」などである。

紋章をデザインに取り入れたものは、風呂敷、寝具に多く、着物の文様は少ない。小絣は着物用で布団は並巾に一つの大柄がめだち、生家の威厳を表わしたようなものもみられる。そして、婚家先においては、姑、嫁ともに各自異なった紋章入り布団を着用したのである。この傾向は旧家ほど多くみられる興味ある問題である（267・268・269・270図）。

また、出雲地方の風習に、女紋は雪輪でかこむならわしがあり、紋章をより優美にデザインしている。

⑮ 抽　象

抽象文様は、大正末期から昭和初期にかけて流行をみせ、久留米、伊予、備後絣の中に変化に富む文様が作り出された。

彩色も多種類になり、線、四角、円を基調として、部分的に散らしたものや、緯糸だけを抽象化している場合も多い。特に備後絣の幾何文の基本形に渦巻を散らしたものはおもしろい文様である。山陰地方には極端な抽象化はみられない。271図の鳥と竹の抽象文などのように絵画の原型を残している場合が多い。

二　技法別分類

(一)　経　絣

経《たて》絣の技法は、緯《よこ》絣より簡単である。南方諸島の絣は経絣の発達がめざましく、緯絣に比べて経絣の方が先行していたのではないかといわれている。

経絣は、整経してから文様に括る。経尺（整経した糸の長さで、幅〇・五センチの布テープに、デザイン通りに経の柄を決め、括る巾を墨印したもの）を使用して括るのであって、経絣では曲線の絵画文は困難であり、幾何文様を主に製作している。直線や斜方や上下に変化させて構成する矢羽根、御幣絣などが多い。括り方は、同寸法で一緒に括っても、三〜四段階にずらせたりして、三段崩し文様としている。

経絣の用途は、着物や布団用であり、特に敷布団と中布団と子どもと女性用の着物に多く用いられた。配色の良い縞を入れて粋な経絣を作っている（275図）。矢絣の布団は、並巾に一〜二立で構成され、着物には五〜一〇立の小さな矢絣を縞と組ませて構成している。そして経絣の代表は筬《おさ》絣（織り工具の筬で糸の密度と巾をきめて経糸を移動させる）（273・277・283図）か矢絣といわれるほどに庶民に愛され流行した（279図）。したがって明治、大正時代の婦人雑誌の挿絵や文字の中によく登場した着物の文様は矢絣であった。

矢絣の工程は、経糸を規則的に括り、それを矢絣専用の板の穴に糸を通して矢状に糸をずらせ固定してチキリに巻くので製織はきわめて簡単である。経糸が矢状を呈し、緯糸は紺糸を織るのである。矢絣も時代によって多少の変遷を示している（280図）。

大正時代には子持矢絣が流行し、昭和初期には経緯の矢絣に進んでいる。さらに、281図のような菊水と線矢絣は、経緯構成の矢絣に絵画文様を上手に組ませた知的な完成品である。

御幣絣も、矢絣と同様に、経糸を規則的に括って、それを上下にずらせて作る文様である。色縞を加えることによって神祭用具を連想させ、まるで幣串をはさんだ感じを受ける。このように不吉を祓う意味から布団文様として流行した（283図）。

(二) 緯絣

緯絣は、無地の経糸の上に、緯糸の絣を配して文様を織り出す技法である。多くの絵画文様は緯絣によるもので、自由に変化に富む文様をつくることができる。

たとえば、四巾構成の総絵文様は、種糸の枚数は五〇枚以上となり、括りと製織に熟練を要する。このような複雑な文様も緯糸のみによって表現するのである（口絵の松竹梅鶴亀文様参照）。

普通一般には、一枚の種糸の文様を連続につないで一反の布を製織する。これらのつなぎ文様、七宝、輪つなぎ、麻の葉、亀甲などは緯絣の代表である。また、大部分の繊細な絵画文（288図）や文字絣（243図鶴亀文）も緯絣によってつくられるのである。

284図は緯絣の虫の巣を三段積み上げている。経絣（274図）で表わす虫の巣が多い中でこの文様は珍しい。着物柄としてもよく用いられている。また286図も緯糸による幾何文様で、亀甲を連想させる備後絣である。

備後絣の中には、手結《ゆ》い（絵図台を使わず糸綛《かせ》のまま括る）の工程で緯絣の幾何文様を巧みに織り出しているものがある。

(三) 経緯絣

経緯絣とは、経緯の文様が重なり合ったものを呼んでいる。しかし部分的に経緯が重なったり重ならなかったり、文様によってはさまざまである。

絣の技法から考察すると、経絣から緯絣へ、さらに両者を混合したものが、経緯絣である。経緯の括った箇所を真白く重なり合わせる技法は困難な作業である。したがって経糸には糊付けをして経糸の乱れを防いでいる。

熟練者でない限り、絣の足が揃わない。しかし、多少のずれやかすれは、経糸を調節して（あげの——二三二ページの図参照——で調節をする）緯糸と合わせていく。経緯絣の場合は幾何文が多く、絵文様は、緯絣によってつくる場合が多い。

経緯絣は、括りや製織に経絣の一〇倍も時間を必要とする。そして、染色も括り際をはっきり染色しないと経緯の文様がぼける。このように骨の折れる作業である。しかし一般に、絣に対する嗜好性が白場の多い経緯を要求しはじめ、明治後期から経緯絣の流行が激しくなり、布団文様として大きい経緯が絵文様と組み合わされた。大正・昭和初期には一段とあか抜けた文様が好まれ、真白の幾何文の経緯絣となり、絵画文は姿を消してしまった。

290・293図は伊予絣である。経糸と緯糸を重ねて丸形と四角を作っている。また経糸と緯糸を重ねて枡を作り、その中を籠井桁に表現している。糸の重なりで明暗がつき変化に富んでいる。大正期から昭和期の

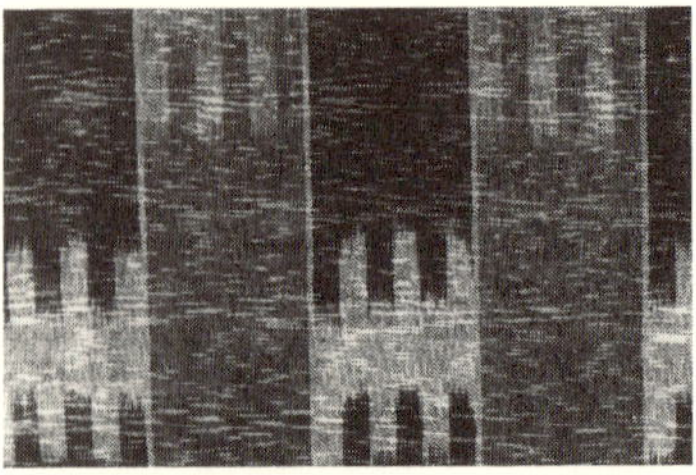

273 色縞入り経絣文　寝具
（倉吉，明治末期）

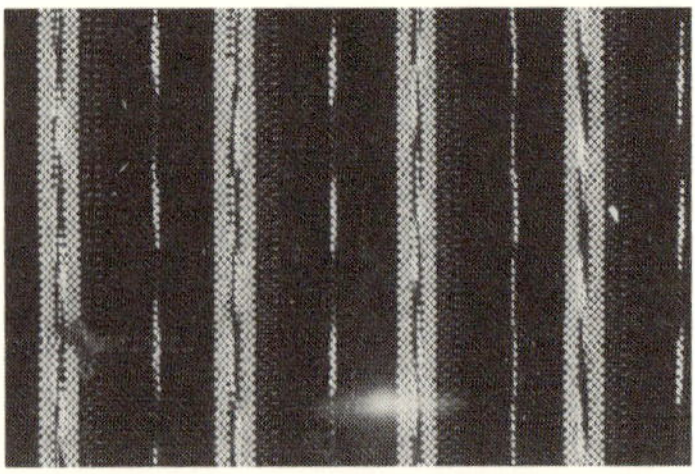

272 雨文　寝具（倉吉，明治初期）

276 平行四辺形文　寝具
（倉吉，明治末期）

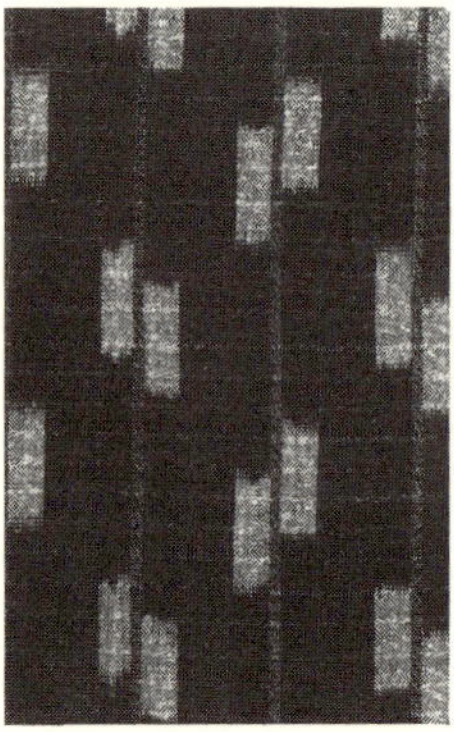

275 経絣文　寝具
（倉吉，大正期）

274 並び虫の巣文　着物
（倉吉，明治中期）

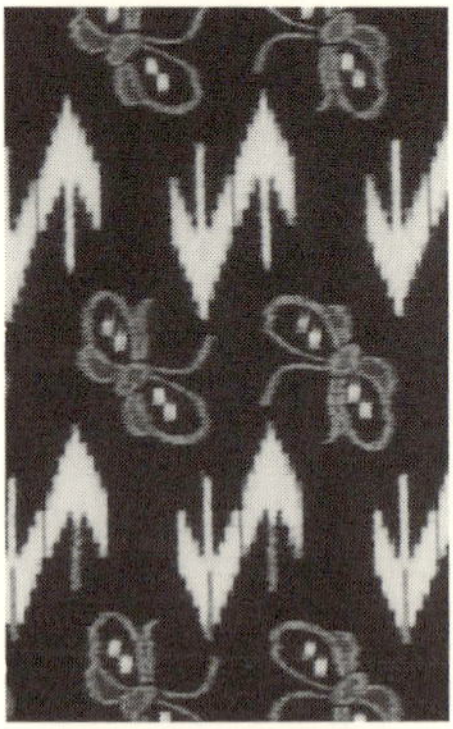

279 蝶と矢つなぎ文　着物
（広瀬，明治後期）

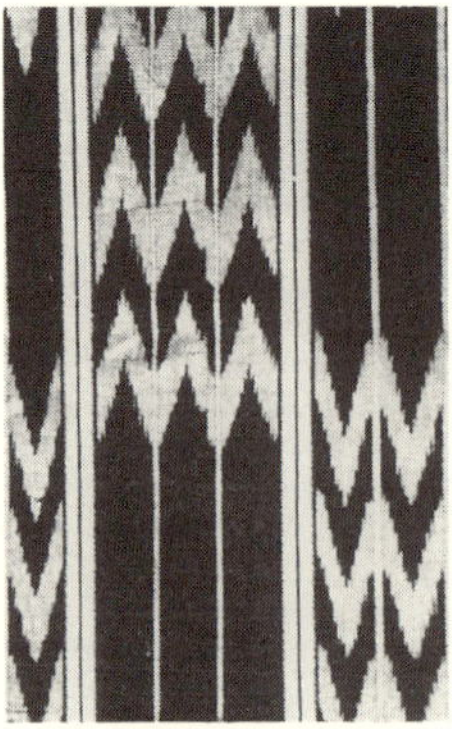

278 追っかけ矢文　寝具
（広瀬，大正期）

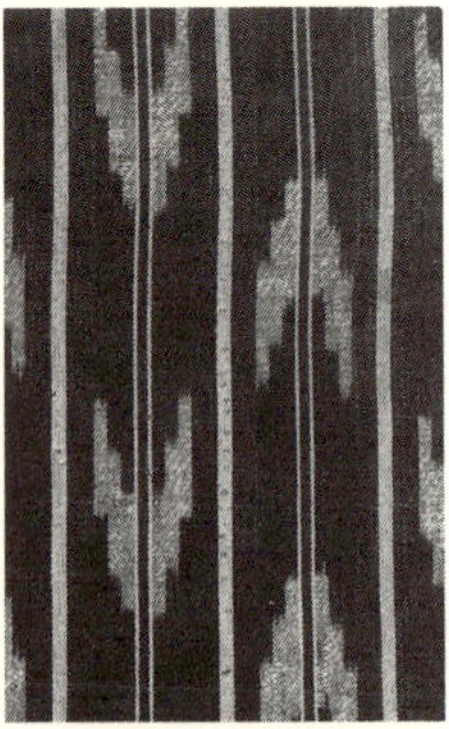

277 御幣文　寝具
（倉吉，大正期）

281 菊水と矢幾何文　着物
（倉吉，昭和初期）

280 変わり矢文　寝具（倉吉，大正期）

284 虫の巣と松文　着物
（倉吉，明治中期）

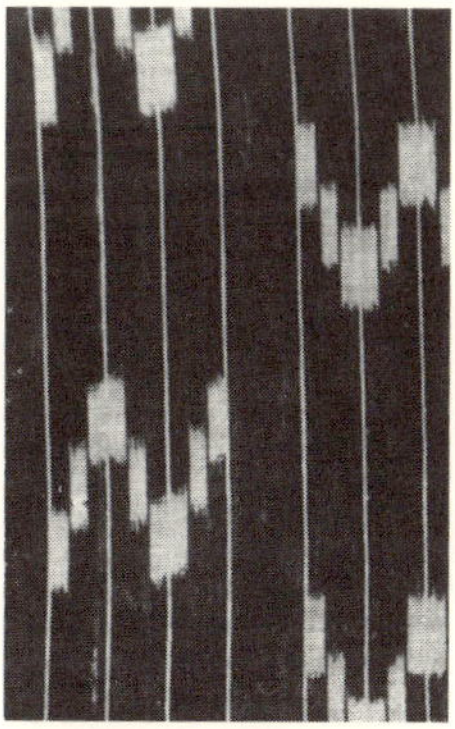

283 御幣文　寝具
（倉吉，大正期）

282 矢絣と海老文　敷布団
（鳥取県気高町，大正期）

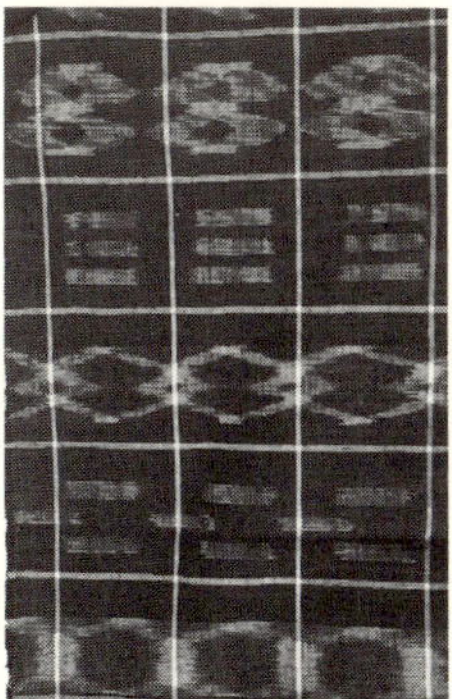

287 幾何文　寝具
（伊予，明治期）

286 緯絣文　寝具
（備後，明治期）

285 洋傘文　寝具
（倉吉，明治初期）

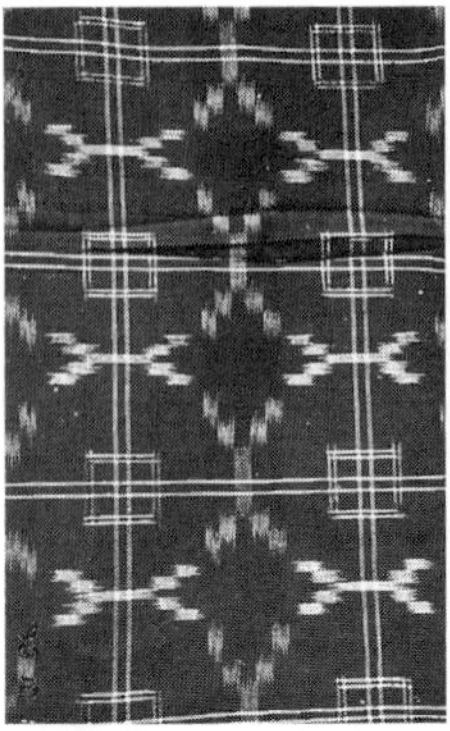

290 色格子に円幾何文
寝具（伊予，明治後期）

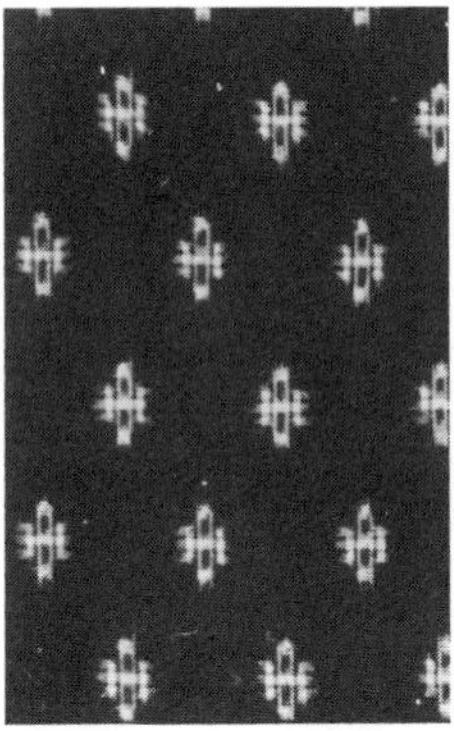

289 虫の巣文　着物
（倉吉，明治末期）

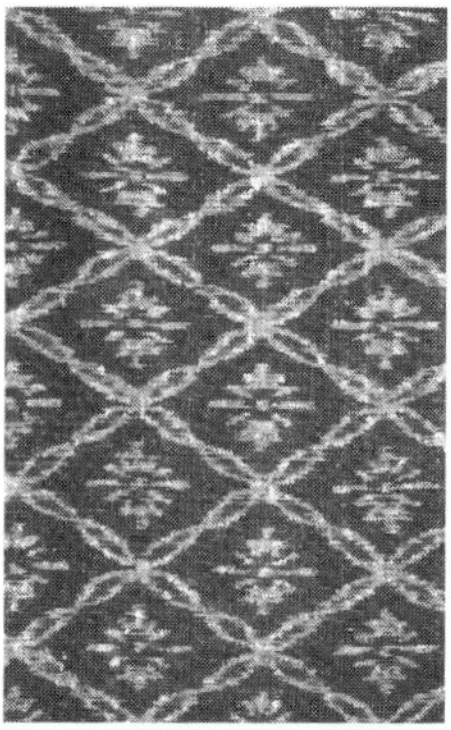

288 七宝つなぎと菊花文
着物（倉吉，明治中期）

292 十字入り幾何文　寝具　一巾１立２
立交互（倉吉，明治後期）

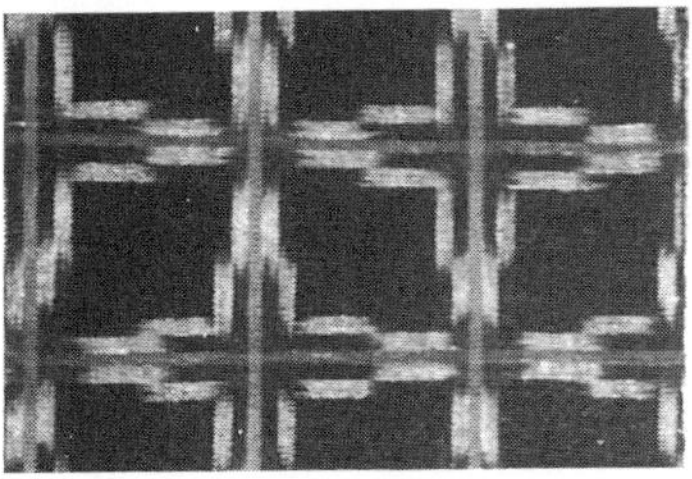

291 色縞格子と線絣　寝具
（倉吉，大正期）

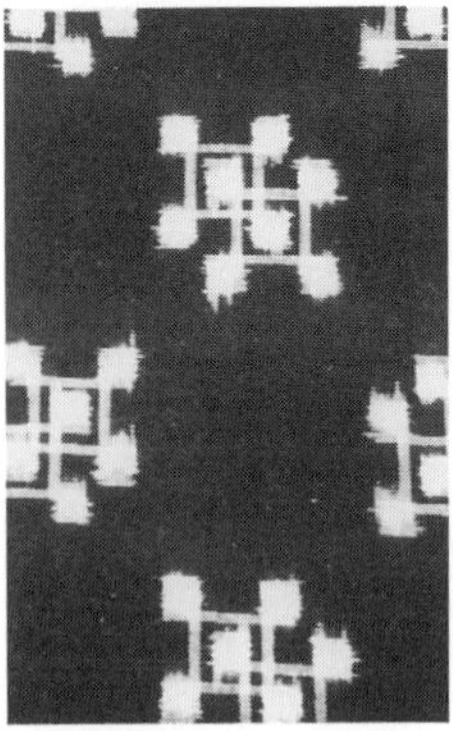

295 子持ち追っかけ枡文
着物（鳥取県西伯郡，
昭和初期）

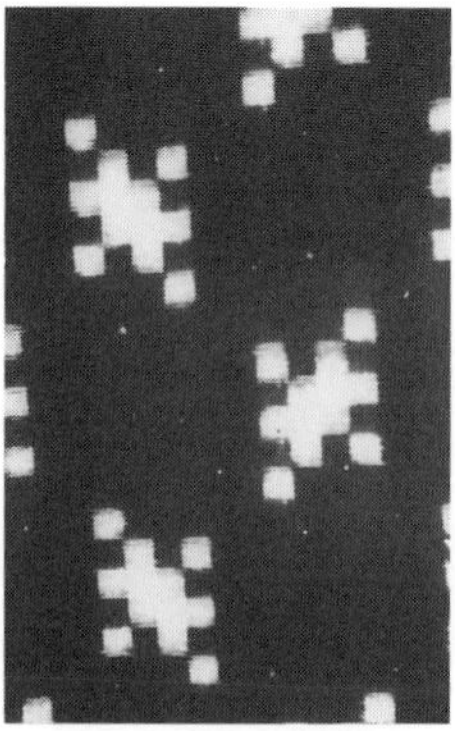

294 子持ち追っかけ十字文
着物（鳥取県西伯郡，
昭和初期）

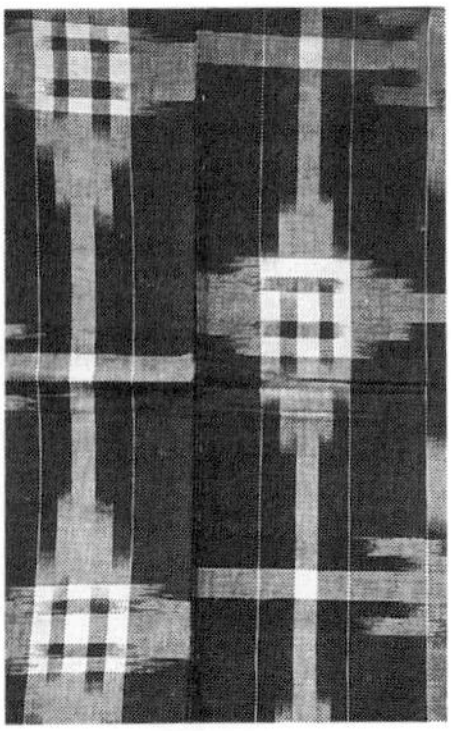

293 縞に籠桁と枡文　寝具
一巾１立（伊予，大正期）

298 幾何文　寝具
（倉吉，明治後期）

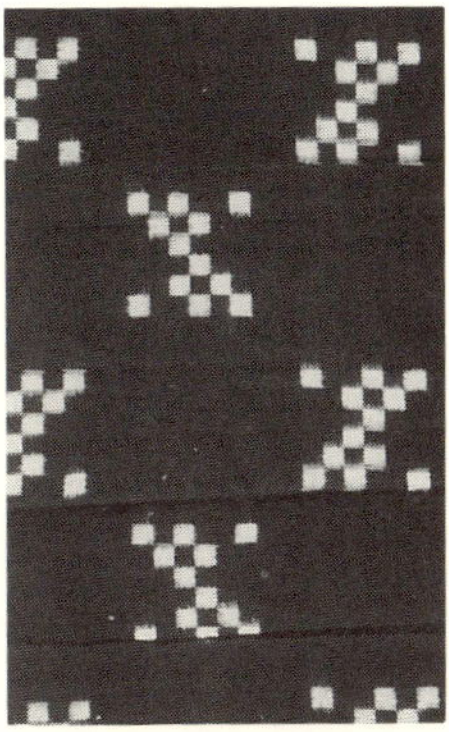

297 飾り市松二段つなぎ文
着物（鳥取県日南町，昭和20年）

296 籠十字入り幾何文 着物
（鳥取県気高町，昭和初期）

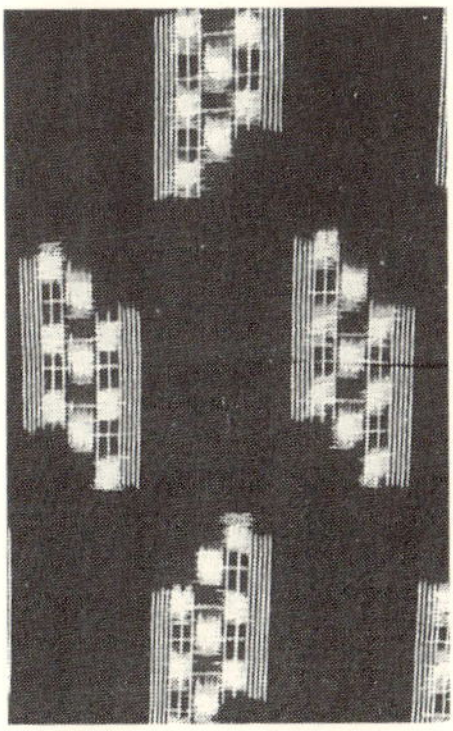

301 線と市松文　敷布団
一巾３立（伊予，昭和期）

300 枡つなぎ菱幾何文
寝具（広瀬，昭和初期）

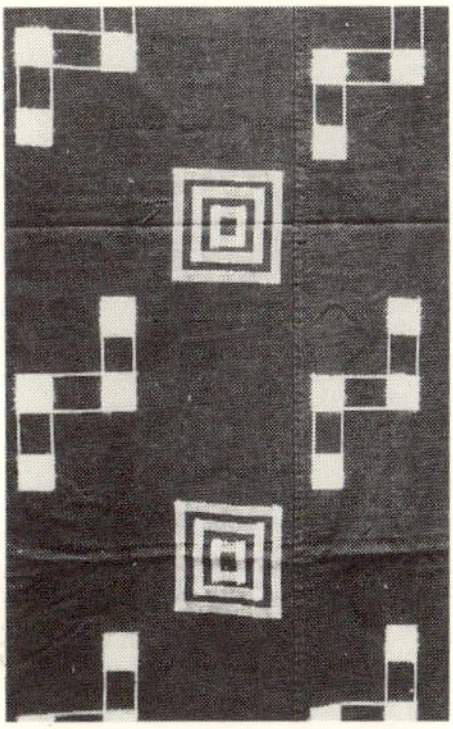

299 虫の巣つなぎと三重枡
文　寝具（倉吉，大正期）

303 子持ち崩し枡文　着物
（倉吉，昭和期）

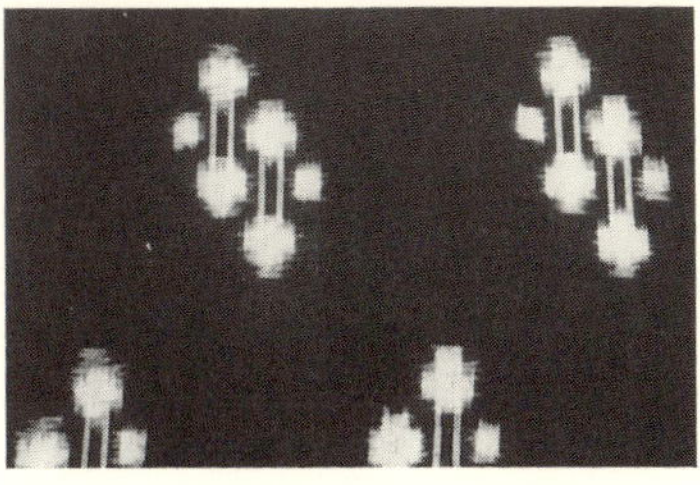

302 追っかけ子持ち虫の巣文　着物
（倉吉，昭和期）

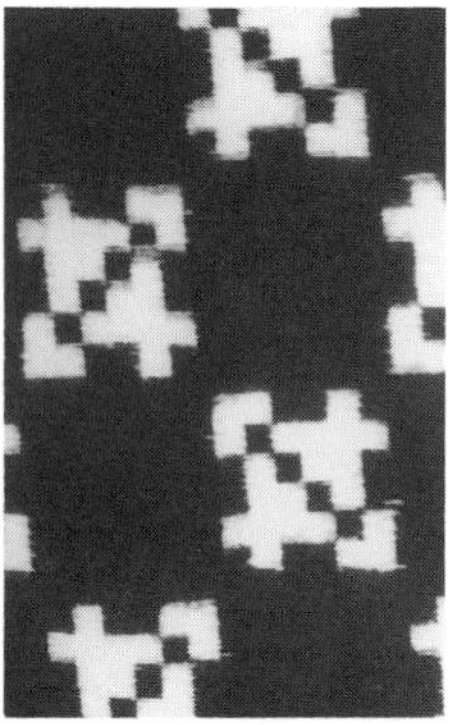

304 幾何文　寝具
(倉吉，明治後期)

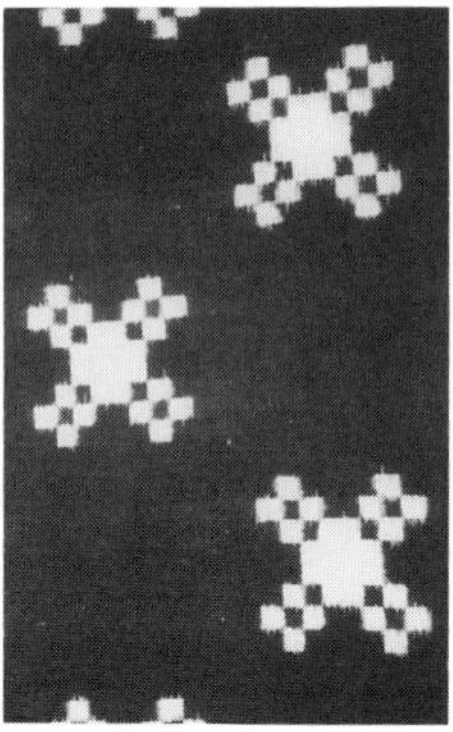

305 市松飾り十字文　寝具
(倉吉，明治後期)

306 幾何文　寝具
(久留米，明治後期)

307 籠十字と井桁文　着物
(久留米，大正期)

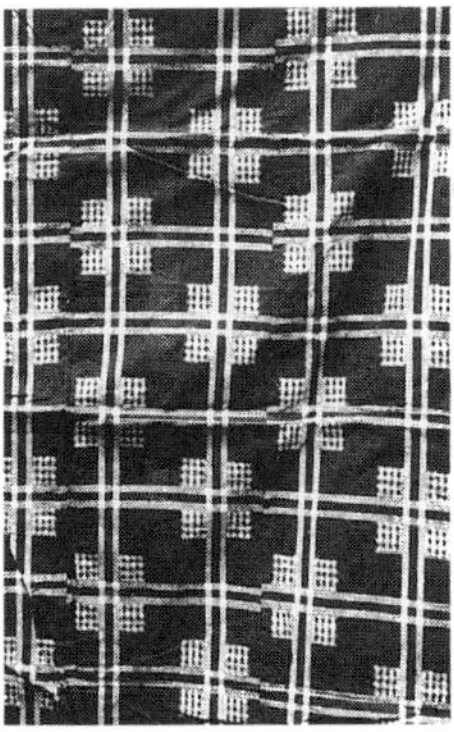

308 格子方眼絣　袷布団
(鳥取県気高郡，大正期)

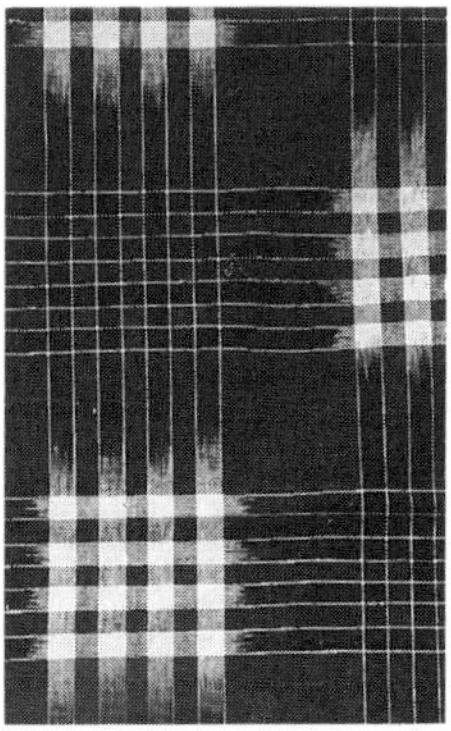

309 縞方眼文　寝具
(伊予，大正期)

風通織（倉吉，昭和期）

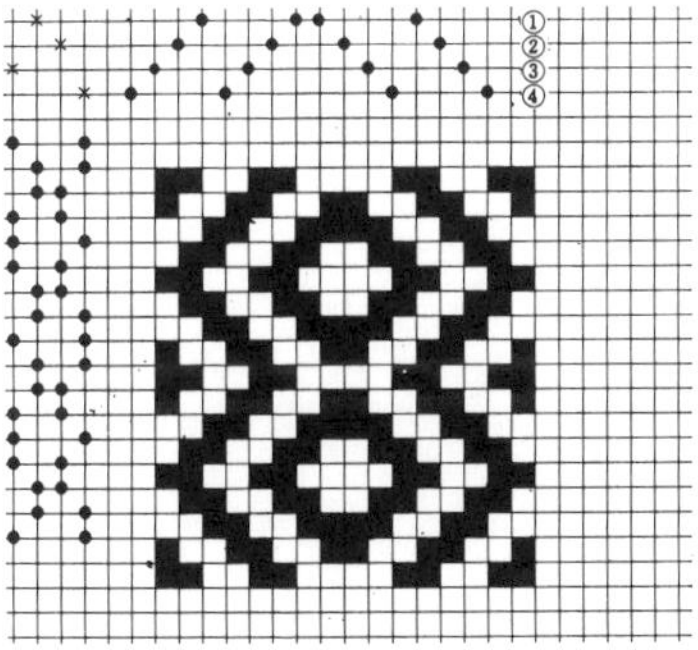

①

②

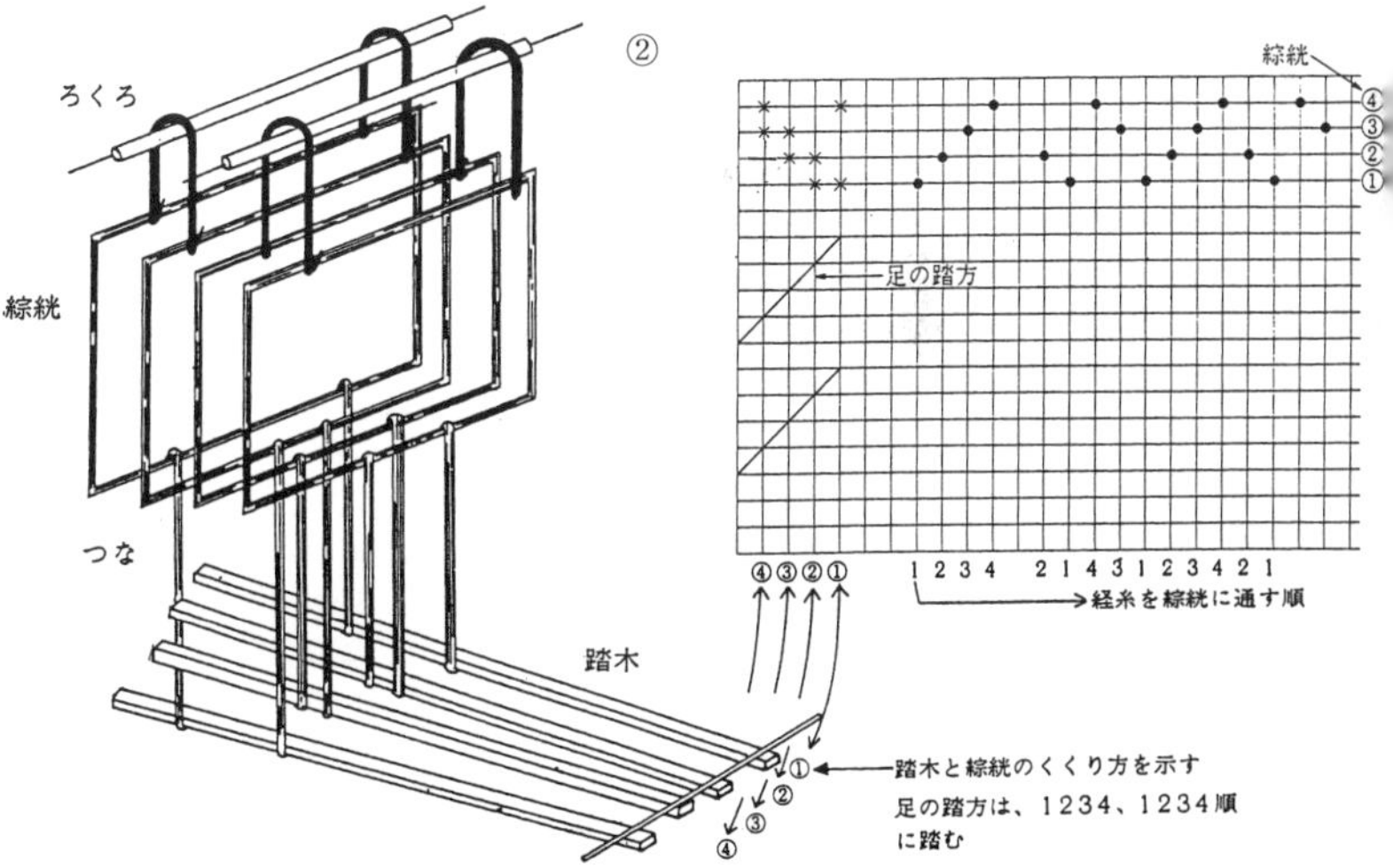

風通織組織図の読み方　①枡織の変形の組織図，②機と組織図の関係（左：綜絖と踏木の図，右：八反織の組織図）

着物用の絣は、並巾に三〜四立の真白い経緯絣の幾何文である（294〜297・302・303図）。寝具は一〜二立の大きさで、四巾構成してはじめてデザインが生きる（298・300図）。特に久留米絣の布団（306図）は市松を積み上げて全面が真白く、紺地に菱形が残されている。

白場の多い絣というのは括りによって白場を作ることで、人の手がかかり、さらに経糸にも同じ図柄が必要になる。経糸と緯糸を重ねる部分が多いほど織手は苦労をする。機の上に流れてくる文様が一ミリもずれず、経糸の垂線に直角に緯糸をのせていくのが経緯絣である。糸と身体と機が一体となり、無心で祈りながら一日一尺（三〇センチ）を織り進めた。女性たちが糸と文様に託して絣に没頭し、織り上げて喜ぶ、こうした経緯絣の秀作は、このようにしてはじめて生まれるのである。

(四) 縞　絣

縞は、経縞、緯稿、経緯縞（格子縞）などがあり、その中で経縞が一番多く製織された。千筋、万筋縞、子持縞、竹縞、棒縞、大名縞、鎌倉間道などの種類がある。

縞と絣を組ませた構成を縞絣と呼んでいる（308図参照）。縞の配色は、地色の紺に濃淡をつけたり、茶色や灰色の組み合わせが多く、なかには黄色（玉葱の皮や刈安の煎汁によって糸染めする）と紺色の調和した縞に絣を規則的に構成したものがある（309図参照）。

縞絣は、江戸末期から昭和初期の着物や寝具文様として全期間に流行するほど、その嗜好性は高く評価されるものである。そして、明治中期ごろまでの縞糸は、天然の草木染めを多く用いているので落ち着いた色相でいや気が起こらない。

㈤ 風通織

風通織《ふうつう》とは、平織の二枚綜絖でなく、四枚綜絖あるいは八枚綜絖という組織織りで、二重織りの一種でもある。綾織・浮《うき》織などの地紋があらわれる織物で、表と裏の組織がいれかえて織られる。したがって、紺糸の間に白糸を計算して入れて織れば一六一ページの図のような枡織、菱織、井桁などの幾何文様の布地となる。これを織絣とよび、明治中期頃山陰地方に流行した。

風通織は、木綿ばかりでなく、絹ものにも取り入れられ、織り手から織り手に伝えられている。その証拠に、「伝書」とか「織物手本」という和綴りの解説書が残されているが、伝書を理解する人は少なくなった。

工程は、普通の絣と異なり、括りが省略されるが、綜絖を四枚〜八枚の中に紺糸と白糸を計算して通し、踏木を踏む足の順番によって文様をつくる方法である。

組織図の読み方については一六一ページの図のようになる。

三 用途別分類

㈠ 着物

着物には、女物長着、男物長着、羽織など幅広い用途がある。江戸末期から明治にかけて絣の着物は外出着として重宝され、家庭着や仕事着は主に縞であった。

310・311図は大正期の小絣の男袷長着物と羽織である。各家庭に備えられ愛用されていたが、昭和三十年代から洋服に移り、正式な場所に羽織を着て出掛けるのは老人のみとなった。

男物着物は、文様に制約を受けながら、女物着物と相互的な関連の下に発展した。文様の中心は、十字、井桁、亀甲などであり、317図のごとく、そろばん絣文や十字が黒く見えるほど密度の高い文様が最高級品といわれ、並巾に九〇立〜一〇〇立の十字や亀甲を配置したのである。

男物着物は袖によって区別し、袖付《つけ》に明きを作らない。長袖は外出用に、鉄砲袖は家庭着に愛用された。並巾に九〇立の十字文は明治中期に製織された青年向きの文様で、老年になるまで着用されたのである。

313図の婦人袷長着物は、明治三十年頃、地機で織り結婚に持参した着物で、新品のまま簞笥に入れていた。紗綾文様一巾六立の手のこんだ絣を手紡糸で織っている。総紺木綿の裏地をつけ、躾《しつけ》糸が付いたままである。袖丈は五九・一センチ、身丈一四三センチ、重量は一二六〇グラムの重い着物である。こうした広衿仕立ての絣は外出着として一番上等品であったようだ。

絣長着物は、外出着として着古して家庭着にしている。袖は筒袖に改良し、衿にビロードの掛衿をかけている（314図）。老女の談話によると、「娘時代の三づり（三段幾何文）は一代着ても破れない」。この証言のように、洗濯にも堅牢であり、娘時代の絣の文様は地味なものが着用されたことがわかる。

明治初期の原糸は、経緯共に手紡糸を使用している。袖は長袖、総紺裏地の仕立である。一般的に文様は地味である。

316図は木綿絣袷長着物の新品である。表裏地ともに手紡糸を使い、虫の巣を追っかけて左右に市松を配したデザインである。昭和四十九年に老女が六一歳の時に譲り受けた。二〇歳の嫁入りに持参したと話しているので、昭和初期に織られている。袖丈は五九センチの長袖で、重量は一三八〇グラムであった。

長着物を数百種類、製織年代毎に文様を比較検討すると、必然的に文様の変遷が解明されてくる。そして、その着物の耐用年数の長さに驚くのである。312・315図の昭和期の着物も白場の多い幾何文様である。時代を経るに従って袖は元禄袖に変わり、派手な絣になっている。

このように、明治末期から大正・昭和にかけての着物文様は幾何文の全盛期を迎え、絵文様は姿を消してなくなり、幾何文の並巾に三立〜四立の派手なものが着用された。また、結婚時に持参した絣の着物が、生涯着用できるほどに婦人の着物柄は定着し、かつ地味で堅牢であったといえる。そして、絣が晴着であり、家庭着でもあって、古くなれば仕事着に廻し、一生涯着用するほどの枚数と量を持参したのである。しかし現代に至って、木綿絣の着物は財産の分与の対象でもなければ、外出着や家庭着でもなくなってしまった。そして、着物の文様の変遷は激しくなり、木綿から柔らかい光沢のある絹や化繊が重宝がられる時代となった。その反面、絹や化繊に着飽きた人々は、手ごわな肌触りの良い木綿絣を求めだした。

①仕事着

明治時代の仕事着は、長着の着古しが廻され、当布のめだつものが使用された。

二部式の仕事着に絣を着用しはじめたのは、昭和初期の頃である。それ以前は下部のもんぺなどは着用せず、長着を腰でからげ、腰巻きを出し、肢に下袢《げはん》を付けた姿が仕事着であった。仕事着といえば縞が代表であったが、大正時代になると当布の多いものが流行し、数種類の絣残布を接ぎ合わせた上着を着用した。このような傾向は炬燵《こたつ》敷や袋物にも流行した。

323図のもんぺは、昭和十八年頃、戦争中の物資の不足時代に単衣長着を改縫して作製したもので、明治中期の単衣文様であるが、モンペに仕替えてもよくマッチし、一枚の長着から上着ともんぺが仕立てられ

311 小絣　袷男羽織
（鳥取県気高町，大正期）

310 小絣　袷男長着物
（鳥取県気高町，大正期）

313 紗綾文　女袷の広衿長着物
一巾６立（鳥取県大栄町，明治30年）

312 幾何虫の巣つなぎ文　単衣女長着物
（鳥取県淀江町，昭和期）

314 (右上)三づり文　着物
(倉吉，明治中期)
315 (右上)経緯幾何文　着物
(鳥取県気高郡鹿野町，昭和初期)
316 (右下)虫の巣追っかけ市松飾り幾何文　袷女長着物
(鳥取県西伯郡中山町，昭和初期)
317 (下)そろばん文　単衣男着物　山本くの作
(鳥取県三朝町，大正期)

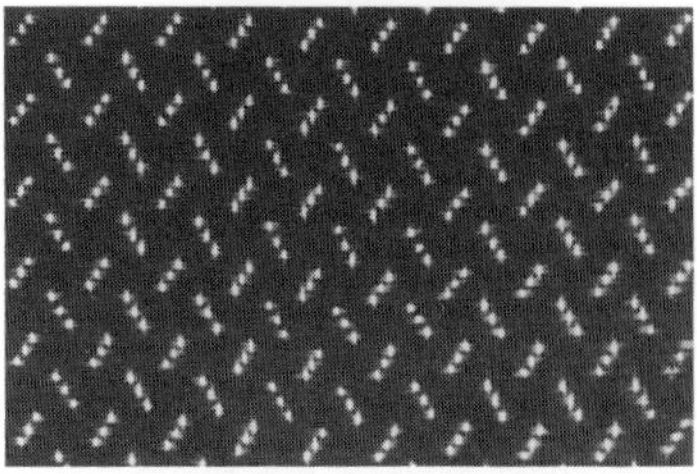

(上図拡大)

319 虫の巣と幾何文　はっぴ
（鳥取県東伯郡大栄町，昭和期）

318 幾何文　はっぴ
（鳥取県淀江町，昭和期）

321 幾何文　洋服上着
（鳥取県淀江町，昭和40年）

320 幾何文　七分
短着物
（倉吉，昭和期）

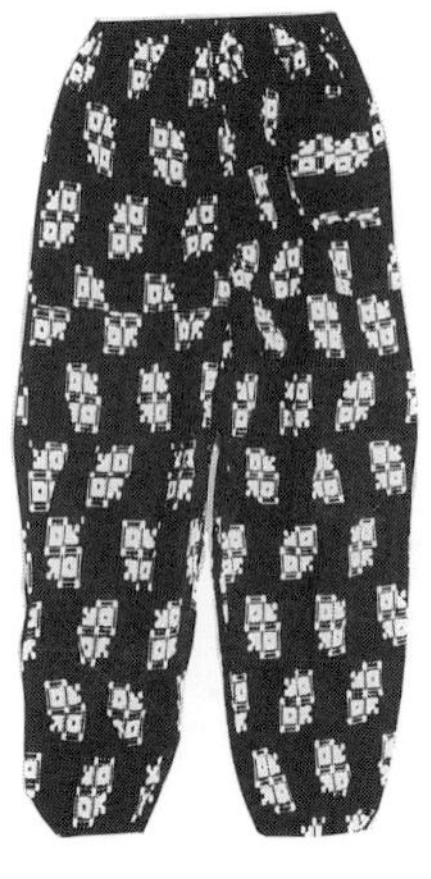

322（右）絣もんぺ（長着物を改縫，鳥取県東伯町，昭和40年）
323（左）輪つなぎ文もんぺ（倉吉，明治中期の着物を改縫，昭和18年）

327 松竹梅文　女児着物（久留米，明治末期）

324 綿入れ袖なし
（鳥取，昭和期）

328 麻絣女児長着物
（鳥取県気高町，大正期）

325 綿入れ袖なし
（鳥取県淀江町，昭和期）

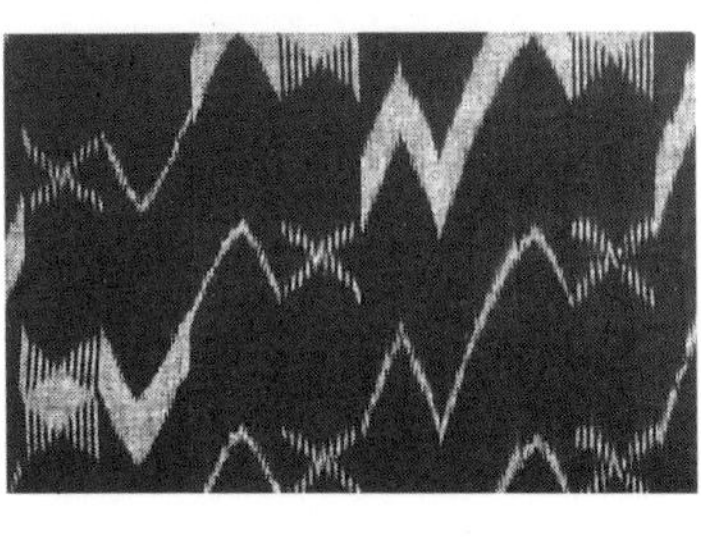

326 ジグザグ文　湯巻
（備後，明治中期）

331 牡丹文　敷布団　一巾1立　上拡大
（鳥取県大山町，明治初期）

332 子持ち井桁と海老文　寝具
（倉吉，明治期）

329 男児着物　四つ身袷
（倉吉，昭和期）

330 幾何文　女児着物
（倉吉，大正〜昭和期）

334 幾何文　夜着綿入（倉吉，昭和期）

333 追っかけ矢絣　夜着
（鳥取県羽合町，大正期）

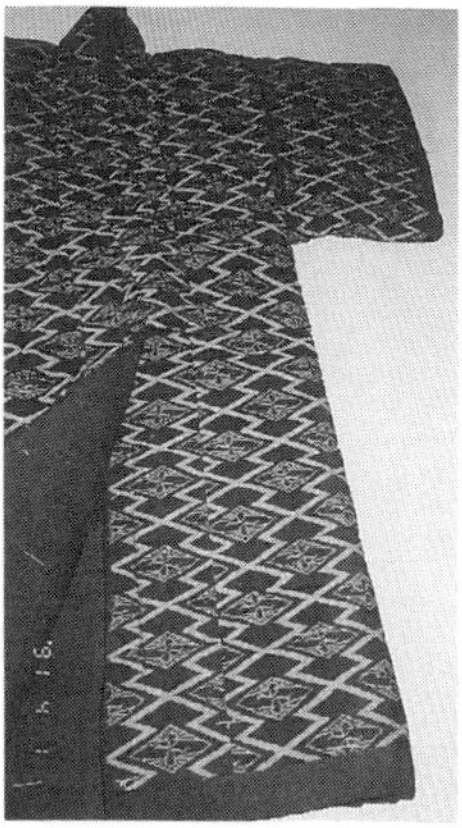

336 松皮菱に向かい鶴文　夜着綿入
（倉吉，明治中期）

335 幾何文　夜着綿入
（鳥取県西伯郡，昭和初期）

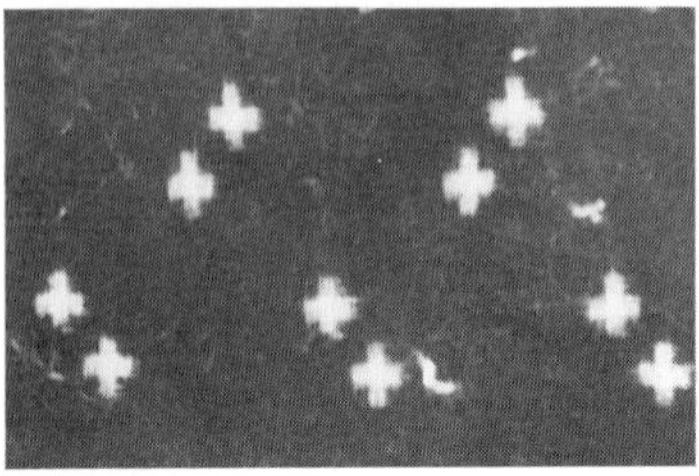

337 十字追っかけ文（経緯絣） 夜着
（鳥取県中山町，明治後期）

339 子守着（鳥取県米子町，昭和初期）

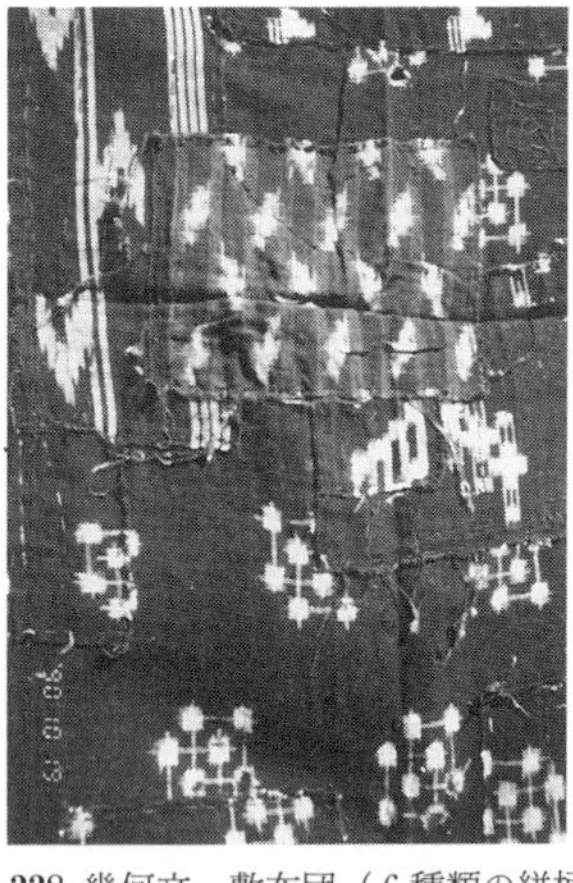

338 幾何文 敷布団（6種類の絣柄を当てる，倉吉，昭和期）

342 絣雑巾
（倉吉，昭和中期）

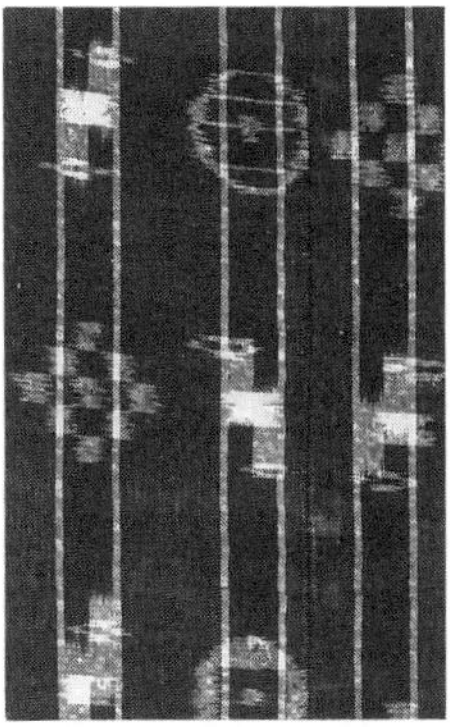

341 市松，丸文　風呂敷
（鳥取県中山町，大正期）

340 麻の葉文　外被部分
斜のはぎ合せで作る
（鳥取県淀江町，明治期）

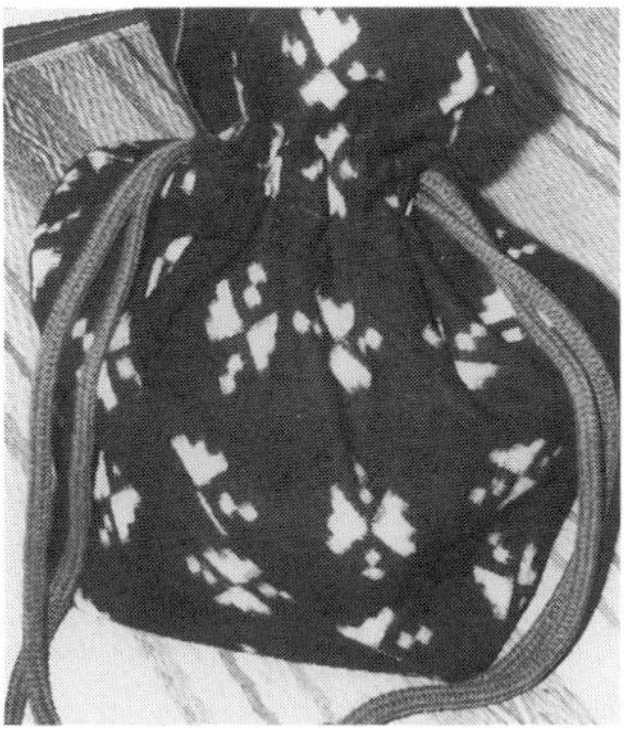

344 袋（鳥取県青谷町，平成10年）

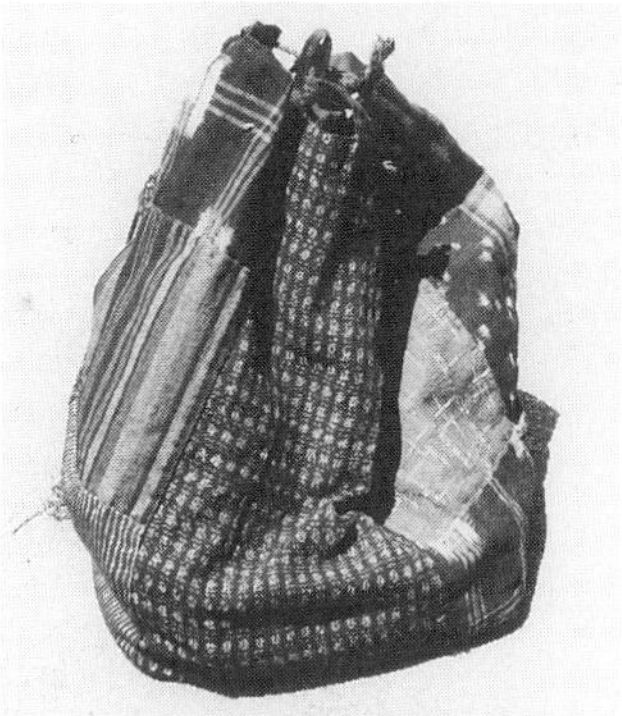

343 袋（18種類の絣縞を縫合，
鳥取県気高郡，大正期）

た。これは直線裁ちの和服の長所である。

腰紐は、後より前側を長くし、脇明を大きく明け、さらに股上を長く仕立てている。股下には、大きいマチを入れ、長着が自由に腰でからげられる便宜を考えた仕立てである。このもんぺの流行によって、水田作業以外は、下衶の使用はみられなくなった。

320図の女性用仕事着は七分丈である。袖は筒袖で手動作業の機能性を考慮している。長着物の裾をからげた仕事着から順次短くなり、腰切りはっぴに変わり洋服になった。着物を解いて絣の洋服に仕立て変える流行は昭和四〇〜五〇年代のことである（321図）。その後は既製品のブラウスが取って変わった。もんぺも同じように絣の長着物を更正した絣もんぺが流行したが、今では誰も穿いていない（322・323図）。

321図の絣洋服は、元は布団絣である。昭和中期に和装から洋装に変わると柄行きが急に派手になり、布団絣を身につけた。布団の絵文様も現代にマッチしている。

319図のはっぴは何度も縫製しかえて前身ごろが抜けたところを別布にしている。

324・325図の袖なしは、家庭着としても仕事着にも重要な役割がある。背負い荷の背当に使い、寒さから身体を守るため、着脱の便利な袖なしは重宝された。

②下　着

絣の下着には、襦袢《じゆばん》と湯巻《ゆまき》をあげることができる。湯巻は、下着としての役目よりも、長着との調和を考慮した。長着を七分にからげて下から湯巻を出した着装であり、湯巻には多様性に富む文様が製織された。湯巻は、現在の洋服のスカート的役割を持っていたようなもので、上着との相関関係を保つ重要な被服であった。

明治年間の庶民の着装の二段形式（長着をからげて湯巻を一尺くらい見せる着方）において湯巻は大切な役割を持っていた。したがって、幾何文や経絣、絵画文様、縞などに彩色をほどこし個性のあるものを着用していた。

326図は備後絣の湯巻であり、同地方の絣文様の線の美しさをよく表現している。山陰地方の湯巻には縞絣が多く、紺色にコントラストをつけた縞と緯絣である。

そして、どの産地にも共通していえることだが、湯巻文様には特別の祝儀、鶴亀文は見当たらない。襦袢の胴身頃に梅花文様を使用していたものがあり、袖や衿は別布で仕立てられ、襦袢のみで外出用によく用いられたといわれる。

③ 子ども用長着

328図は麻絣で、竹にふくら雀の文様の夏衣としての女児用着物である。男女児共、和服ばかりの生活であった明治・大正・昭和初期には、絣の着物は上等品として重宝がられていた。

330図の着物は女児用一つ身の単衣である。また、327図は久留米絣の外出用四つ身の着物である。袖は長袖で五つ紋が織り出された高級品で、明治末期の作品である。文様は松竹梅に紅色を彩色した女性らしいアイデアが取り入れられ、成長を祝って作られている。

男児用長着は、幾何文の井桁、十字を基調として変化させたもの、四角形のつなぎ文様が多く用いられ、並巾に四〜五立くらいの文様の配置で袖を筒袖仕立てにしている。四季によって文様の変化などはなく、夏場は単衣、春秋は袷仕立てにし、冬場は綿入れ仕立てにして着用させた（329図）。

㈡ 寝具

明治初期の寝具文様は、並巾に一立という緯絣の絵画が多く使用されていた（331図）。明治中期に入ると、絵画文の上下に幾何文を配置する構成となり、さらに進歩して連続幾何文などが流行した（336図）。後期頃は幾何文と絵画文を左右に配置する二立構成になり、次第に真白い経緯の幾何文だけの文様に変遷している（335図）。

寝具は、結婚時に新調するものの、大部分に祝儀文様、特に鶴亀を取り入れたり、自家を誇張する紋章を文様に取り入れている。

寝具の大きさについて触れると、明治年間のものは非常に幅や丈の寸法が短い。特に山陰のものについて調査すると、敷布団は、二・五巾～三巾（八七～一〇五センチ）内のものが多く、上掛布団も、三巾～四巾（一〇五～一四五センチ）に袘《ふき》を付けたものである。古老たちは、小さい方が綿の節約などで経済的としているが、一番感動したのは、足を布団の外に出して睡眠すると健康的になによりの方法であったからだ、と語っていることである。

久留米地方の布団は、山陰ほど小さくなく、上掛布団も五巾構成（一七八センチ）が多く使用されている。地域の習慣も推測されるのだが、九州と中国地方の被服文化の進展の程度を表わすものでもある。

山陰地方では、別名夜着とも呼ぶもので、表用布は一反分を使用した綿入れ布団を使用している。中布団であるが、就寝時のほか夜着を兼ねて防寒の役割をし、保温効果をあげている。一人ずつ着用して寝たのであるが、縫製上困難である関係で現在は使用しなくなった。また老女の談話によると、結婚に持参する布団を絣で作る家庭は裕福であり、普通は縞を使っていたという。

口絵の絵絣夜着は鳥取県岩美郡・勝山照さんが明治中期の結婚（鳥取県佐治谷村中谷家）の際に持参したもので、鳥取城主の紋所である揚羽蝶の文様がデザインされ、中を家紋に織り出している。それを昭和二十二年の婚礼に孫にあたる恵子さんが倉吉に持参された。一世紀にわたる絣の夜着を手に触れながら、どっしりと重い暖かさに心も豊かになることを知った。木綿絣が最高級品といわれるのは、使えば使うほど美しくなり、古くなるほど味のある藍の布に変わることである。太陽にあてると藍の香りがする。虫はつかず長持ちがした。そして、私はこの布団文様を現在の着物文様に模倣している。それは現代の絣の嗜好性が大きい絵画的な文様を好みだしたことによる。

338図は敷布団の絣の部分である。この図版の中でも六種類の補強小布を当て、絣のパッチワークの布団となっている。これは昭和初期の衣料不足を乗り切った生活をよく表わしている。収集当初の私は新品の絣文様ばかりを選んで標本を作っており、庶民の生活をふまえた絣、ほんものを忘れていたことに気づかされた。

㈢ 外　被

外被とは江戸時代のひきまわしや外套マントなどである。子守着あるいは子負着と呼ぶ子どもを背負った時に羽織るものも外被に含まれている。子守着の一般の形態は、着物の七分丈くらいの長さで、冬季用は袖のある綿入れ仕立てとし、春秋用は袷仕立てに、普段着は袖なしである。

339図は、昭和初期のものであるが、中柄の幾何文を多く取り入れている。一家に一枚の子守着は保存されていて、兄弟全部が着用しても耐久力のあるほど絣は強かった、と古老は語っている。

340図は、明治期のひきまわし、丸合羽で絣の部分だ。袖はなく、裾が広く、外被として使用された。斜線のはぎ合せがそのことを物語っている。ひきまわしの用布は約四メートルを四等分して丈として並巾を斜に切り、首回りを詰め裾を広く縫合して作る。蓑の他に絣のひきまわしを持つというのは、一般庶民ではなく、大庄屋、士族、家老級の人であったと古老は語っている。文様は麻の葉文の連続構成からなる高級なもので、特例である。一般に連続構成文様が流行するのは明治に入ってからのことである。

(四) 袋物と風呂敷

343図は在来の縞と絣で縫い合わせた袋である。

袋物では、米袋が一番多く用いられ、一家に二〜三個は備えつけられていた。祝米を持ち運ぶ外出用と普段用の袋とに分けられていて、結び紐などによっても区別された。また、数種類の絣布を接ぎ合わせたものや、風通織りにした絹の袋など、さまざまなアイデアで仕立てられている。

山陰地方には今でも冠婚葬祭には袋米を持参する風習が残されているが、袋物の品評会でもあった。344図は最近流行の袋で、着物を解いて作り愛用しているようだ。

風呂敷は、布団と同様に、結婚時に新調して花嫁が持参する風習が残っている。風呂敷には、大、中、小の三段階があり、三枚組み合わせて持参する人もいた。大風呂敷とは四巾（並巾四枚を縫製したもの）の広さであり、中風呂敷は三巾、小風呂敷は二巾という大きさである。348図の大風呂敷は久留米絣の魅力ある逸品である。

山陰地方の倉吉市内では、結婚時の風呂敷に紋章を取り入れて持参した人が九九％いたことが調査によってわかった（昭和四十二年著者調査によるもの、調査人員一一四〇名のうち、明治・大正年間に結婚した女性の解答一〇三五名）。

紋章の取り入れ方は染織《そめお》りによる他に、絣の場合は幾何文様が多く用いられた。明治末期の作品で三巾構成の中風呂敷に藍返しをしたものがある。風呂敷は汚染がめだつ関係で、藍返しにすれば汚れがめだたぬので趣向をこらしたようだ。

小風呂敷は、現在のハンドバックの役目を果たし、手に提げて用いたようである（341図）。

その他には絣雑巾を刺し縫いしている。布の破損箇所を中に入れて木綿糸で縫っている。こうした絣が雑巾になる昭和中期は衣料が豊かになり絣を廃棄する家庭が増えていた。そして家庭の掃除用具に最新の機器が出現し、雑巾を使わなくなり、何もかも処分する風潮になった（342図）。

四　地域別分類

(一)　久留米絣

久留米絣は、産地によって文様の特徴を持ち、八女地方では小柄、三潴地方は大柄の城、軍艦などの絵画文、三井地方は黒中絣という黒っぽい中柄の絣が生産されたといわれている。

この項では簡単に久留米絣の代表的なものを取り上げて説明することにする。345図の建造文は五巾構成による大胆な文様で、経緯絣に浅黄の彩色をほどこした立派なものである。また大正時代の着物で線と円文も経緯のドーナツ円にしている。円曲線を経緯真白に表現するのは困難である。

一般的にいって、全地域とも技術精度は抜群に秀でたもので、絵画文も幾何文も両者共に人間の最大限の努力の結晶なるものを感じる。いい方をかえれば、知性の滲み出た無限の美しさであるともいえる。

産地をあらわすもので、鹿児島本線が肥薩線経由であった時代の九州地図を五巾構成に仕上げた珍しい絣で、本村合名会社が久留米絣産地を宣伝した布団絣もある（347図参照）。348図の風呂敷は、四巾縫合により二重枡を織り出している。風呂敷の額縁内は菊花の文様を配置し、紺に濃淡をつけ、高度な技術で大胆に表わしている。このような大風呂敷は包んで背負った時の後ろ姿をも考慮に入れて文様が配置されているのである。

350図の高砂文様は四巾縫合した布団で、久留米絣の代表である。この絵文様は四巾ともにデザインが異なり、左右対称も上下対称もない。地から天に織り上げで四枚の構図、経緯絣が合致することで出来上がる。したがって同じ絵柄を繰り返し織る（絣では絵糸を束ねて括る工程）ことはなく一度限りである。しかし緯糸一八番単糸は細かく撚れて切れやすく、一本の糸のみを括ることはしない（最低三〇本、最高六〇本は同パターン）。高砂文様の絣糸はこうしてできる。概算すると、この布団一枚分には一五センチの長さの図柄の違う絣糸五〇本（織り縮む）が必要になる。したがって経糸も緯糸が重なる部分を防染する。このように気の遠くなるような工程を、絣計算によって糸を括り染めて準備し、それを織り上げている至上の作品である。また351図のえびす顔面入り幾何文と牡丹唐獅子文は精緻な表現に眺めていて胸が熱くなる。

(二) 伊予絣

伊予絣の特長は、文様の秀美なデザイン化が卓越している点である。伊予絣の大胆な手法と、琉球絣の線文様をミックスさせ、南方方面の絣を感じさせる。

建造物の項で述べたとおり、久留米絣の城と伊予絣の城を並べて比較してみると、久留米の城は経緯モザイクを積み上げた幾何文であり、伊予の城は緯絣の写生的デザインに雪松と屋根や、松の中に引かれた線がおもしろく取り入れられている。その他、竹と鳥、花器、菱線、布袋文、唐獅子の頭、達磨文、花菱入り昇降の雨竜と鶴亀文など、絵画文様の中に部分的に採択した線がデザインの効果を一段と高め、特異な文様であることがいえる。地質は多少薄く、大衆向きであった。

352図の枡飾りと宝袋文様は、松山市の山内恒男の所蔵した伊予絣である。松山市を訪問し絣資料の説明を受け、学ばせてもらった。撮影のときに、あまりにも構図が大胆なことに手元が震えて仕方がなかった思い出がある。

355図の子持枡の中に海老を配し、酒作りの夫婦と宝壺の大作がある。この伊予絣は人物の表情と動作まで鮮明に織られていて、酒作りの情景が目に浮かび、絵画を鑑賞するようである。

359図の幾何文様と輪つなぎは、四角形と円形の上下配置の繰り返しで、文様全体から権威がにじみ出た感じだ。線に強弱があり、経糸と緯糸の重なりの配慮など新しい領域への挑戦であろう。

㈢ 備後絣

備後の鶴亀文様は久留米、伊予、山陰にみられぬ、おもしろいデザインである（364〜366図）。そして備後絣の線の構成美に特異な感じを受けるのであるが、琉球絣の影響と、先進地の久留米、伊予絣の模倣が、あのように備後独特の抽象的文様に発展したのだと推察される（367図）。

備後絣は、伊予のパターンに近いところもあるが、一般的に全体の構成が伊予よりは単純で経絣がよく発達しているようである（二〇六ページ30図）。

特に、糸の番手や地質の品質差を問われるのであるが、何はともあれ、文様が優劣を勝負するように感じさせる。それは、戦後の備後絣が、経絣を単純な線に崩すことに成功し、緯糸を抽象的に散らせて、多

346 寿文　寝具
（久留米，明治後期）

345 建造文　寝具
（久留米，明治期）

348 大風呂敷
（久留米，明治後期）

347 九州地図文　寝具
（久留米，明治末期）

349 花入り菱幾何文　寝具　一巾１立
（久留米，明治期）

352 枡と宝袋文　寝具　四巾
（伊予，明治後期）

350 高砂文　寝具（久留米，明治末期）

353 雪輪に石持ち笹文
寝具（伊予，明治中期）

（右図の一部を拡大）

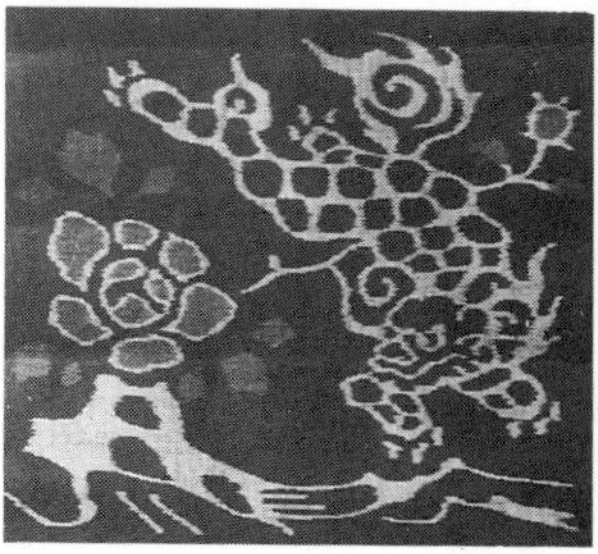

351 えびす顔面入り幾何文と牡丹唐獅子文　寝具（久留米，明治末期）

356 梅鉢と幾何文　寝具
（伊予，明治期）

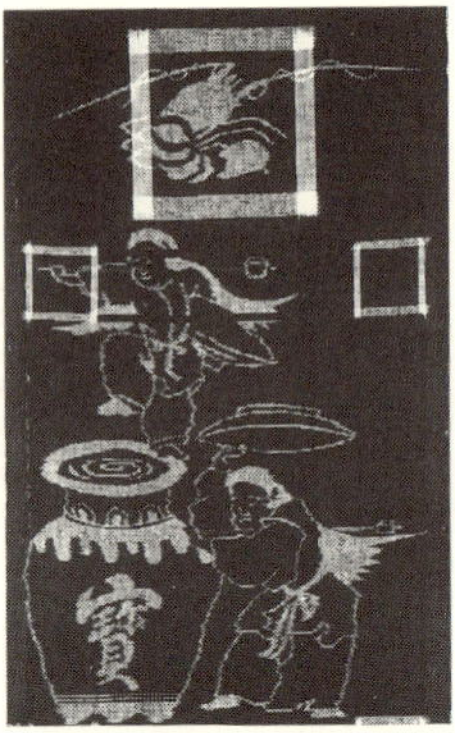

355 子持ち枡に海老と酒作り夫婦文 寝具（伊予，明治中期）

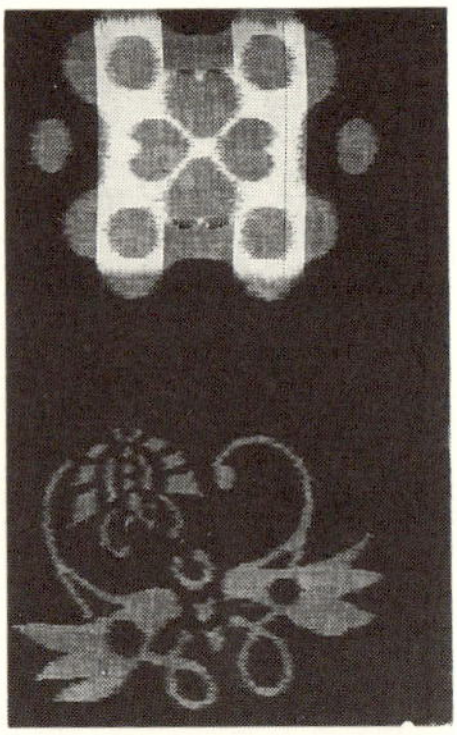

354 花入り幾何と向かい蝶文　寝具（伊予，明治中期）

359 幾何と輪つなぎ文
寝具（伊予，明治中期）

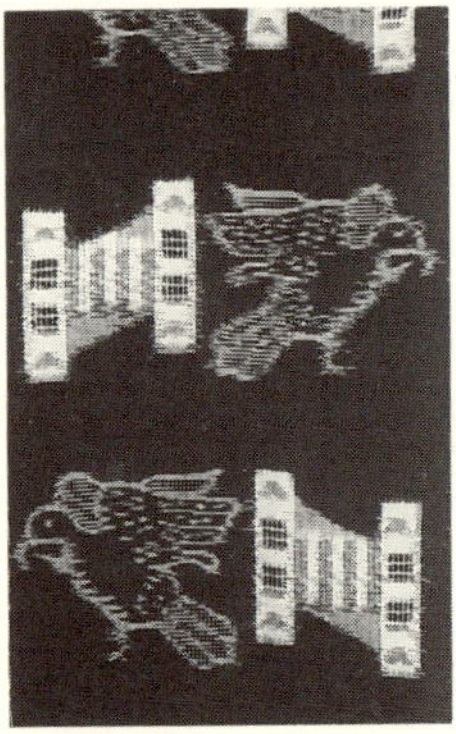

358 幾何と鷹文　寝具
（伊予，明治後期）

357 幾何と瓶文　寝具
（伊予，明治中期）

361 唐獅子文　寝具
（伊予，明治後期）

360 碁盤と蝶文　寝具
（伊予，明治初期）

364 幾何に鶴亀松文　寝具
（備後，明治後期）

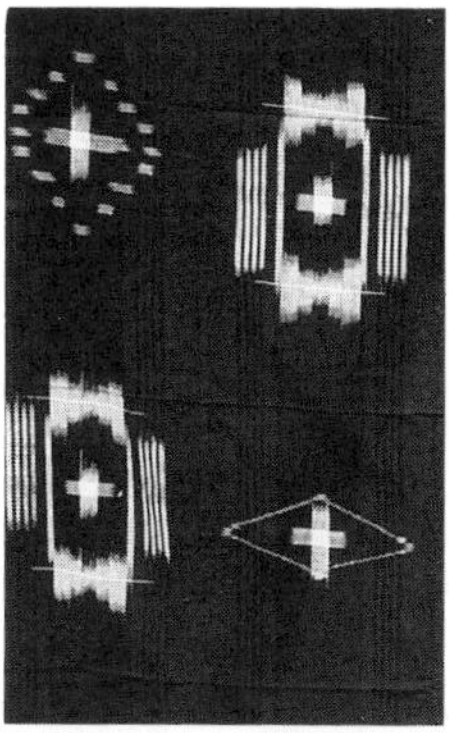

363 変わり十字幾何文
寝具（伊予，大正期）

362 経絣　寝具
（伊予，大正期）

366 亀文　寝具（備後，明治中期）

365 文字と鶴に松文　寝具
（備後，明治中期）

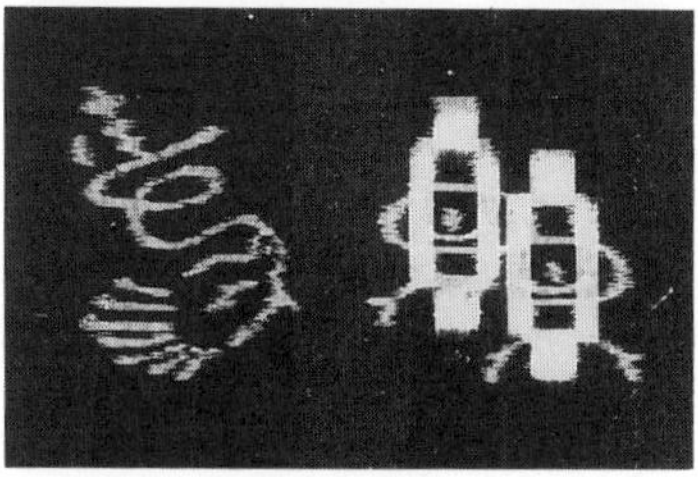

368 虫の巣に寿文字喰い亀文
寝具（備後，明治後期）

367 ジグザグ亀甲文　寝具
（備後，明治中期）

371 幾何文　着物
（備後，昭和30年）

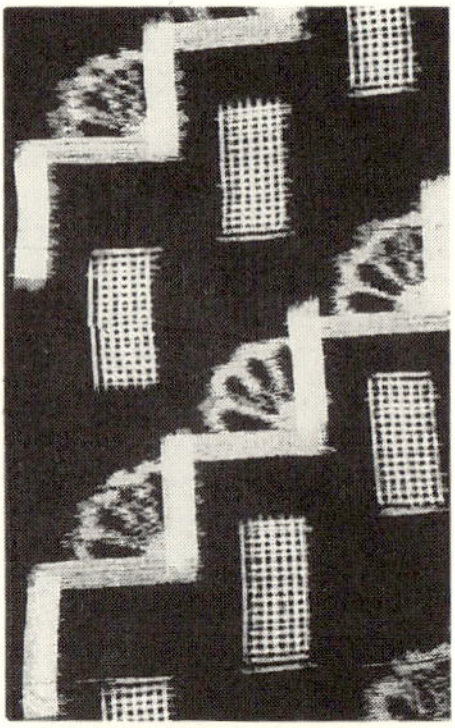

370 上り道に菊花文　寝具
（備後，大正期）

369 井桁に鶴文　寝具
（備後，明治後期）

374 松竹に寿文字喰い亀文
寝具（倉吉，明治初期）

373 海老に三方と竹に虎文
寝具（倉吉，明治中期）

372 唐草入り七宝花菱文
寝具（倉吉，明治中期）

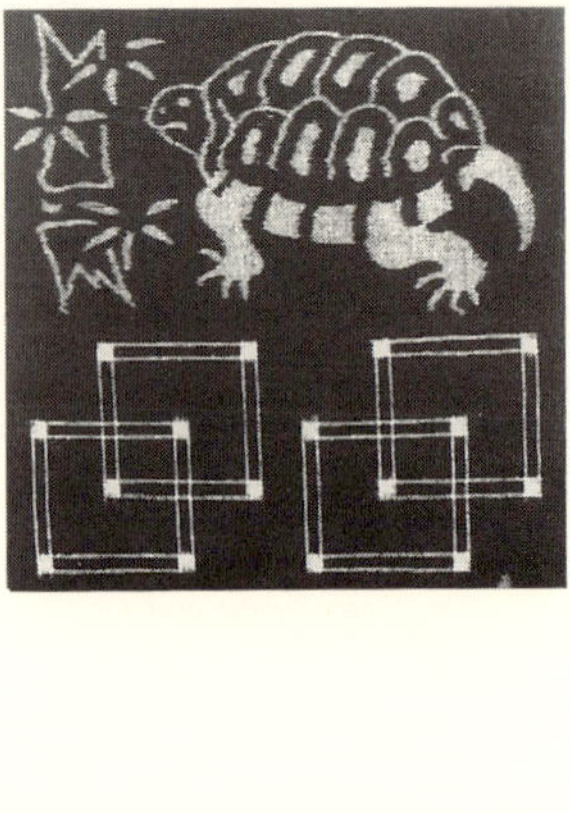

376 枡違いと亀文　寝具
（倉吉、明治後期）

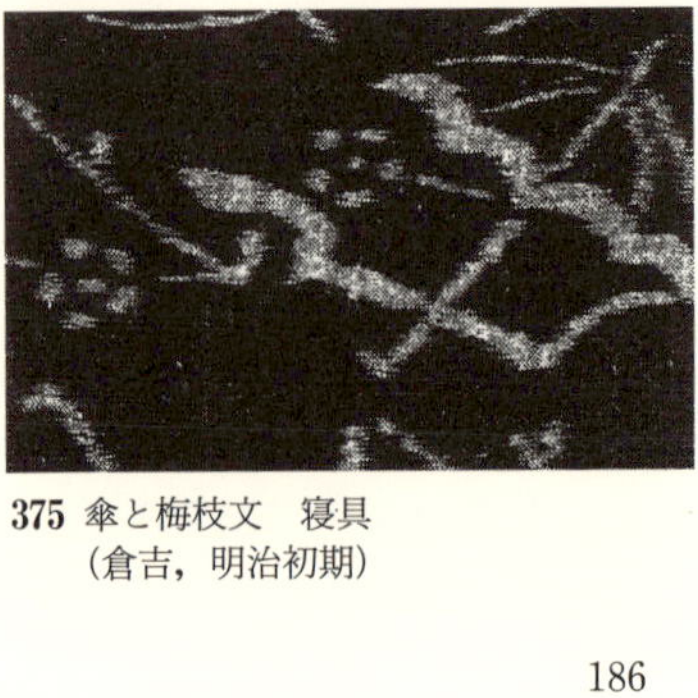

375 傘と梅枝文　寝具
（倉吉，明治初期）

379 菊花入り立涌文　夜着
（倉吉，明治中期）

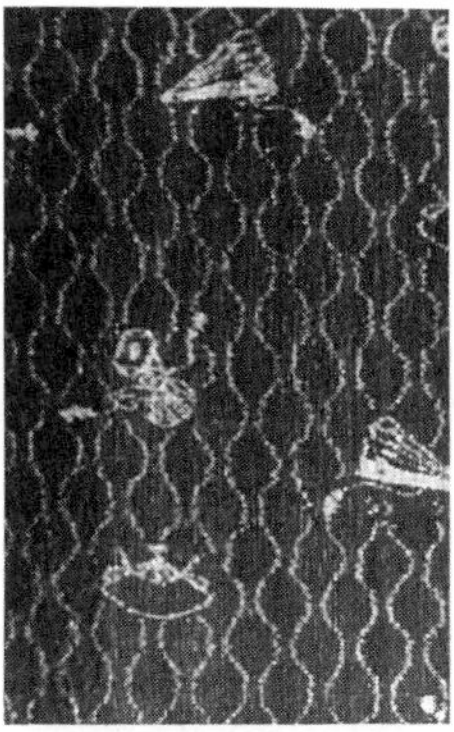

378 扇，小鼓入り立涌文
着物（弓浜，明治後期）

377 輪つなぎ文　寝具
（倉吉，明治中期）

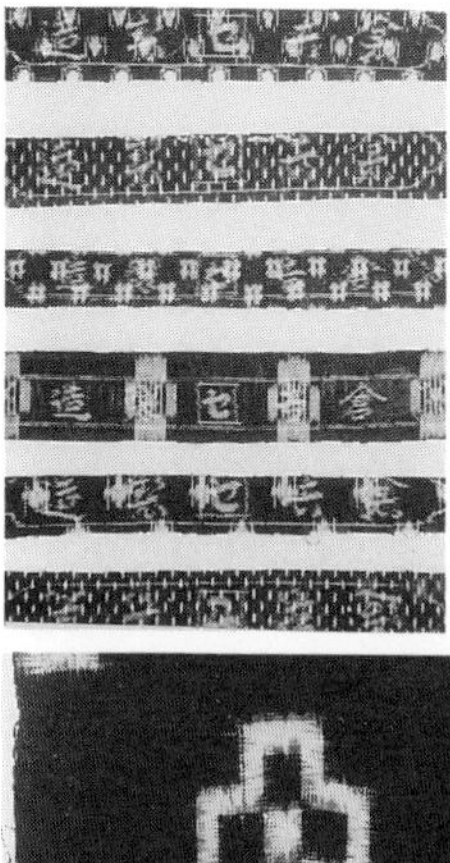

381 鐖何と鯉文　寝具
（倉吉，明治後期）

380 枡二重入り幾何文
寝具（倉吉，明治期）

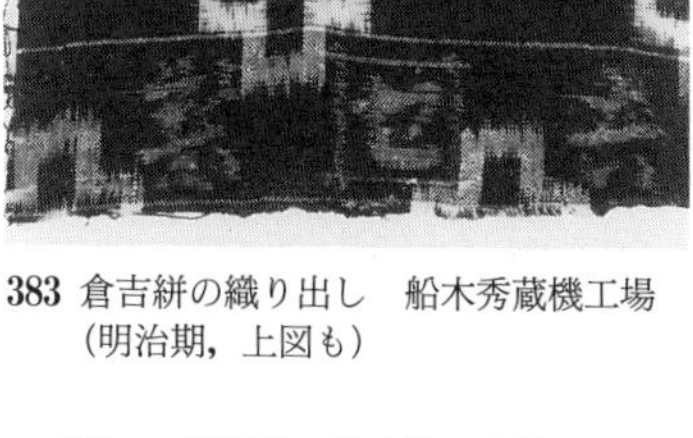

383 倉吉絣の織り出し　船木秀蔵機工場
（明治期，上図も）

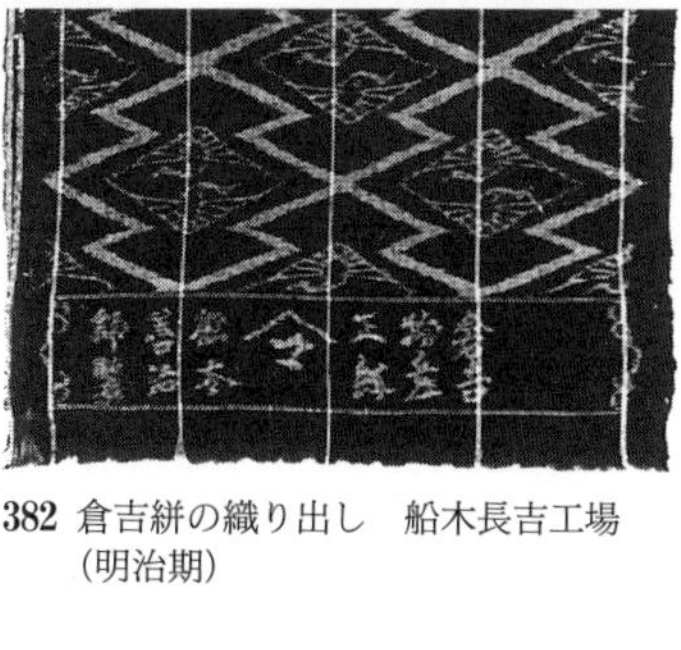

382 倉吉絣の織り出し　船木長吉工場
（明治期）

385 桜と鼓文　着物（倉吉，大正期）

384 虫の巣文　寝具（倉吉，大正期）

387 幾何文　寝具（広瀬，大正期）

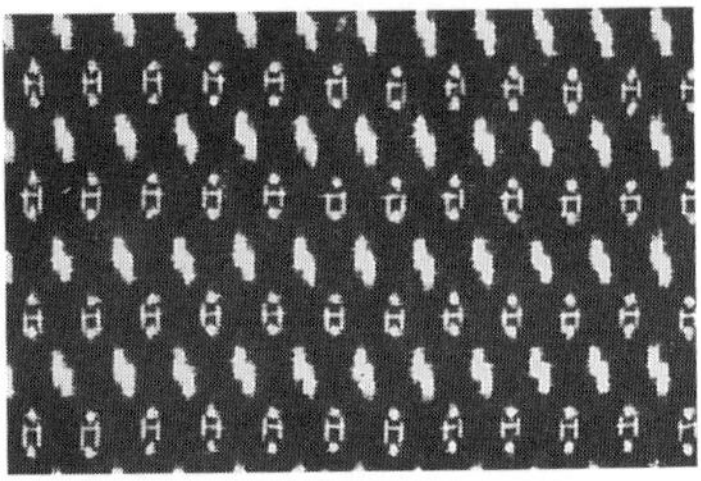

386 幾何文　着物（倉吉，大正期）

389 家紋入り松に鷹文　寝具
（弓浜，明治中期）

388 弁慶と牛若丸の物語文
（広瀬，大正期）

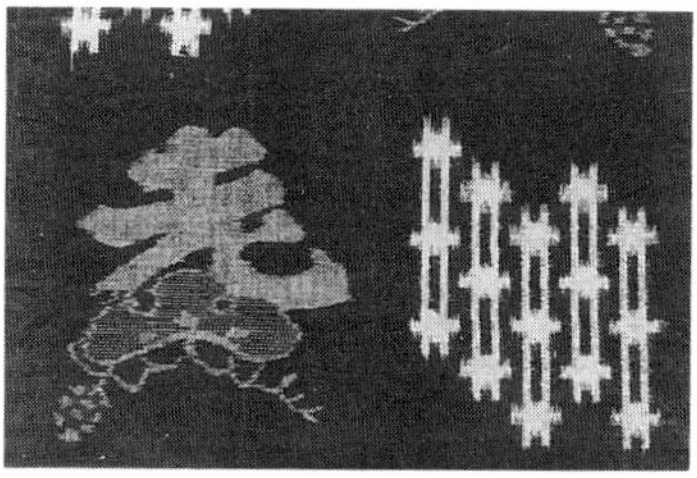

391 幾何と老松文　寝具
（広瀬，明治後期）

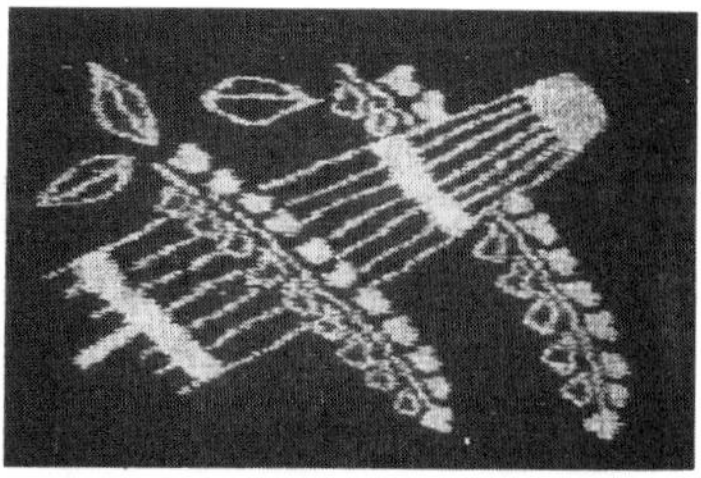

390 藤と傘文　寝具（弓浜，明治後期）

392 寺院に人物文　寝具
（広瀬，明治後期）

種類の色を部分的に彩色した点が急速に名声を高め、販路を拡張した原因の一つであろうと思われる。備後絣は井桁が多くみられる。369図の布団も縞と井桁を組ませ、その中に鶴を織り出している。全体によく調和したデザインである。

(四) 山陰の絣

山陰地方に絣着物姿はすっかり見られなくなった。ときに老人の仕事はっぴ姿を見ると立ち止まってしばらく眺める。そんな中で次の新聞記事が印象的だった。一九九〇年五月の『朝日新聞』に、県内の茶畑で一番茶を摘み取る九人の娘さんが絣の着物に襷《たすき》を掛けている写真が掲載された。半巾の帯をしめ、昔の前掛けをつけての作業中である。「お茶の宣伝」のためのやらせかとも思ったが、しかしこんな風景はふるさとの宝であり、お茶の手摘みとともになつかしい絣着物は伝承したいものだ。

さて、山陰地方の絣は、広瀬、弓浜、倉吉の三地区をあげることができる。三地方の絣には多少の違いや特長はあるが、他の項で述べることにして、一般的に分類していえることは、描写文様から一歩進んでデザイン化されていない点である。繊細な文様を神経こまかく細部にわたって表現しているが、糸のかすれやデザインの研究不足が感じられる。

山陰人は、人間が正直で丁寧かつ質素であったことも見逃せない。最高度に風景や絵画の模写に秀抜であったともいえる。しかし、文様や色調の嗜好性に保守的な面があり、飛躍に欠けていた点もあげられる。地質の厚い、いいかえれば組織密度の高い織物を継続していた点は、手織り本来の姿であり理想的なことで、時代の要求に受け入れられなくとも尊い織物を残してくれたものと思っている。文字絣と絵文様の組み合わせも多く、なかには寿文字を亀が咥えているものもある(374図)。また同じく備後絣(237図)も鶴が文字を咥えているがデザイン化されて単純である。

377・378図の輪つなぎと立涌文様は、明治中期から後期に流行した連続文様である。緯糸だけの暗い絣である。明治後期から大正期には幾何文様と組ませて経緯絣が発達し、明るいデザインになる。特に弓浜絣と広瀬絣には秀作がある。388図の弁慶と牛若丸の物語文様など、経緯絣で表現している。人物文様は広瀬絣の特長であるが、他産地に真似のできない作品と大柄を好んでいたことである。そして、幾何文様（387図）も矢羽根を回転させるようなデザインが、印版を押したように鮮やかで正確に織り出されている。

今まで述べたとおり、絣文様はその時代の社会情勢や政治、経済、文化をよく現わすとともに、その土地の過酷な風土と伝統や人間の個性までも如実に物語っている。

西日本の絣産地でも、九州と四国の文様には、それぞれ独特の特徴があり、中国地方でも、中国山脈を境に、山陽と山陰地方では変わった文様が生まれている。

そこで次章では、久留米、伊予、備後、山陰地方の絣文様について、その変遷と特徴の大綱を述べてみたい。

第四章　絣文様の変遷と特徴

一　久留米絣文様の移り変わり

江戸末期から明治初期

久留米絣の初期の文様は第一章で述べたとおり、不定形の大小の白点文様で、「霜降り」および「お伝絣」と呼称されていた。これらの文様は、経糸の中に見られる、自然発生的な斑点文であった。それが定形の十字、井桁、菱絣に進歩し、一方では、絵図台の完成によって、絵絣が製織された。布団絣には写実風の動植物文様がよく流行し、絵文様の上下には幾何文様を配置する構成が多かった。

久留米絣は、幾何文様の発達が著しく、1図のような重ね井桁や、石畳と線文、重ね枡に亀甲文の文様が織り出されている。初期の絣は山陰地方では絵文様の構成がみられたとすると、久留米絣は幾何文様の構成であったといえる。

明治中期

明治十三年、久留米の斎藤藤助による織貫《おりぬき》機器（糸を括る機器）の考案で、幾何文様の小柄の各種類が括れるようになり、絣文様界に一大変革をもたらした。手括りから急に数倍の速度で括れる機械括りの導入により、絣産業は一大躍進をとげた。

先進地の琉球絣、大和絣のパターンを導入しながら、初期の絣より白場の面積の比率が大きい、複雑な文様に変遷していった。

日清戦争後は好況を呈して、戦勝に関する文様が生まれた。

四巾構成文様の布団に、城、汽船などが取り入れられ、戦後の好況を偲ばせる。また、生活の中のあらゆるものをデザインした文様がこの中期に行なわれた。女物の着物は霜降り、あられなどの小柄が用いられ、男物には亀甲、十字、井桁を基調にした小柄が製織された。この頃までは高機による製織が続いた。
染色は、藍染色を中心に、藍の濃淡を部分的に挿入した浅黄とか、濃紺で変化をみせたものがある。

明治後期

明治後期の文様は、何といっても、戦勝文様をあげることができる。他の産地に例のない大胆な幾何文様である。

日露戦争後の好況期が影響して、「大日本帝国、軍艦富士」、「桜の花と三勇士」などの戦争に関する文様が流行した。

中期に四巾構成の汽船文様が、後期には五巾構成の文様になり、幾何文の精緻さをよく表現している（11図）。

「大祝文字入り十字井桁に石畳文」（9図）は、幾何文と文字を組ませた最高といえる構成である。これも戦後の情勢を如実に物語り、あか抜けした経緯絣の真白い文様である。

後期の染色は、混合藍の染色に、直接染料（黄、赤、茶）を部分的に挿入したものが流行した。花弁を赤くしたり、蝶を黄色に染めたりしたもので、紺と白の絣から脱して、明るい配色を好んできたようすがうかがえる。

布団絣は、並巾に一つの大柄か、連続構成する文様が多く使用され、幾何文様が主であった。着物は、最高に小さい小絣が流行し、十字、井桁、亀甲の相中《あいちゅう》絣が製織された。男物は、刑務所に委託加工した九〇立（並巾に文様が九〇個ある）の小絣が流行し、白場の大きい幾何文様に変遷した。

しかし、絵文様にも変化に富む文様が生まれ、「高砂のおきな」（第三章350図参照）のようなものがある。おきなは四巾構成に仕立てた布団文様であるが、老松の中に、枯葉を連想させるのか、茶色の挿入の部分や、青緑の部分的な色の挿入がある。おきなの着物にも、その文様の色に変化をつけていて、衿とか裾廻りのデザインの感覚は、技術的に抜群なものを持っている。このような複雑な文様に色を変化させて構成したものは、久留米絣の中でも最高級の品であろう。

大正時代から昭和四〇年ごろ

大正時代から昭和初期にかけての久留米絣の発展はめざましく、産額は年間約九〇〇〇万円（大正十四年）にのぼり、従業員も五万八〇〇〇人に達した。しかし、産業としての飛躍的前進と、技術面や文様面の発展とは比例していかない。したがって、依然として、後期の小柄や亀甲とか十字の相中絣であった。

昭和初期には、大島調の渦巻絣や、白中絣（並巾に三～四個の文様）の白場の多いものが流行した。また、幾何文のつなぎ文様、円形、三角形などのパターンも生まれた（16・17・18図）。

色彩も次第に明快感が好まれるようになり、地質も薄地が要求されてきて、薄い色絣が多く生産されるようになった。

第二次世界大戦の影響により絣生産は廃止となるが、昭和二〇年代の戦後には、また大正時代から昭和初期の文様が製織された。なかでも、円形、楕円形、三角形、四角形を基調にした幾何文様が主で、布団文様は姿を消してしまった。

製織は明治末期以来ほとんど動力機械に変わり、染色も機械染色に変わった。紺の地に、赤、茶、黄、青、桃などの鮮やかな色彩で、文様も抽象的なものに変化した。琉球絣の雲、流水、燕などを取り入れる反面、古くから使われた古典文様は維持され、菱の変形、十字、井桁、蚊絣などの変化に富む小絣が製織された。

昭和三十二年には久留米絣重要無形文化財指定により、原始的工程で製織した久留米絣も生産されるようになった。重要無形文化財の指定を受けた人（藍建てと手織り）によってのみ製織された絣は、あくまで白と紺の二色による配色であり、デザインも登録したものを使っている。織り出しには、「重要無形文化財、久留米絣」と織られ、機械製品の数十倍の価格である。久留米絣は、機械織り製品と手織り製品の両輪を保ちながら、日本を代表する絣として、いまなお王座を維持している。

文様の変遷と特徴をまとめると次のことがいえる。

久留米絣は、幾何文と絵画文のあらゆる文様の構成であり、社会状勢や流行を背景に変遷している。そして、地色を紺と白の基調から出発し、絣文様の白場の占める率が増大している。また、紺、白以外の赤、黄、茶、青の混入による色相の変化は、その時代の趣向を反映するものであり、デザインにもそのことがいえる。幾何文様の積み重ねによる城や軍艦などの文様は、他の地区に例のない雄大で厳しい感じを受ける文様である。

したがって、山陰地方の繊細な絵画文様とは異なった味わいの、正方形のモザイクを組み立てた幾何文様といえる。紺色中心から白場の大きい精緻な文様に変遷し、文様の構成による表現で成功した絣であるといえる。

二　山陰の絣文様の移り変わりと特徴

江戸末期から明治初期

江戸末期から明治初期は、経緯糸ともに手紡糸を使い、地機で製織している。その文様は緯糸だけで構成する乱《みだれ》絣で、かすれ文様が不規則に入り混っている。次に規則的に緯糸を配置した飯粒絣に進み、単純な花鳥山水の絵文様にまで進んでいる。

一般に明治初期頃の山陰の絣は、広瀬、弓浜、倉吉絣とも、空間の多い素朴な花鳥山水や動植物の文様が製織された。

米子市富益の佐々木とみ（明治十二年生）は、「白木綿ばかりに縞木綿がはやりだし、離れたべちゃ絣（絵絣）になり、次第にむずかしい連続べちゃとなり、こっち（以後）に経緯絣の小絣がはやりだした」と、文様の変遷を話している。

明治中期

広瀬絣、倉吉絣は、マニュファクチュアの生産形態により商法絣（機工場の商標入り製品）として生産された。しかし弓浜絣は家内工場による生産方法であった。

明治中期は、久留米絣、伊予絣、備後絣の影響を受けて多種類の変化に富む文様が作られた。幾何文様、文字記号、連続絵文様、それら各種の組み合わせなどである。

染色にもいろいろの工夫があり、藍返し（絣の白い部分に藍色を薄くにじませた）や色糸の混入による縞絣も盛んに行なわれた。

弓浜絣は、不規則な色縞と絵文様を組ませたものが多く、土地特産の茶綿（茶色い綿花）を手紡ぎした渋い織物も、この中期に生産された。

全般的に明治中期は幾何文様がよく発達し流行した。最初は緯の幾何文様、松皮菱、麻の葉、亀甲つなぎ、輪違いなどから、経の幾何文様に進んでいる。井桁十字絣、九曜絣の小さい絣はもちろんのこと、絵文様と幾何文様の大きい組み合わせも多い。また、文字絣と絵文様の組み合わせ、幾何文様と三種類の組み合わせがある。幾何文様は真白で、絵と文字は緯糸だけの濁った色である。

広瀬絣は、比較的大きいパターン（第三章392図参照）や、精巧な経緯の幾何と絵文様（二〇八ページ45図参照）が作られた。

文様の大半が中期に作られたといってもいいくらい、家紋、銭形、唐獅子、扇などの生活器具、諺や文字が用いられた。その文様は不吉なものは一つもなく、めでたい文様が多い。

明治後期

明治後期の絣は、人工の混合藍での染色、機械紡績、原料糸の漂白してあるものを高機で製織した。中期の絵文様全盛時代から真白い絣が要求され、明治三〇年ごろから原料糸を漂白した経緯の幾何文様が作られた。

また、十字絣、井桁絣、亀甲の小絣が流行した。十字豆腐の変化した真白い絣も多く生産しているが、どの絣とも骨格を持ち、キリッとしまった絣である。

男物には小絣の一〇〇立（並巾に小絣が一〇〇個入る）という最高級品も現われた。女物には幾何文が多く用いられ、中絣の四〜五立（並巾に中絣が四〜五個入る）が多く流行した。

寝具の文様も、絵文様と幾何文様の組み合わせや、幾何文様だけという真白いあか抜けしたものが流行し、機工場が閉鎖した大正末期まで続いた。

後期は小柄が多く生産され、大柄の絵文様はますます精巧となり、経緯絣の秀作品が織り出されている（第三章381・392図）。

大正末期から昭和四〇年ごろ

大正期の広瀬絣（第三章388図）は安来の農家の女性の作品で、弁慶と牛若丸の物語文は大正元年の広瀬絣博覧会で一等賞になっている。大正末期に機工場の閉鎖に伴い商品としての絣は姿を消した。しかし、農山村では、労働衣に手織り縞や絣を手離すことができず、農閑期を利用して織り続けた。依然として幾何文の中柄が流行し、養蚕が盛んになると、その残糸による紬の製織が流行した。

戦後は再び自給自足の生活で、結婚、成人祝いには木綿絣や絹絣が流行した。紬の矢絣は逸品であった。

昭和三〇年頃から、弓浜地帯に産する綿を手挽きにした絵絣が復興した。江戸末期から明治にかけて寝具に使用された動植物を中心にした絵文様を再現させ、着物文様に取り入れている。

染色は、正藍染めをモットーにして天然藍を使用しているが、現代人にマッチするように色相を浅黄で薄地の絣に仕上げているので、初期の黒に近い正藍染めとははっきり区別できる。

文様の変遷をまとめると、次のようである。

① チリ絣

② 大きい絵絣・縞絣

③　連続絵絣
④　緯糸の幾何文様
⑤　経糸の幾何文様
⑥　経緯の幾何文様と絵画文様
⑦　経緯の幾何文様
⑧　絵文様

文様の特徴は、全期を通して複雑な絵文様が多く、写生的、物語的な文様である。

山陰の絣文様は、久留米、伊予、備後絣と比較して、文様に絵画的な面が多く、デザイン化されていない点が特徴である。また、地質が厚く、手紡糸を使い高機で製織して点が、他の産地に見いだせない独特の風雅と「かすれ」をよく表現している。

染色も、日本海の色によく似た色を呈し、百年以上使用した絣は、一層白くあか抜けして、藍色が落ち着きと上品さをさらに増している。「着れば着るほど美しくなる着物だ」と語り続けられたのも、藍の色変わりと地質が強い絣であったことによるといえる。

三　伊予絣文様の移り変わりと特徴

江戸末期から明治初期

伊予絣の発生については第一章で述べたとおり、初期の文様は自然発生的要素を持つ斑点文様であった。鍵谷カナが糸を括ることに着眼して絣文様が生まれたのであるが、経糸および緯糸のどちらを先に括った

1　重ね枡に亀甲文　寝具（久留米，明治初期）

2　井桁入り菱市松文　寝具（久留米，明治後期）

3　竹に虎文　寝具（久留米，明治後期）

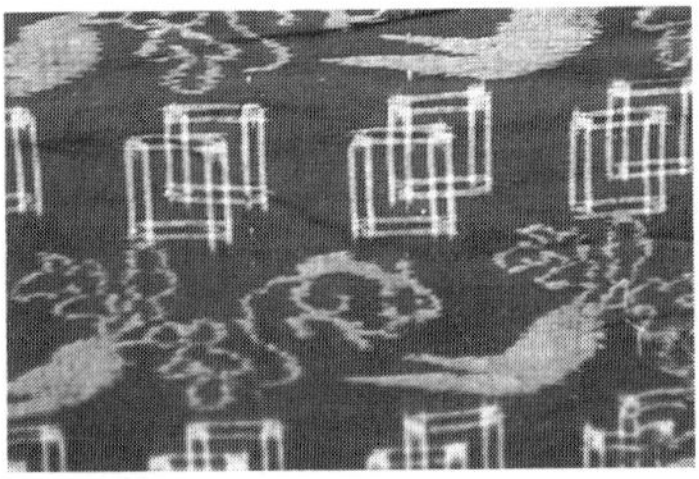

4　重ね枡に人参と鼠文　寝具（久留米，明治初期）

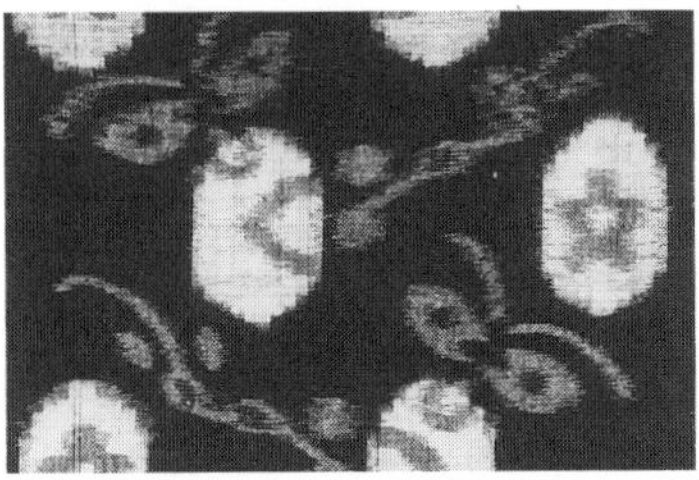

5　幾何と梅花に蝶文　着物（久留米，大正期）

6　城文　寝具（久留米，明治中期）

7　城文　寝具（福岡県大牟田，堀内泉甫蔵，明治期）

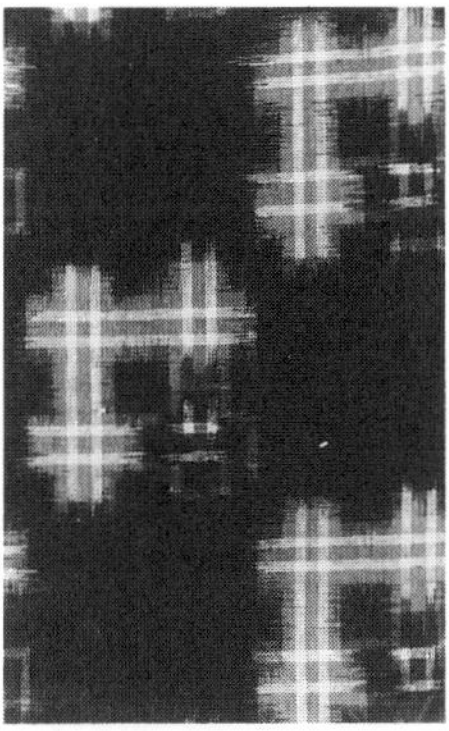

10　子持ち井桁文　着物（久留米，大正期）

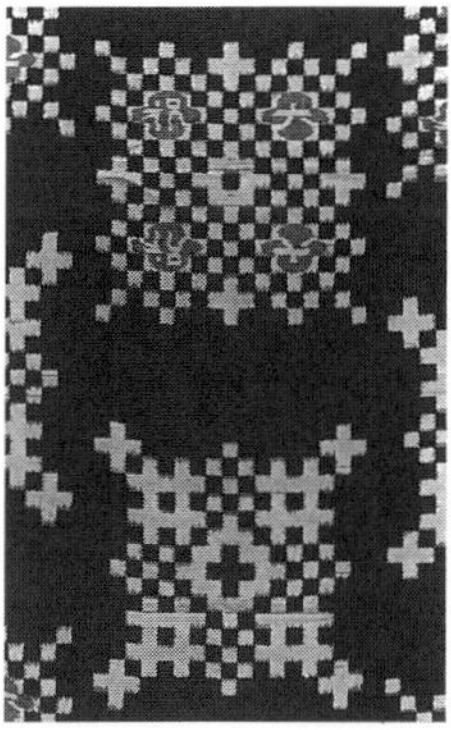

9　大祝文字入り十字井桁に石畳文 寝具（久留米，明治末期）

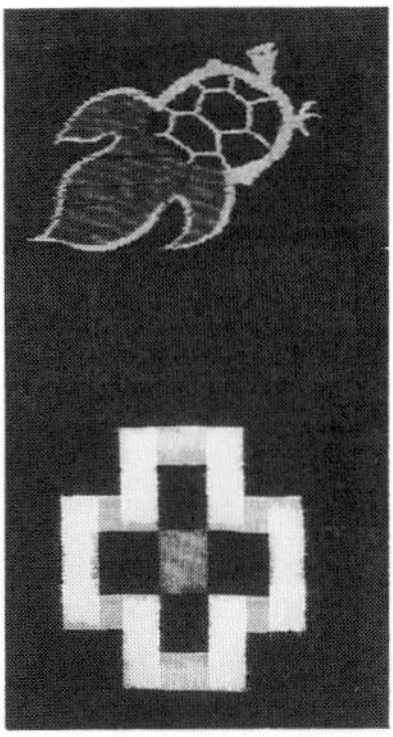

8　籠十字幾何と亀文　寝具（久留米，明治中期）

12　円文　着物（久留米，大正期）

13　幾何と花と蝶文　着物（久留米，大正期）

11　船と社文　寝具（久留米絣保存会蔵，明治35年）

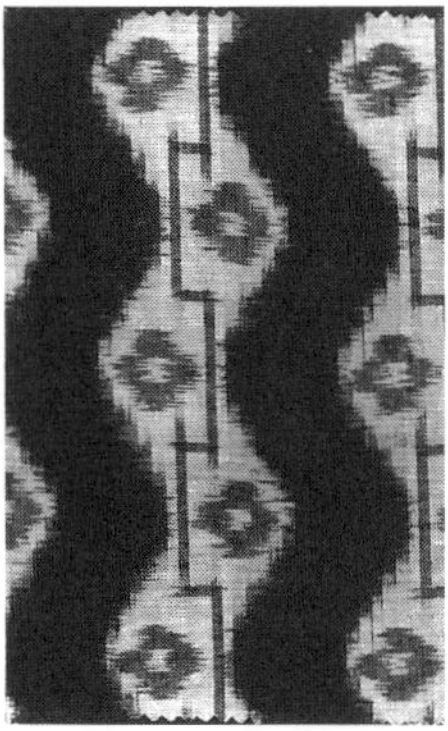

14　幾何文　着物　一巾5立（久留米，大正期）

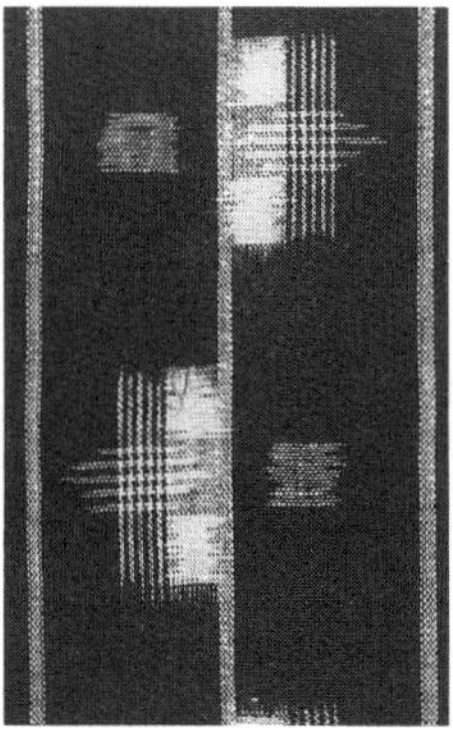

15　縞絣　着物
（久留米，大正期）

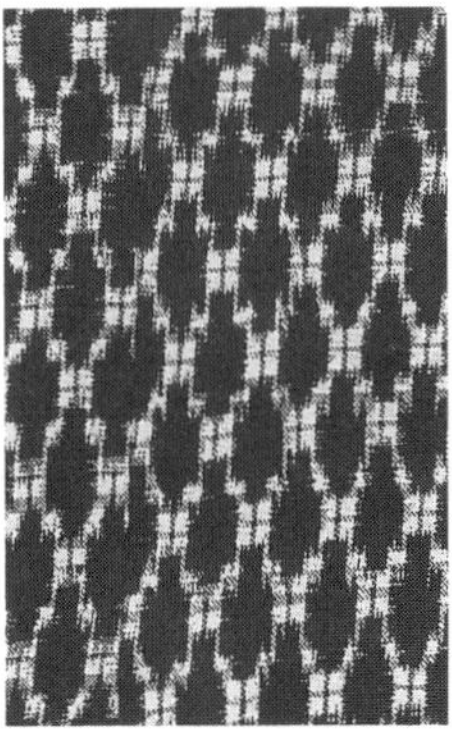

16　田の字つなぎ文　着物
（久留米，昭和期）

17　十字菱つなぎ文　着物
（久留米，昭和初期）

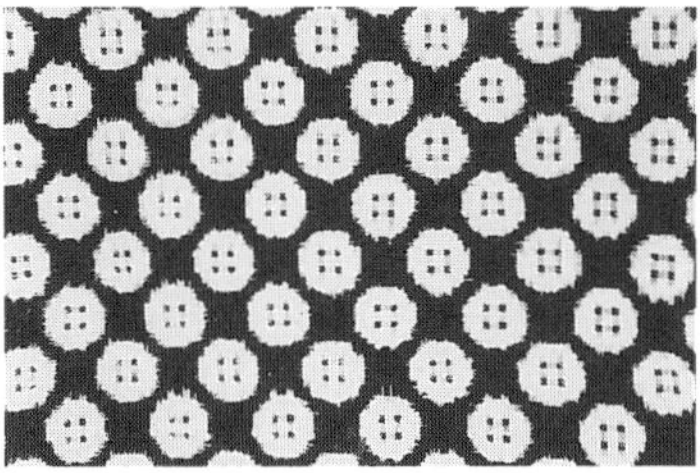

18　丸文　着物
（久留米，昭和期）

19　兜文　寝具
（伊予，明治中期）

20　竹にふくら雀文　寝具
（伊予，明治期）

21　枡市松と鶴文　寝具
（伊予，明治期）

22　幾何に寿亀と鯛文
寝具（伊予，明治期）

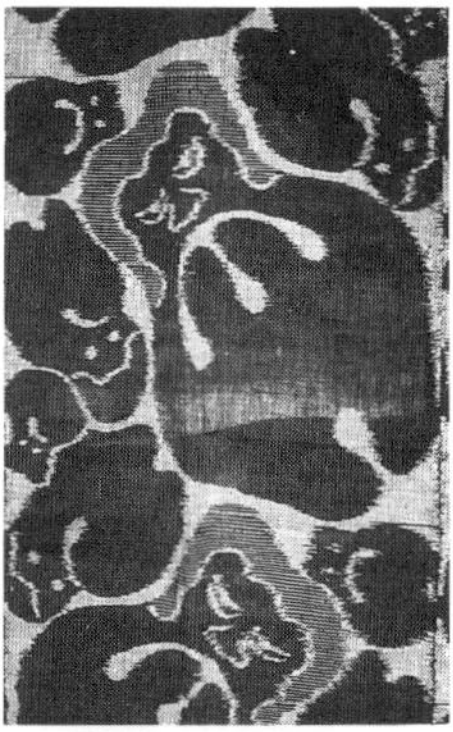

23　達磨文　寝具
（伊予，大正期）

24　幾何に蝶と牡丹文　寝具
（伊予，明治中期）

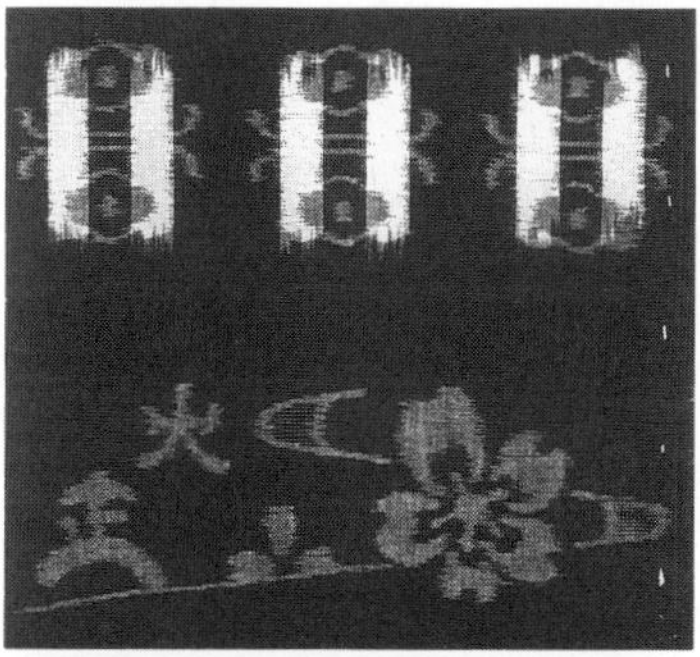

25　梅花蝶と大正桜文　寝具
（伊予，大正期）

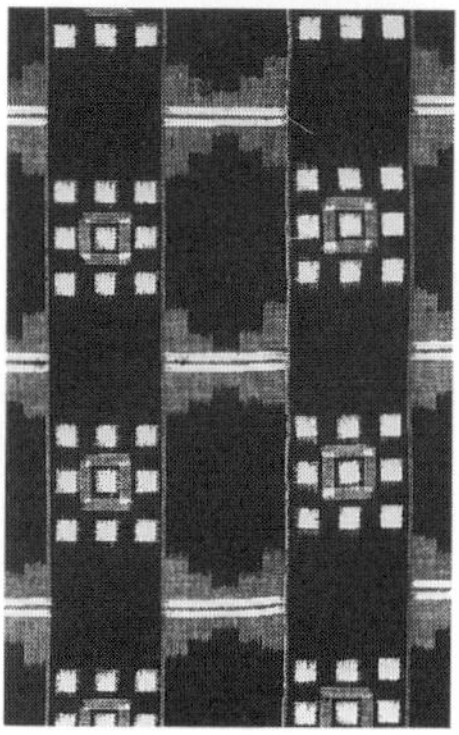

26　幾何文　寝具（伊予，大正期）

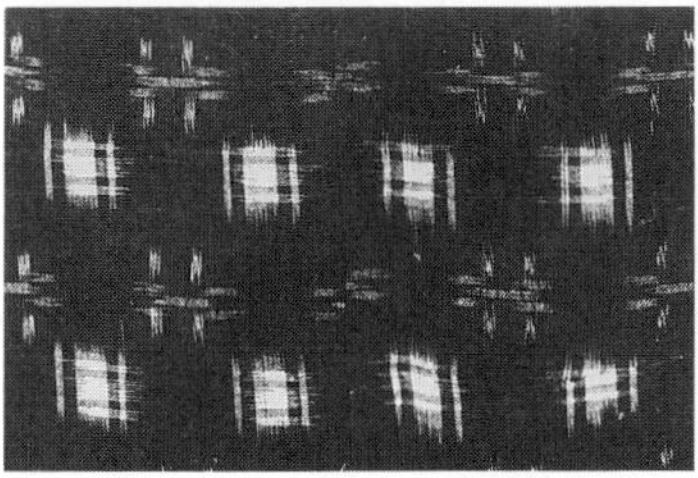

27　幾何文　寝具（伊予，明治末期）

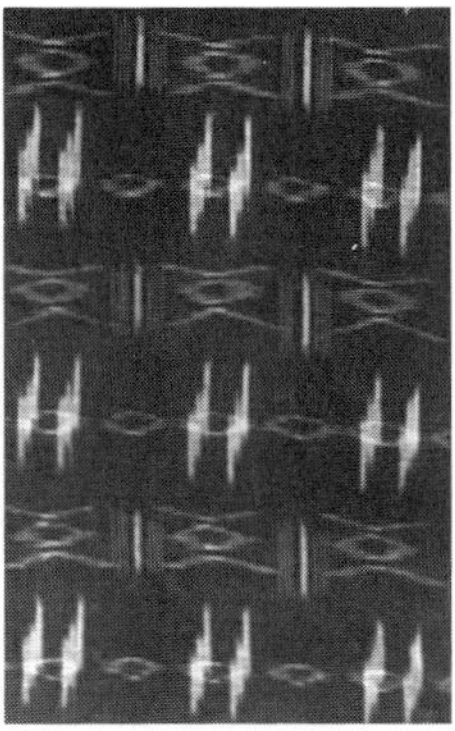

28　幾何文　寝具
（備後，明治期）

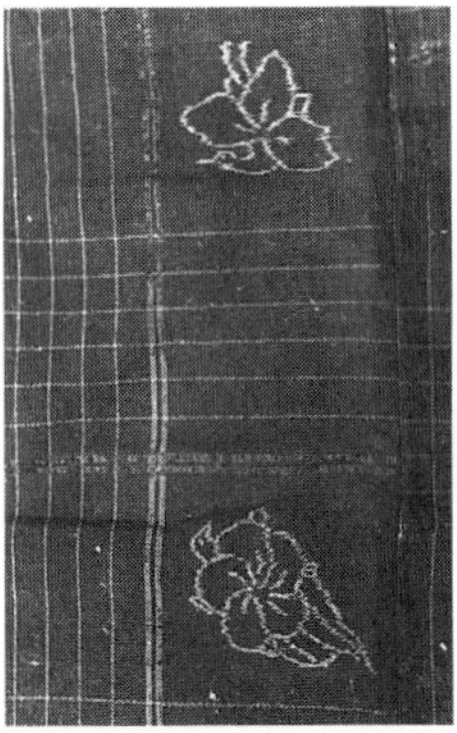

29　花鶴亀文　寝具
（備後，明治初期）

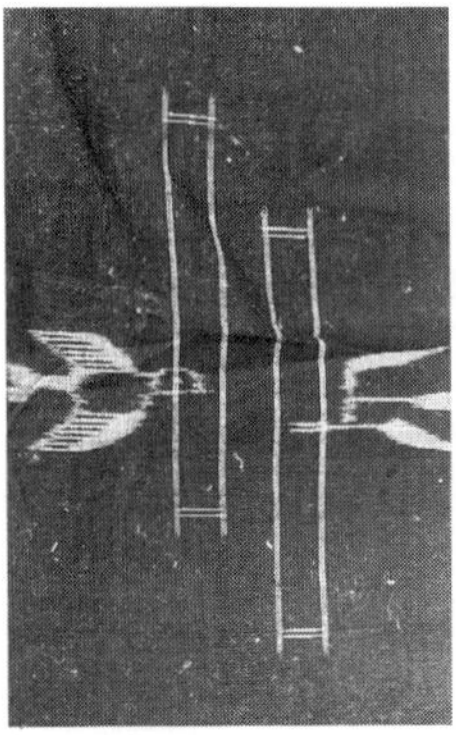

30　竹に燕文　寝具
（備後，明治中期）

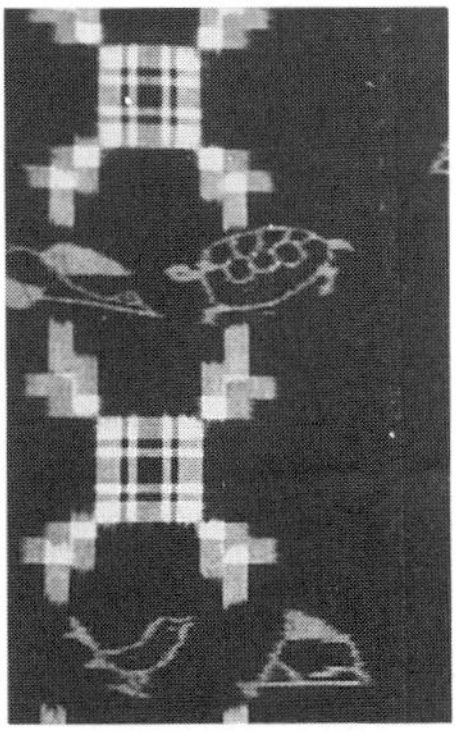

31　幾何に鶴亀と小鳥文
（備後，明治期）

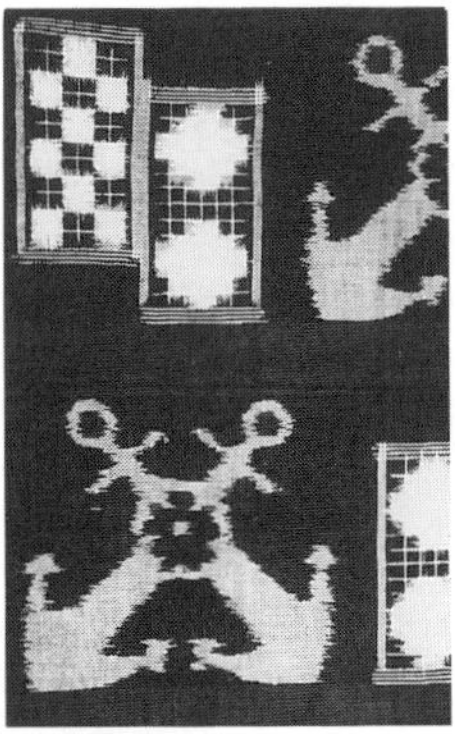

32　幾何と錨文　寝具
（備後，明治期）

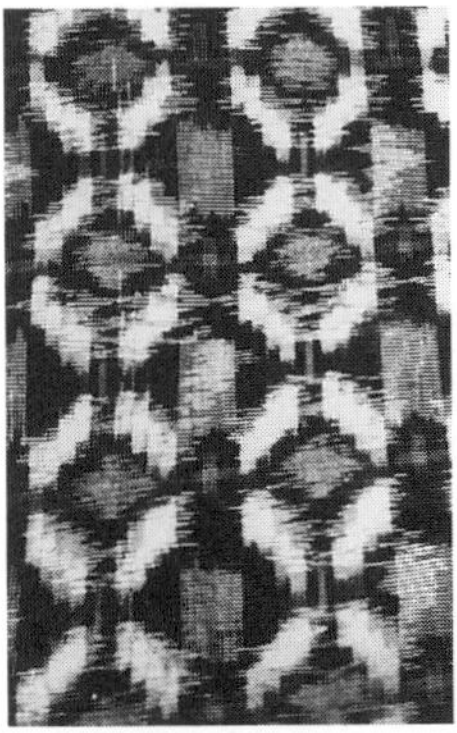

33　七宝文　着物
（備後，昭和期）

34　井桁に鶴亀文　寝具（備後，明治後期）

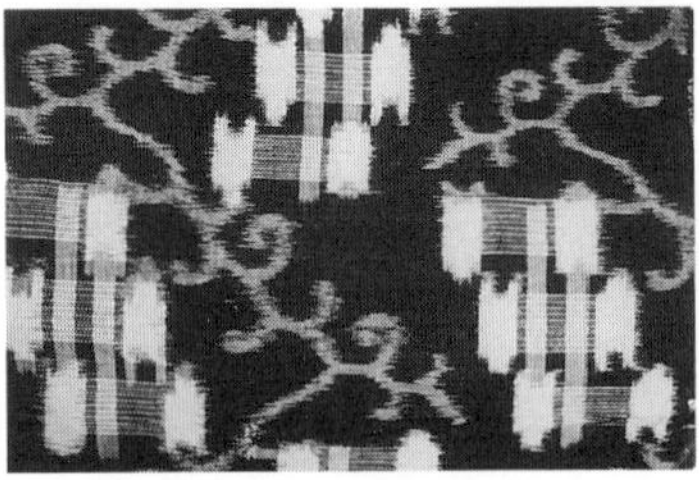

35　唐草入り矢文　着物(備後，昭和期)

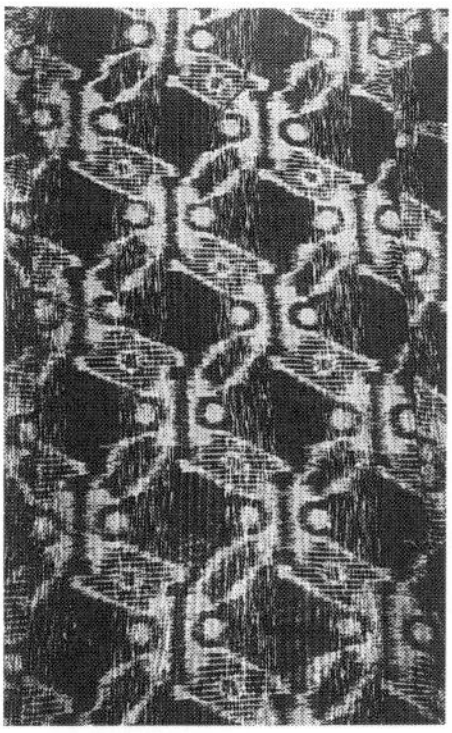

38　幾何文　着物
（備後，昭和期）

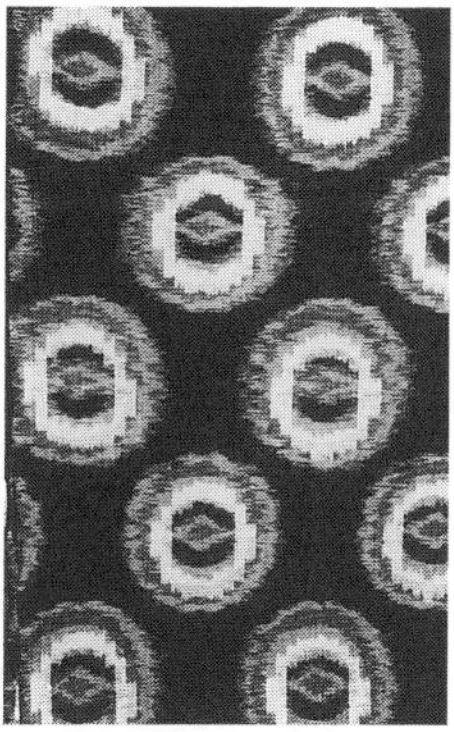

37　二重丸文　寝具
（備後，昭和期）

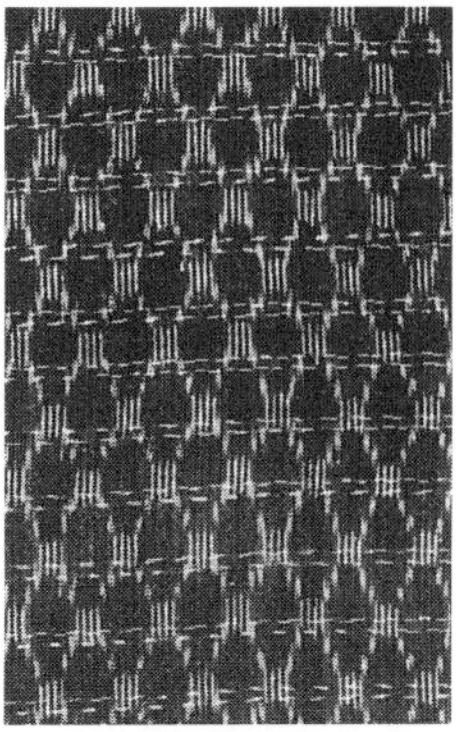

36　点と線つなぎ文　着物
（備後，昭和期）

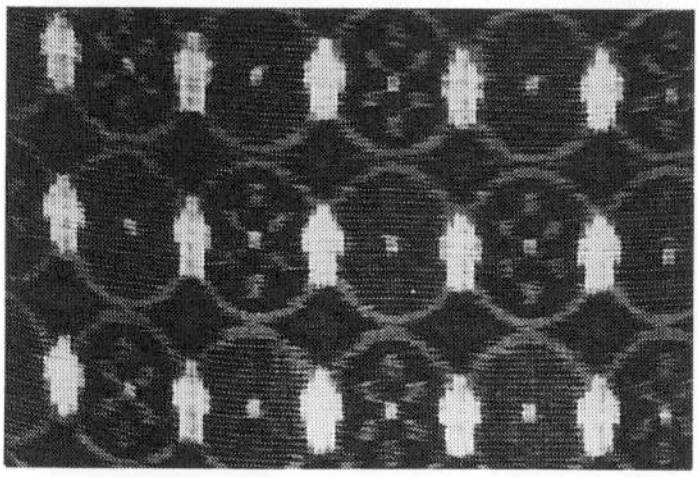

40　輪つなぎ文
（備後絣見本帳，昭和期）

39　七宝つなぎ幾何文　着物
（備後，大正期）

42　焔玉幾何文　寝具（備後，昭和期）

41　白中幾何文　着物（備後，昭和期）

43　文明開化文と唐草文　寝具
（倉吉，明治初期）

44　絹縞入り牡丹唐草と唐獅子文　寝具
（倉吉，明治中期）

45　十字松皮菱入り幾何と菊に蝶文　寝具（広瀬，明治中期）

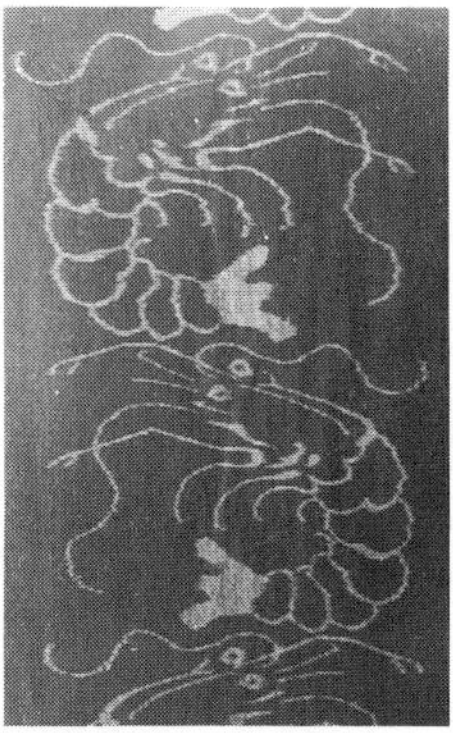

46　海老文　寝具
（弓浜，明治期）

44図拡大図

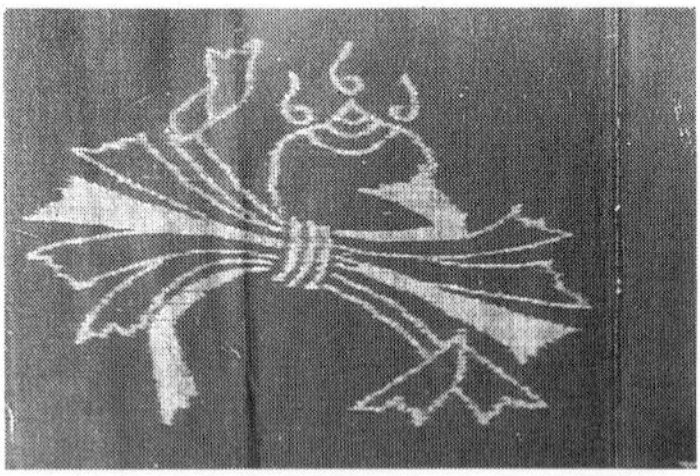

47　宝珠熨斗文　寝具（弓浜，明治中期）

48　束ね熨斗文　寝具（倉吉，明治中期）

49 梅花入り立涌文　着物
（倉吉，明治中期）

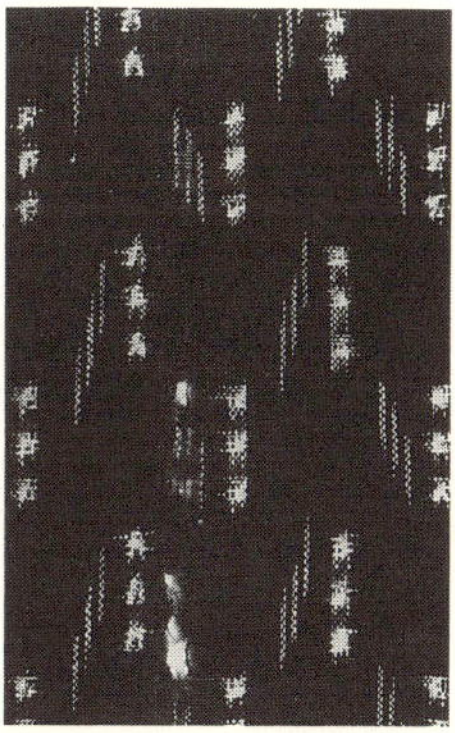

50 雨アラレ文　着物
（倉吉，明治期）

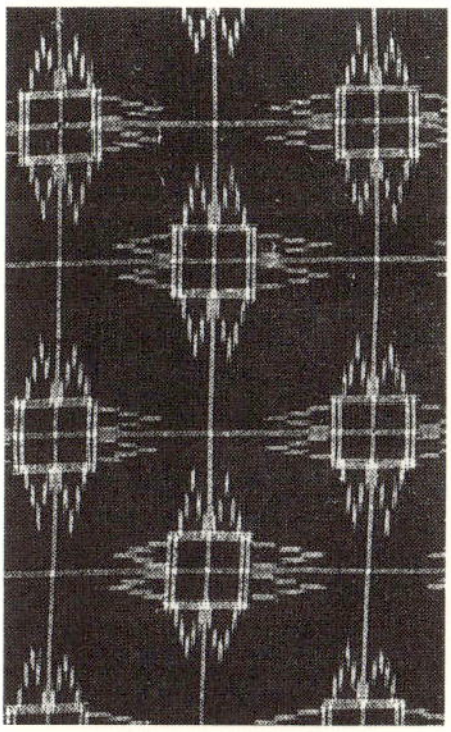

51 線と四角の幾何文
寝具（倉吉,明治後期）

52 飛鶴文　寝具（倉吉，明治中期）

53 十字菱つなぎに鶴亀文　寝具
（倉吉，明治後期）

54 幾何と松鶴文　寝具
（倉吉，明治後期）

55 幾何と菊花に祝盃文　寝具
（倉吉，明治中期）

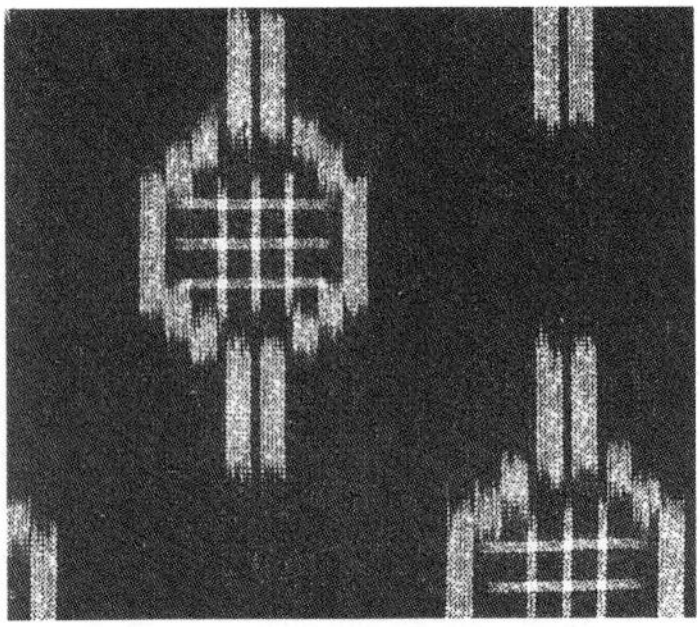

56 経絣文　寝具（倉吉，大正期）

57 幾何と菊水文　寝具
（倉吉，明治後期）

58 井桁と青海波に竜文
（倉吉，明治後期）

59 車輪に根上がり松と菱市松文
寝具（倉吉，明治後期）

60 格子に花菱提灯文　寝具
（鳥取県羽合町，明治後期）

61 色縞と花菱文　寝具
（倉吉，大正期）

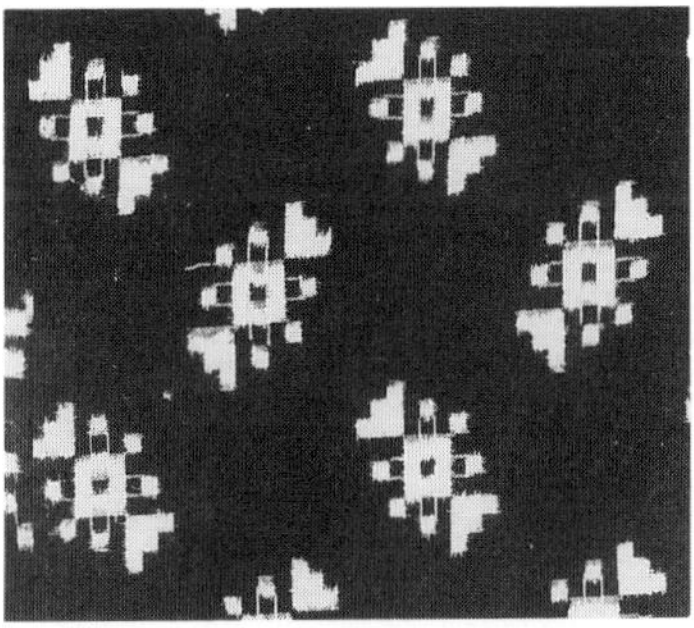

62　幾何文　着物（倉吉，昭和初期）

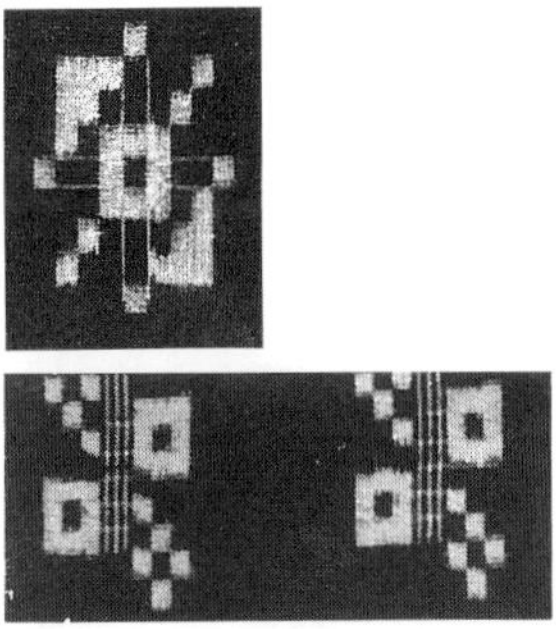

62図の変形

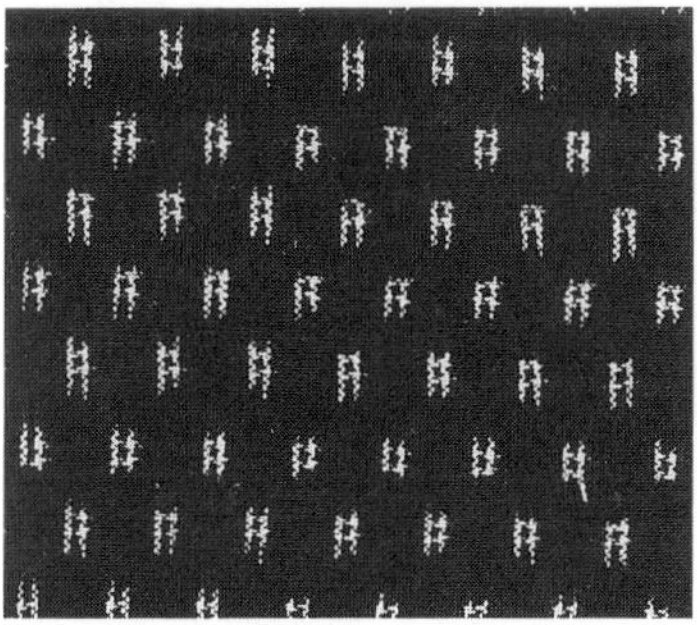

64　井桁文　男子着物
（倉吉，明治中期）

63　豆腐文　着物
（倉吉，大正～昭和期）

のかは明らかでない。

しかし、『伊予絣』によると、カナの近所の人、三原サダは、カナの初期の絣について「十字（並巾に二〇立）や井筒絣であった」と語っている。また、その頃の文様は単純な御幣絣（経絣で神に供える幣を表わした文様）などが織られていたようであるから、絵文様より幾何文の経絣の方が先行していたのではないかと推察する。

明治四〜五年に、松山市の佐伯行義が新デザインの長尺絣を始め、伊予絣の織元を開始した。長尺絣とは大きい絵文様のことで、当時には珍しい文様で、たちまち普及したといわれている（四一ページ「達磨文」の図参照）。

明治初期の幾何文様では、御幣、十字、井筒の他、緯糸によるつなぎ亀甲などと、縞に組ませた動・植物に井桁と松皮菱もある。その他、蚊絣、一〇六（並巾に一〇六立）と、九六（並巾に九六立）の小絣が流行した。そして、初期の絣の生産は、縞の生産の方が多かったので、絣と縞の区別なく製品として出荷されていたようである。

明治中期

明治中期には、積極的に産業化が進み、「織物組合」および「伊予織物改良組合」を組織して寸尺を決定し、証紙を貼付して品質の良いものを産出している。

文様は、長尺絣、縷《ろう》絣（糸すじのような細かい絣）である。

先に杜若文様で述べた（第三章186図）とおり、五月の雨を経糸の短線で表現して雨を連想させたり、花器に梅文様を経線と緯線を上手に組み合わせて表わしている。明治中期には伊予絣の特色（文様の中に線を入れる）が顕著ににじみ出てくる。21・24図のデザインで、牡丹の花弁に線があるとか、鶴の羽根に線を入れる、などである。線絣は沖縄でよく発達を示した文様で、伊予絣の中にその影響が考えられ、縷絣として流行した。このように、織物の技術面では画期的な進歩を遂げるとともに、織機は地機から高機に移行して生産を高めていった（松山市の菊屋新助が高機の研究をする）。

明治後期から大正、昭和初期

明治後期は幾何文様が最高潮に達した時代で、第一章四一ページの雲鶴亀に幾何文は伊予絣の寝具文様の代表であろう。

十字や市松を変形して組み合わせる文様にも、伊予絣には特異な線のパターンがあるように思う。絵文様と幾何文様を交互、上下に配置したデザインが多く、連続絵文様とか、幾何と鷹文（第三章358図参照）のような、ぐの目配置（対の配置）は非常に少ない。そしてよく見ると、幾何文の中に変わり市松織りの工夫がみられる。

竹に虎文（第三章89図参照）も、竹を直線で巧みに表現していておもしろい文様である。明治後期から大正期の布団文様は、絵文様よりも幾何文様の占める率が大きくなり、真白い大胆な幾何文様に対して絵の部分が小さくなっている（第三章223図、福面入幾何と蜻蛉と花文）。

そして、幾何文に福面を入れるパターンは明治末期の久留米絣に多く見られた文様であり、その影響もうかがえるのである。

明治三〇年には、伊予絣に箱巻（経糸を整経して筒箱に巻く、五反～八反巻）が使用されるようになり、さらに同四〇年には伊村式整経器が考案されている。これによって製織に能率が上り、明治四〇年には年産二〇〇万反、日本の王者としての生産高を示し、昭和元年には二六〇万反という類のない生産高をあげるに至っている。

昭和初期の絣の文様は、男女学生に向く幾何文様の小絣で、刑務所に委託して生産する方法もとられた。大正元年、県工業試験場内に絣試験工場が設けられ、染織技術および柄意匠の指導、研究が行なわれている。意匠の改良なども影響して、大正から昭和にかけての絣文様は久留米、伊予、備後絣とも区別がつきにくくなり、そのパターンもよく似たものが多くなった。

第三章79図の月に燕文は伊予独特のデザインの特徴を見いだすのであるが、全般的に26図（二〇五ページ）のような幾何文が製織される傾向となり、部分的に色を挿入した抽象文様や、久留米絣と琉球絣をミックスしたような複雑な中柄と小柄が製出された。

戦後の絣文様には、久留米絣、備後絣の影響により、十字、井筒、丸を基調としたものがあるが、これらはみな同一傾向で判別が困難であるので省略する。文様の特徴は、次のようにまとめることができる。

久留米絣のような精緻さと大胆さには欠けているが、直線、曲線によるデザインは鮮麗な美をそなえている。文様の一部分にその線を用いることによって、同じパターンの梅花でも特別の感じを与えるのである。このように線を巧みに文様の中にとり入れた点が特徴であり、単純化した絵文様も特徴である（「絣文様の特徴」の項で詳述する）。たとえば虎をとりあげても、竹を線のみで表わしている。この他、よく用いられた蝶文、鶴亀と松文にも同じことがいえる。文様の種類は久留米絣となんら変わることなく、多種多様な絵画文様も幾何文様も高度な技術で製織されているのであるが、明治末期からの動力織機や括り機にデザインが制約を受けて大柄は括れなくなり、中柄と小柄の文様が主に産出された。菱の変形、十字、井桁、四角を基調とするもので、他地区の文様とよく交流したために、大正から昭和にかけての文様の特徴は薄れてきてしまった。したがって、それを区別することは大変困難であるが、全般的に白っぽい絣が抽象的幾何文と組ませて製織されていることから、白場の多い文様に変遷していることがいえる。

四　備後絣文様の移り変わりと特徴

江戸末期から明治初期

備後絣の初期の文様は、「飛白」織であったものを、富田久三郎が、経糸の一部分を竹の皮で巻き、染色をして井桁絣に成功させている（『備後絣』による）。

備後絣問屋の社長・森田基は「備後絣の初期は経絣から出発しており、それが井桁や市松、ボツ（四角）の幾何文様に進歩し、絵文様は久留米から取り入れて模倣した」と述べているとおり、私も同地を再訪して気づいたことに、経縞や浅黄縞の中に混入した経絣に相当年数の古いものがある。したがって、明治初期ごろまでは、幾何文様の方が優位を占めていたのではないかと推察している。

28図は経糸と緯糸による幾何文様であるが、白濁する部分には緯糸が計算されて組み合わさっている。また縞の中に花鶴亀文様の明治初期のものがある（29図）。単純なデザインの手前絣に吸い込まれる思いがする。

備後絣は久留米絣には見いだせない変化のある文様で、縞と経絣を組ませたものが初期の作品である。

明治中期

明治十六年、富田久三郎は高機五〇余台を増設して生産する一方、大林総作も織物工場を創始したので、中期の絣生産は上昇していった。そして、絣文様も他の産地と互いに交流しながら発達したので、絵文様（30図）の鳥文や、伊予絣の線文様によく似た線の幾何文も製織されている。

また井桁や鶴亀文様の構成は備後絣特有である（31〜34図）。

山陰地方の絵画的文様と比較した場合、備後の絵文様は個々の文様をあまりにも削減し制限を加えた感じを受ける。しかし、全体の構成から見ると、まとまったパターンであり、落ち着きと暖かみを与えてくれる。

初期の幾何文様が中期にはより発達し、四角や市松を基調とした小絣が生産された。

明治後期から大正、昭和初期

明治後期には力織機が導入されたが、並巾に柄が一二立ぐらいまでは動力を利用して製織できるが、柄が細くなると足踏み織機によって手織りをした。したがって柄の細いものほどめんどうであった。

初期にみられた斜線による構成が、後期の文様の中にさらに複雑さを増してきている。たとえば七宝や丸文様などである。また、大正時代の着物文様として、幾何入り花つなぎ（38図参照）がある。緯糸を斜め方向に散らした七宝花つなぎであるが、このようなぼかし文様が明治後期から大正にかけて流行した（33図）。

昭和に入っても布団が織られ、文字記号にめでたい小槌を組ませている。そして、線を変化させ銭形を浮かして文様としているところが新しい試みである。

一方、井桁、角絣、市松、あられなどという古くからある小絣は、戦後の好況時に流行して、男子学生の着物に多く利用された。

染料は、明治中期から硫化染料を使用したものであるが、色の挿入は大正から昭和初期にかけて赤色のみを部分的に使用している。こうした化学染色が備後絣の特徴でもあり、またよくあせる欠点でもあった。

昭和二〇年から四〇年

戦後の備後絣は、琉球をはじめ、久留米、伊予、山陰の文様を取り入れながら、抽象的文様を主体にした備後独特の散らしつなぎ文様を生み出してきた（40図）。

昭和二十三年〜二十四年頃から、黄、青、桃などの色を混色した色絣が生産された。この試みが成功してか、急速に備後絣は上昇し、中柄（並巾に三〜四立）と、小柄（並巾に四〇〜五〇立）が流行している。井桁、丸絣、菱などの文様は昭和四〇年代に至っても流行したが、現代にマッチするようにピンクや崩しによって抽象化しているのである。文様の傾向も特徴がうすれて、備後地方で新久留米絣や山陰の弓浜絣が生産されたり、伊予絣産地の松山市内でも備後絣の生産がされている現状である（37・41図）。

色絣の薄地の木綿が要求される一方、木綿絣だけの備後絣から、外出用のウール絣が出現した。その文様は、琉球絣の雲、水、燕などを取り入れたものであった。

備後絣は、日本三大絣（久留米、伊予、備後）の中の王者として隆盛をきわめている。

備後絣の文様の変遷と特徴をまとめると次のようになる。

経糸による幾何文様にはじまり、経緯の幾何文様および緯糸による幾何文様が発達した。久留米絣や伊予絣の絵絣のパターンが備後独特の洗練された絵文様として生み出された。そして、井桁や十字、四角、菱などを基調とした文様は、昭和に至っても姿を消すことなく、いろいろな構成と配置を工夫して、ぼかし文様でつないでいるのである。

備後絣は、各々の産地の絣がミックスされた上に生まれた、斜線の構図と、図案化した絵文様にその特徴を見いだすのである。そして戦後の文様は、琉球絣のパターンを再現する雲や流水、燕などの文様をとり混ぜながら、丸や井桁に抽象的なつなぎをもたせた文様に変遷した。色絣はピンク系の挿入が歓迎され、木綿絣から、おしゃれ着のウール絣が出現するに至った（38・39・40図）。

五　絣文様の変遷と特徴

各産地別の絣文様の変遷と特徴については先に述べたとおりであるが、地域別に比較検討することによって、各地方の特徴をよりはっきりとさせることができる。したがって、文様数の多い、鶴亀や牡丹、線について、同年代に製織されたとみられるものを比較すると、次のことがいえる。

山陰地方の鶴亀は前述したとおり、写生的で絵画に近いデザインで複雑である。しかし、伊予の鶴は羽根に、亀は尾に変化がみられ（一〇七ページ121図）、大正期の亀文は例外であるが一般に単純なデザインで構成されている。また備後の鶴亀も同じことがいえ、山陰地方にはみられない巧妙なデザインである。特に亀の尾の部分の描き方は、久留米、伊予、備後とも共通点を見いだすのであるが、山陰の亀の尾は曲線で独特な連続構成である。よって、山陰地方の鶴亀は繊細な写生を主体とした構成で、他の久留米、伊予、備後のような直線の変化やデザイン化のおもしろさが滲み出ていない。

牡丹について考察すると、伊予のものは花弁が長い。そして、花弁の中に直線が入ったものもあり、数十種の花弁に同傾向を見いだすのである。しかし、山陰地方の牡丹は伊予のものより花弁が短いことがわかる。製織工程中の、糸の番手、打ち込みなどが、文様の長短に関係することも考慮して考察してみたが、伊予の牡丹は原図そのものから花弁が長く、南方的な情緒を多分に盛り込んだ紅型染にみられる傾向の感じを受けるのである。

一方、山陰地方の牡丹文は、太番手の糸を使用し打ち込みが堅いのにもかかわらず、中国文様にみられる花弁の傾向をあらわしている。

線についても、前述したように直線と曲線を比較すると、山陰地方には立涌・輪つなぎ・海老のひげなどの曲線に優れた構成美を示すものが多く、久留米、伊予、備後地方の絣は直線構成に秀美なものがあるといえる。

曲線は緯糸によって表わすものであるが、直線は経緯両者の糸で織り出せる。久留米、伊予、備後などの直線には、琉球絣の中にみられる短線をクロスしたり連続する経絣の構成パターンが非常に多く、南方系の大胆な直線絣の影響をよく表わしている（二〇四ページ14図）。山陰地方の曲線は、唐草文様に近い連続構成による柔らかい構成で、消極的な性格でかつ女性らしい優しさをよく表わしているように思う（二〇八ページ44図）。そして、直線文様よりも、緯糸による曲線文様の方が中国文化の影響を受けながら育っていることを見いだすのである。

よって絣文様は、土地の人間の個性や文化の交流により、絣前史の小紋中型染めや絞りのデザインが背景になって文様を生み出す原動力になっていると思う。さらに家具什器などの暮しの中の絵文にも影響をうけて、それぞれの特色を発揮して発展してきたと思われる。どの産地とも時代が新しいほど幾何文様が抜けるように白い経緯絣に変わり、布地の白さが照り返すようだ。

各産地の絣文様の全般的な特徴は、呼称や構図の微妙な違いはあるが、どの作品にも幸福を願う祈りの気持が表われているように感じられる。

第五章　絣の工程

一　絣帳、型紙、種糸

絣帳も縞帳と同じく織物を作る時の見本となるサンプル帳のようなもので、機工場はもちろんのこと、各家庭にも備えつけられていた。帳面の大きさは千差万別であるが、墨印で自由形式に絣文様を書きつけたものが多い。

二二六ページ右図の絣見本帳は、明治末期の幾何文様を甲柄、乙柄、丙柄の三段階に分けて整理した約七〇〇種類の文様からなる帳面である。さらに、文様の配置と、括り賃、織り賃についても詳細に記述され、柄によって工賃の高低がわかる貴重な資料である。

左図の絣見本帳は、実物の絣を貼り付けた明治三〇年代のもので、絣工場で使用していたものである。地質、染色、文様を参考にしたり比較検討するのに、実物の見本帳は役に立つ。

型紙は、渋紙（楮《こうぞ》の繊維で漉《す》いた特殊な和紙に柿渋とフノリを縦横互い違いに何枚も張り合わせたもの）を使用している。

型紙には、実物大と、実物の七・五倍に拡大（経だけの拡大）したものがある。この技法は、山陰の倉吉と広瀬地方に伝わる工程で、江戸末期から明治中期頃まで行なわれていた。実物の型紙と拡大した型紙では大きな違いである。

この技法は、私の調査した範囲では、他の産地、久留米、伊予、備後、作州にはない技法である。この方法には緯綜《よこへ》台を使用する。綜台の上から直接括るので括り違いやずれがなく、正確に括れる方法である。

種糸（二二七ページ図）の作り方は、次の「絣工程」の中で説明する。

二　絣の工程

絣の製作工程には三種類の方法がある。第一は独特の絣計算による方法、第二は緯綜台にかけた糸に、原図の縦七・五倍に引き延ばした型紙を置いて種糸を作る方法、第三は筬台《おさだい》（絵図台とも呼ぶ）で原図そのままの種糸をつくり、緯の糸を括っていく方法である。ここでは、筬台による絣の製作工程について説明する。

材料と用具

(1)　材料　綿糸　八〇〇グラム（一反）
粗麻《そ》　五〇グラム（絣の図柄により量が違う）

(2)　用具　筬台
枠と枠台、綛《かせ》取り
筬と筬通し
緯綜台と経綜台
絣分け器と糸車
綜絖と綜棒とあげの
経尺
布巻　綾竹　千切（経巻）

座繰り
杼と管
絣糸分け

(3) 旧式用具、地機と杼

筬台（絵図台）

筬台（山陰地方の呼称）は絵絣の種糸を作る器具である。経緯とも三九・五～四二センチ四方の台で、高さ一〇センチくらいである。両側に筬歯一〇ヨミ（一ヨミは四〇本）をはめ込み、自由に取り替えのできる仕組みである。一般に一〇ヨミの筬を使用するのであるが、糸の番手、材質に応じて筬歯は取り替えて使用する（二二九ページの種糸付図の筬台は経の長さが一八センチ、横幅が三九・五センチである）。

絣の良い評価は型紙で決まる。型紙の中には、印鑑を捺印して「他人の使用を禁ずる」と書いたものがある。絣の型紙には織りの配置と図柄の空間が計算されている。主婦たちは、良い柄を見つけても、誰でも自分で絵を描き型紙を彫ることはなかなかできなかった。そのために、型紙は家宝のように大切にされ、子や孫に受け継がれてきた。

絣の種糸を作るのは、農閑期を利用した農家の副業であった。型紙から糸に型を墨で摺り込むのは主婦たちの仕事であった。糸の裏につけ木をつけて固定して、文様がひと目でわかった（二二七ページの種糸参照）。

女性の中には種糸専門に仕事をする人もいた。冬季には種糸屋は、村々を持ち廻って売っていた。文様の大きい種糸ほど高価であり、経に短い小さい文様ほど安価であった。種糸は絣計算によって、一反分の図柄の長さは、七〜八センチくらいが最低で、八〇本くらいの糸束にして同じ柄を二回括る。手間をかけるとはっきりした文様が織り出せるので、種糸も二倍必要であった。

枠と枠台、綛取り

枠は大、中、小に分かれ、大枠は糸綛を作るのに使用する。たとえば、手挽き糸を綛《かせ》にしたり、小枠に残った糸を綛にまとめる時に大枠が必要である。

中枠は、糸綛を取る時に使用するが、折りたたみが自由で便利である。小枠は座繰りにはめて使用する（二二九ページの座繰り図参照）。

綛取りは、竹を割って枠組みに作ったもので、糸を取る附属品である。

筬と筬通し

筬《おさ》は、経糸の密度を整え、緯糸の織巾を決めるもので、竹の皮を薄く切った小片を櫛の歯のようにつらねて長方形の框《かまち》に入れたもので、鋼鉄製のものもある（二三二ページ図参照）。

筬歯はヨミで数え、木綿絣は、九ヨミ〜一一ヨミを使用する。組織の荒い織物ほどヨミ数は小さくなり、その反対に、絹織物などは一五〜一七ヨミを使用して密度の高い織物をつくる（一ヨミは四〇本である）。

緯綜台《よこへ》と経綜台《たてへ》（経糸・緯糸を整える台）

緯綜台は、緯糸の絣括りに使用する附属品であり、経綜台は経糸の整経器である。左右の木釘に糸をかけ、畦《あぜ》（糸の分岐点）を作る。一ヒロ（六尺、一七五センチくらい）二ヒロと数えて、九ヒロで一反の着尺

絣見本帳（倉吉,明治44年,長谷川富三郎蔵）

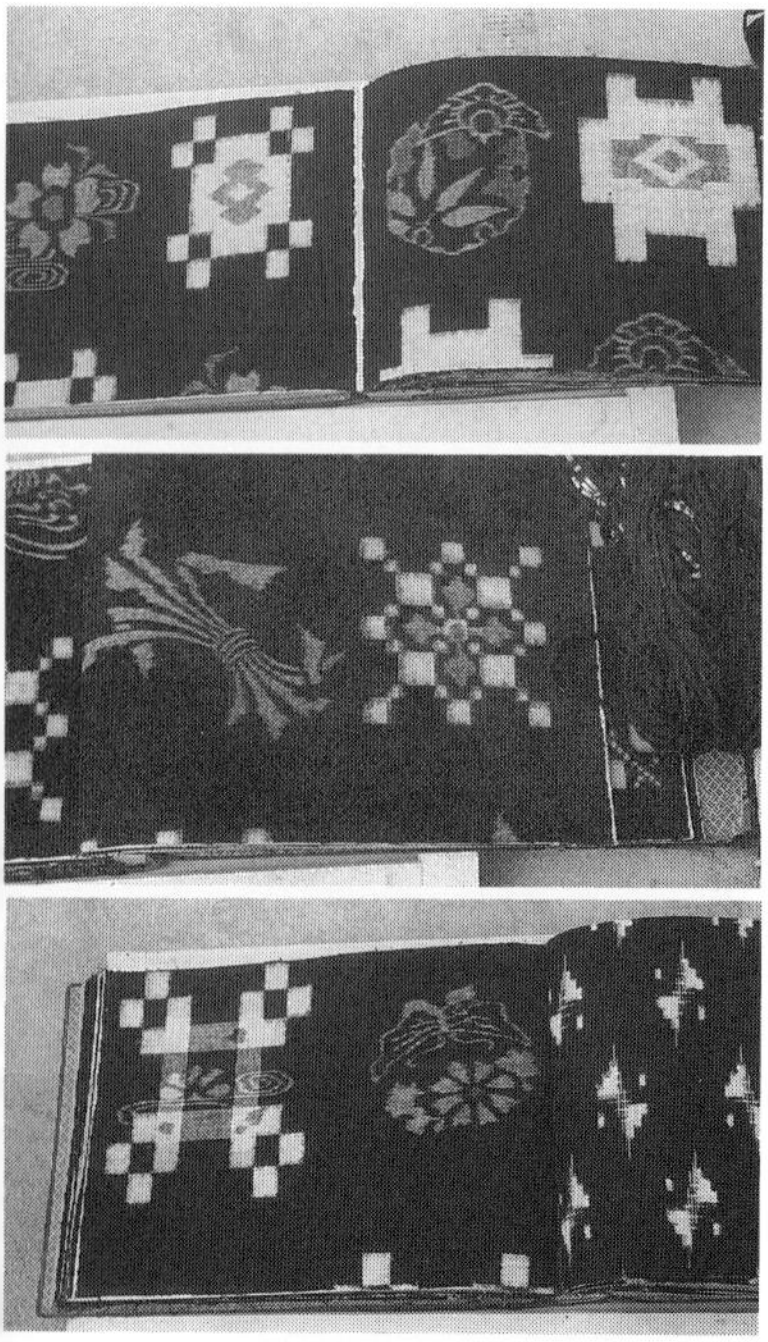

絣見本帳（倉吉,桑田絣工場,明治後期）

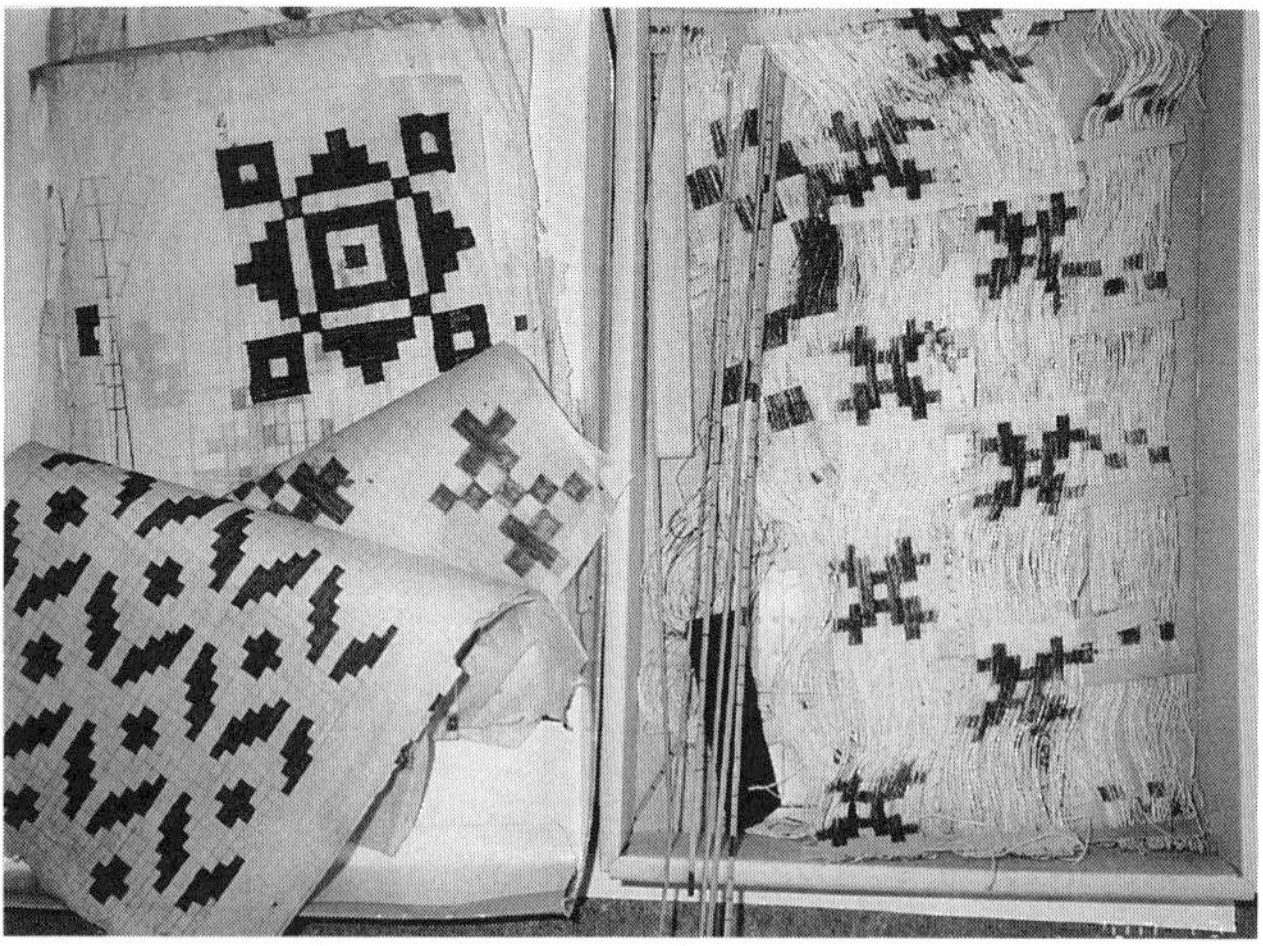

デザインと絵糸（米子、内田竹子、昭和二十八年）

種糸（弓浜，明治後期）

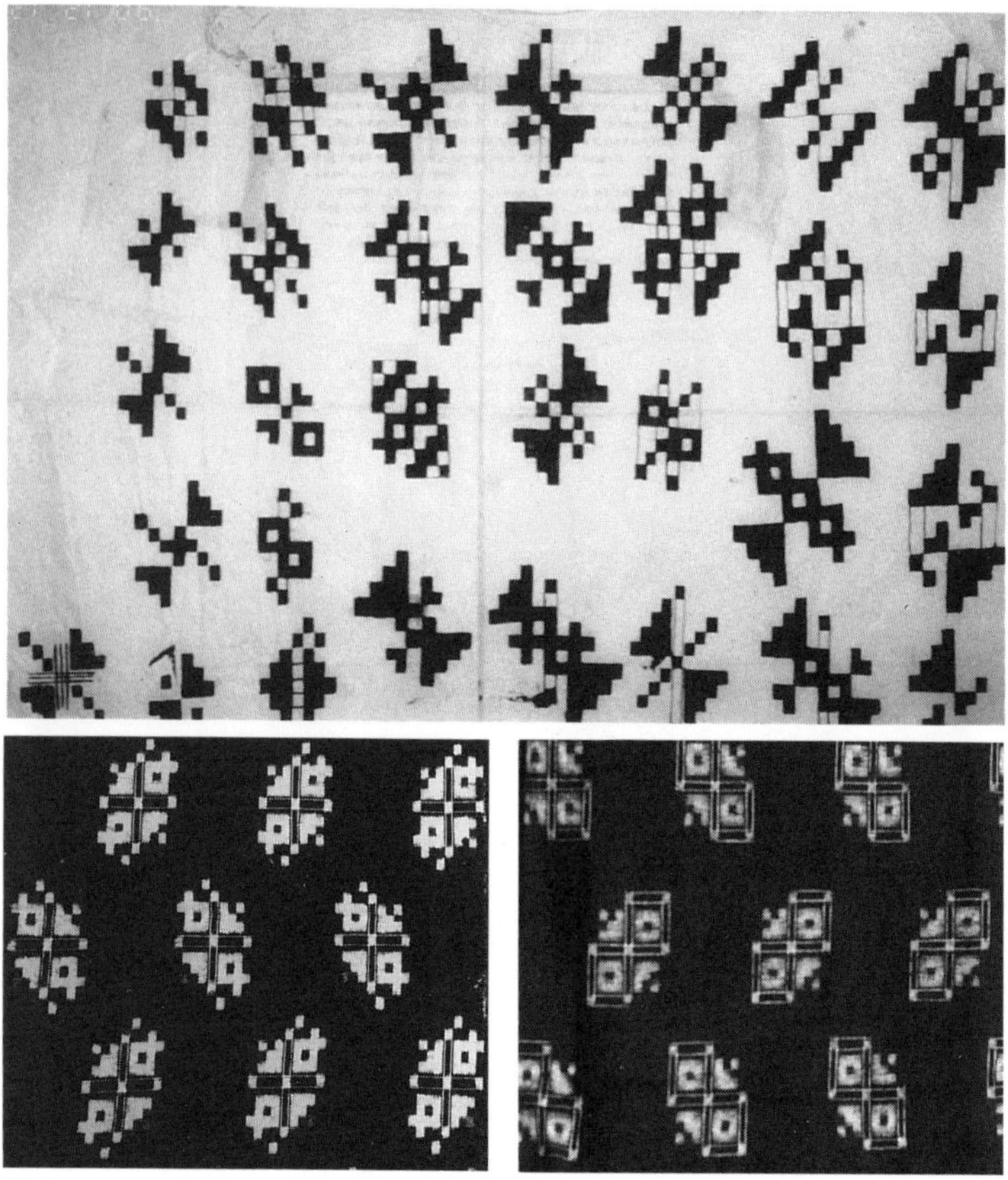

絣デザインとその製品（鳥取県東伯町，曽根下豊子，昭和初期）

↑絣括りと粗苧

左から，絣糸，繰り綿（白・茶），篠巻，白綿と茶綿

綿繰り車(倉吉)↓

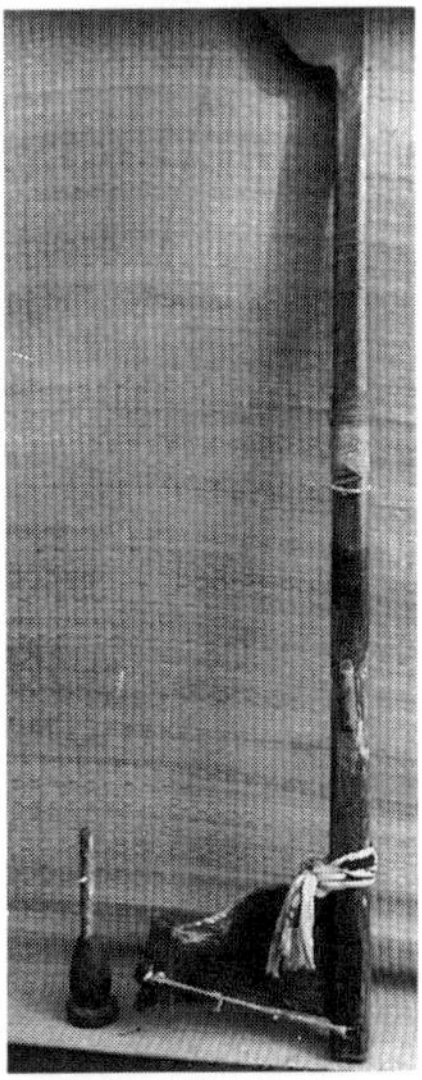

綿打ち唐弓（鳥取県西伯郡,谷野義信蔵）

↑座繰り(倉吉)筬台　種糸付(倉吉)↓

紡糸車（倉吉）

地機による製織
（倉吉、加藤しの、昭和二十三年頃）

高機による製織
（倉吉、佐伯大子、平成十三年）

右：巾きめの筬通し経糸（倉吉，昭和50年）
左：絣括り（島根県安来，遠藤こまの工房）

絣管巻き（倉吉，福井かね，昭和40年）

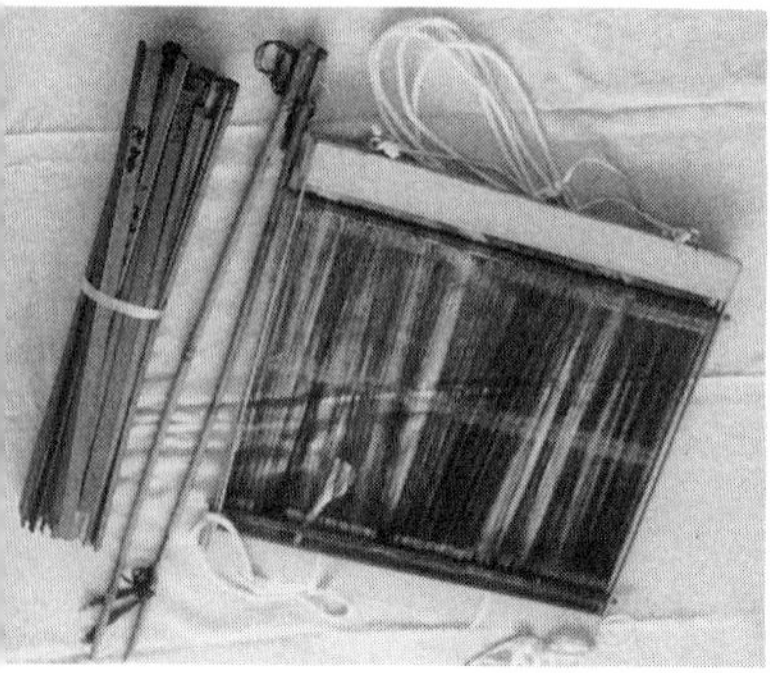
左からあげの，畦竹，綜絖（倉吉）

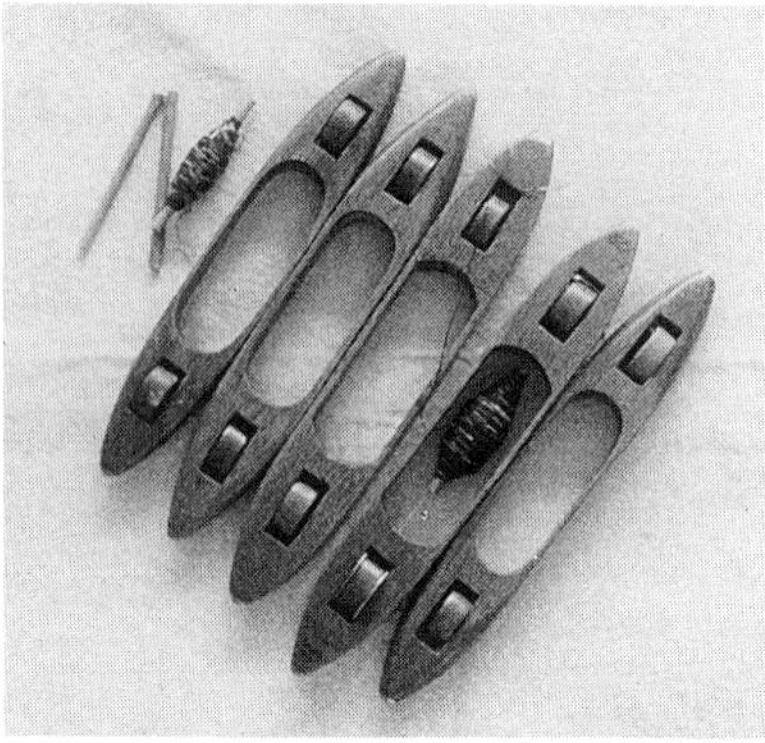
高機の杼と緯糸の管（倉吉）

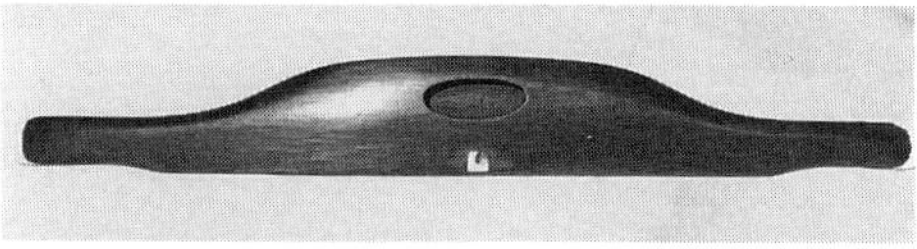
地機の杼（倉吉）

粗筬（倉吉）

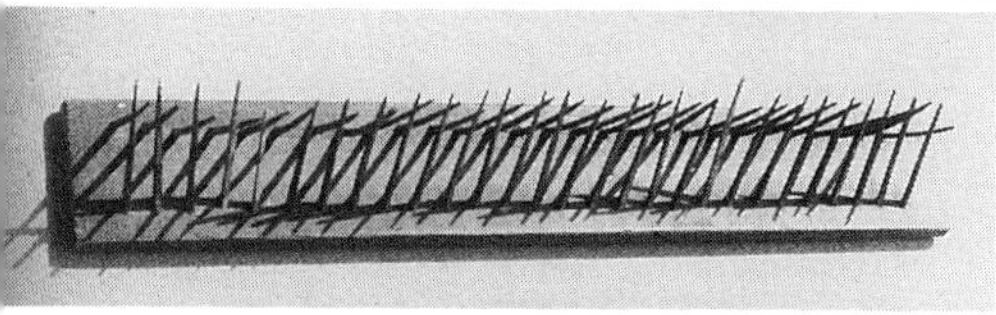

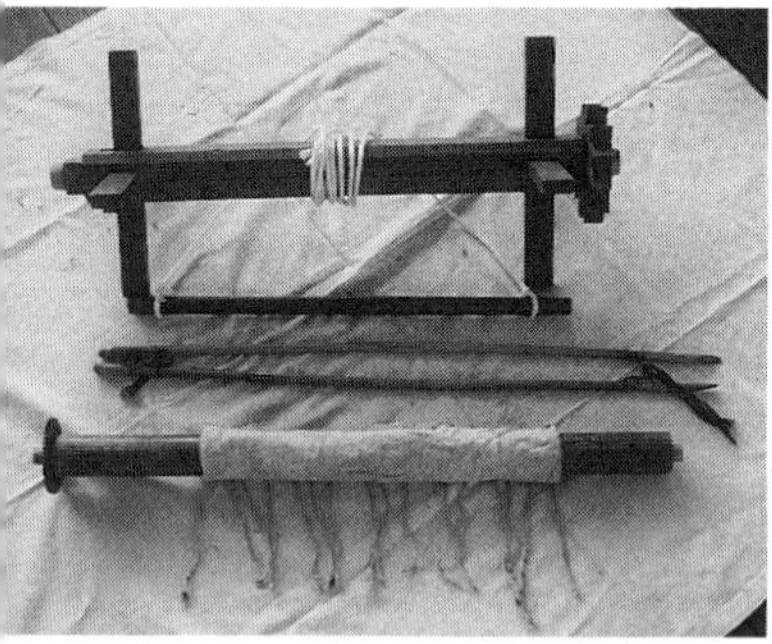
上から千切，畦竹，布巻（倉吉）

竹筬と筬通し（倉吉）

（一〇％の縮み代も含む）を整経する。普通は二反連続して整経する。

綛分け器と糸車

四本の綛糸を一本ずつに分ける器具である。糸車は、手紡糸を作ったり、管を巻く時に使用する（二二九ページ参照）。下の板は膝下で固定するために長くつけている。

綜絖《そうこう》と綜棒《へぼう》とあげの、、（機草《はたくさ》のこと）

綜絖は糸と針金などで作られていて、織物の際に緯糸を通す。緯糸の杼を入れるために経糸の上下運動をつかさどる用具である。

綜棒は整経する時に使用する用具で、二本の糸を竹の中に通して綜《へ》る（整経する）ものである。あげのは、山陰、岡山地方の呼称であり、機草《はたくさ》という名称が正しい。整経した経糸を巻くときに糸を揃えるために使用する。また、経綛はあげのによって調節し、ずらして文様をつくる。

経　尺

経綛の寸法を綛計算によって墨印を付けていく時に使用するものさしである。

布巻、畦竹、千切（経巻）

布巻のことをちまきと呼んでいる（中国地方）が、製織した布を巻き取っていくもので、高機の附属品である。

畦竹は、久留米ではさきあげ、中国地方ではあぜ竹と呼んでいる。経糸の畦、すなわち上下の糸の分岐点に通す竹である。

経巻は、整経した経糸を千切に巻いていくもので、巻き取りの役目をする。横の歯車が廻って糸が手前に流れてくる操作である。千切に経糸を巻いて高機に固定する（二三二ページ図参照）

座繰り

糸枠に糸を巻く器具で、手で廻すと、歯車仕掛で糸枠がまわって糸を巻き付ける。

杼《ひ》と管《くだ》

杼《ひ》のことを中国地方では「さい」と呼んでいる。杼とは織物の緯糸を通す操作に用いるもので、木製の舟形に造ったものをいう。船の両端に金属をかぶせ、胴部に緯管《よこくだ》を入れる空所があり、側面の穴から糸を引き出し、経糸の中をくぐる装置になっている。管は竹製の長さ七センチ七ミリくらいの丸い筒である。

絣糸わけ

絣糸わけの四本用については説明したとおりであるが、五倍の能率と綛取りを一度に兼ねた用具で最新式もある。二〇本単位に整緯した絣糸をこの用具にかけると、一度に二〇本の絣糸に分けられるのである。

地機と杼

初期の織機で、杼の長さも長く大きい。昭和二十三年頃、倉吉市内ではまだ地機を使っていた。杼の両端と糸を引き出す所は象牙が使われている（二三〇ページ参照）。

製作工程

(1) 漂白（精練）
(2) 糊付け、種糸作り
(3) 整緯
(4) 絣括り
(5) 藍染め、あく出し
(6) 整経と糊付け
(7) 絣解き（粗麻を除く）
(8) 絣分け、管まき
(9) 経巻きと綜絖通し
(10) 製織

(1) 漂白（精練）

一反に要する紡績糸約八〇〇グラムを水の中に浸しておく。次に、白水（米のとぎ汁）を加えて、紡績糸が沈む程度にし、一時間くらい弱火で煮る。糸を煮ることによって脂と不純物を取り除き、糸を強めるのである。現在は白水などは使用せず、水から四〇分間煮る。その後よく水洗いし、乾燥させる。

(2)　糊付け、種糸作り

種糸作りは糸の延びを防ぐために漂白した紡績糸一綛に糊を付ける。小麦粉を濃厚に溶いて煮沸した糊を使用する。付けたらよく乾燥させる。

次に糊付けした綛糸を取り、筬台（櫛の歯状に竹を薄く並べたもの、つまり筬歯一〇ヨミを並巾の台、左右両側にとりつけたもので、別名絵台とも呼ぶ）の上に、糸を順次一本ずつ筬歯の間にかけていく。糸の長さは型紙のデザインによって決まる。

糸を並べた筬台の上に好みの絵文様の型紙を乗せ、型紙のくり抜いた箇所に墨をつけていく。この時に使用する型（紙は和紙に柿渋と糊で縦横互い違いに何枚か張り合わせたもの）は、渋紙を使用するとよい。

一本一本の糸に、絵紙の印《しるし》がつくように、角は厳重に印をする。図案が大きい場合は、種糸に一番、二番と番号の墨印を入れておく。筬台から糸をはずす場合は、裏に付木を糊付けにして当て、種糸を作る。

これを、一本の長い糸に延ばして綜台にかけると、絵印は、墨印の斑点になる。

(3)　整　緯

漂白した綛の紡績糸三七〇グラムを、四つの小枠に移しかえる。筬台の種糸を筬台《おさだい》から整経台に張って、絣文様の長さを決める。この上に、四つの枠の糸を綜箸《へばし》（綜竹は長さ五〇センチで、太さ手指ほどの篠竹の節を抜き、中央部に切りこみがしてある）二本にそれぞれ二本ずつの糸を通して糸二組（四本の糸）を文様の数だけ綜《へ》る。一反（一二・五メートル）の長さに図柄の大きさが一〇センチ単位とすると、一二五本の緯糸で連続総文様となる。したがって、図柄に紺地を入れる場合は、絣糸は少なくなる。現在の整緯は、二〇個の枠に糸を移し、二〇単位で綜《へ》っている。綜るのも簡単で能率があがり、絣分けも二〇本単位で分けている。

(4) 絣括り

綜台で綜《へ》った（整緯した）糸と種糸を一緒に綜台からはずし平均に延ばす。絣括り器があれば、それを使用すると正確に括れる。括り器のない場合は、縦に長くピンと張って固定し、墨印の上を粗麻でしばる。粗麻とは麻の一種で、高さ一・五メートルくらいの植物の表皮をはがして、よく乾燥したものである。粗麻はあらかじめ一時間くらい水の中に浸して柔らかくもどしておく。粗麻の括り方は、左手に粗麻を持ち、糸の向こう側から糸の下を通して一回転括り、右手で強くしめて結ぶ。

墨印の大小によって、粗苧の大きさを加減し、巻口は短く切っておく。久留米絣では、粗麻の切り口は長めに切る。印どおりに括り終わると、糸を並巾に、織り出しより畳んで文様の括り忘れを調べる。

以上の工程は、緯絣の場合の括りであるが、経緯絣の場合は、経糸にも文様の印をつける。整経した綜台の上で経尺を使って、経緯の図案が重なるように計算して墨印を付ける。こうして括ると、経緯の糸が重なった真白い文様の絣ができる。

絵絣を作るには別法がある。この技法は山陰の広瀬、倉吉絣に用いられたもので、緯綜台を使って括るものである。緯綜台とは、幅三九・五～四二センチ、長さ一メートルの木枠で、両側に一センチ間隔の木釘が八〇～一五〇本くらい打ってある。

幅は並巾でも、長さが実際の約七・五倍くらいの型紙が必要である。型紙の大きさによって木釘の数がきまり整緯する。こうして糸を揃えた上に型紙を置き、彫った部分に墨印を入れていく。墨印の部分を綜台にかけたままで粗麻を括る。このような方法は、種糸を作ることも、緯糸を延べて固定することも必要ではない。括り忘れもなければ、綜台を自由に動かして作業することもできる。

(5) 藍染め、あく出し

藍瓶は一組一二本単位として使用されている。染斑《そめむら》をなくすために糸を湯水に充分ひたしてから染色にかかる。濃度の低い藍瓶から浸し、次第に濃度の高いものに移しかえて染める。糸綛に絞り棒と踏み竹を上下に通して、絞り棒を廻して絞る。染めは、絣括り糸の括りぎわを良く染め上げるために、数十回糸綛を土間に叩きつける。これは、括りと括りの間の糸がふくらみ、空気が入って藍の酸化をよくし、染色を良くするためである。括り方が熟練していない時は、括った所がポロポロと解けて染まってしまう。解けないように固く括ることが大切である。

藍染めは、醱酵建であり、よく醱酵した藍液で染色をしなければ色が褪せてしまう。生きた藍液とは、表面に赤味を帯び金色の大きい泡が立つ状態で、なめてみてチカチカするのが良好とされている。経糸のあく出しは、ぬるま湯に三時間放置するとよい。水洗いして乾燥させると美しい藍色になる。

(6) 整経と糊付け

染色した糸約四〇〇グラムを小枠に移し整経台で綜《へ》る。糸を綜台下左の木釘にかけて、糸を一本ずつ交叉させ右下の木釘にかける。この交叉点が機にかけた時に上下の分岐点、すなわち畦となる。こうして下の木釘から順にかけて上にあがり、一反分は九ヒロ（一ヒロは一七五センチ）あればよいので、左右の木釘を五本使用すればよい。糸四本を一単位として一〇数え一〇ヨミ（上下計八〇〇本）になれば綜《へ》終わる。

これに糊付けをする。この目的は、糸の毛羽だちと乱れを防ぎ、扱いやすくするためである。糊は玄米の炒ったものを煮るか、生米を摺りつぶして湯を加えて溶かして作る。小麦粉でもよい。薄糊の中に糸を三〇分くらい浸してから取り出し、糸を布に包んで十分水分を取る。三人くらいで引張り、糸を揃えてから外で日光にあてる。生乾きの時にも一度引張ることが大切である。糊が元に戻らないようによく乾燥させる。

(7)　絣解き（粗麻を除く）

絣解きは、糸を切らぬようによく注意して解く。老女は鋏などは使用せず、前歯を使って解いている。粗麻を全部解いた絣糸はあく出しをする。広い容器を用意し、微温湯を満たし、その中に糸を約三時間浸しておく。

茶褐色の汚い汁が流出する。これは、藍瓶の中の醱酵剤、石灰やソーダなどで、これを糸から出しておかねば生地を弱めるともいわれ、また織り上げてから褐色になる場合がある。

(8)　絣分け、管まき

染色した緯の紺糸もあく出しをしておく。乾燥したら糸枠にかけて糸車を使い管まきをする。現在はミシンのモーターを使用して管をまいて能率をあげている。

絣糸は四本で整経した場合には四本の絣分け器にかける。しかし、二〇本で整経した場合は二〇本の糸分けのある絣分け器を使って簡単に処理する。絣分けをするにあたり、柄の織り出しを決めて赤印を付け(絵具などで染色)、織り出しから絣分け器に巻いていく。そうすると、管を巻く時に織り出しが上に出ることになり手間がはぶける。

大柄の場合は、管を三本使うことがある。織り出しに注意する。

(9) 経巻と綜絖通し

整経した畦の前後に小竹(畦竹)を入れて両端を結び、経糸一本ずつ上下二本の糸を一緒に筬歯に通す。筬通しがすめば、小さい棒に糸を括りつけ経巻(千切)に結びつける。続いて小竹と筬歯を前後に入れ替える。これを畦返しとよんでいる。畦返しが済めば、櫛で糸をときながら経巻をする。巻く時は、平均になるようにあげの(機草)を使用し、糸がゆるまないように気を配る。

経糸に絣があり経緯を合わせる場合は、筬歯に通す時はあらかじめ絣計算をしてその配置を考える。櫛でとく場合、絣が散らないように注意して巻く。

巻き終わった糸は、筬歯を抜き取り、機にかけて綜絖に通す。糸端より一本ずつ一と二に分けて八〇〇本の綜絖に通す。終わると、経巻を高機の所定の位置にはめ、糸を流して筬通しをする。筬は、二枚の綜絖の端より順次一本ずつ、上糸、下糸二本を通す。それを布巻(ちまき)に括り付けて固定する。

(10) 製 織

製織は、機の踏木を交互にして糸を上下に開口させ、緯糸を杼に入れ、それを横入れし筬框《おさかまち》を引いて横打ちによって織り込んでいく。絣糸の部分が重なっていくと型紙どおりの図案が再現できる。織り込みは、耳を揃えて布面の密度が均等になるように注意する。

織り口が長くなれば千切(高機工具、経糸を巻くもの。二三二ページ図参照)をゆるめて手許へ寄せながら織る。緯絣は二〇～三〇日間くらいで製織できる。経緯絣になると、経の絣糸の上に緯の絣糸が重なるように、あげの（二三二ページ図参照）を使って経糸を調節しながら織る。図柄によって製織日数は異なるが、三〇～五〇日間くらいを要する面倒な作業である。

経緯絣、小鼓文の作り方

経緯絣着尺、小鼓文様の工程を簡単に説明する。

材料は木綿双糸四二番四〇〇グラムを経糸に使い、緯糸は手紡糸四五〇グラムを準備する。

(1) 経、緯糸を精練（湯煮三〇分）して不純物を除く。

(2) 経糸四〇〇グラムの綛《かせ》糸を小枠（一〇個）に移す。

(3) 経糸を作るため、(2)で準備した糸の小枠五個と、整経台（経糸を作る木製台）を使い、五本の糸を一回に一反分（九ヒロ、約一五・三メートル）の長さの糸を八〇〇本準備する。その時に、絣用の糸と無地にする糸を分けて整経する。

(4) 絣計算によると、絣糸四二〇本と紺地糸三八〇本になる。経糸の括り方(1)と(2)の二通りを二四三ページに図示した。

一般的に図(1)の括り方でAとBの糸を（Aは六〇本を三組、Bは八〇本を三組）デザインの小鼓の寸法どおり、一・五センチ、一センチ、五ミリと六段の糸束を括る。スタート印を括り全長一五・三メートルを六センチ間隔に順次括る。整経台を使って正確に括ることが大切である。

別法の図(2)はデザイン図のとおり、Aの三〇本の経糸六組、Bは四〇本を六組に分けて括る図である。この方法は図(1)の括りの二倍の時間を要するが、初心者は経糸を正確に配置するために必要と思う。

経糸の括りは絣尺（寸法を付けた綿テープ）を用いる。絣の足（糸が流れて出る）が出やすいので印の内側を正確に強く括ることが大切である。

緯糸は手紡糸の綛《かせ》を六個の枠に移しておく。

(5) 絵図台を使い小鼓のデザイン幅四〇センチ、長さ一二センチに、糊付けをした白糸を掛けて準備する。小鼓文様を厚紙で彫り、型紙を作る。その型紙を絵図台の白糸の上に置いて固定し、防水性のマジックペンで小鼓を描く。型紙をとり、種糸の織り出し印を右端に付けておく。

(6) 種糸を整経台に移し、輪状にする。その上に先に準備した緯糸六枠から六本の糸を一度に揃えて二〇回、整経台の輪状の種糸に重ねる。合計一二〇本の緯糸を作ることになり、一本の糸で一二センチの小鼓を織ると一二〇本の糸で一四・四メートルの緯絵の糸を作ったことになる。

(7) 種糸の印どおりに織り出しから括って進行し、全部の印を括り終える。手紡糸は延びたり切れたりするので注意をし、染色も色が入りやすいので、防染のために括りぎわを強くしめて縛る。

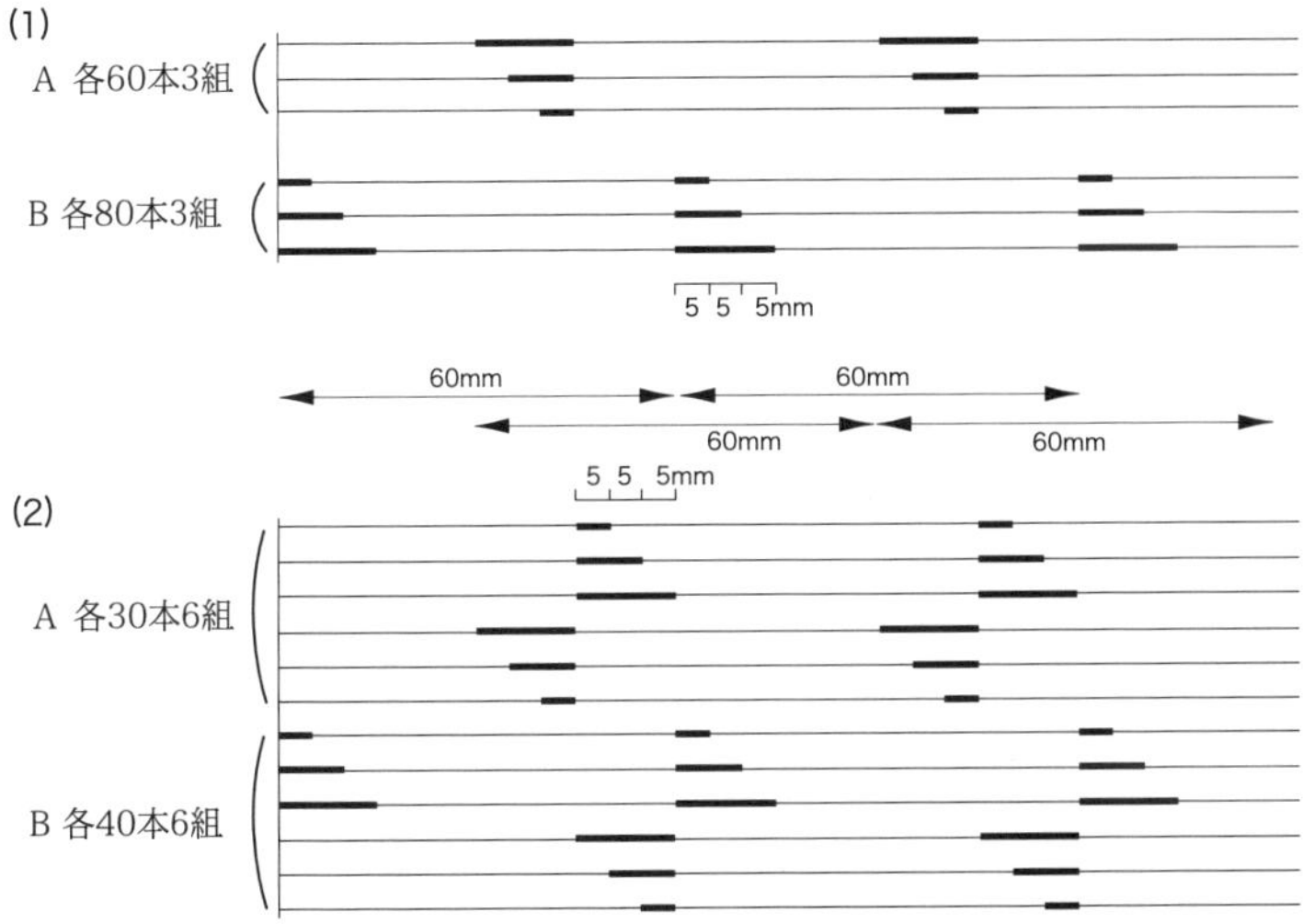

経糸の括り方（15.3m を括る）

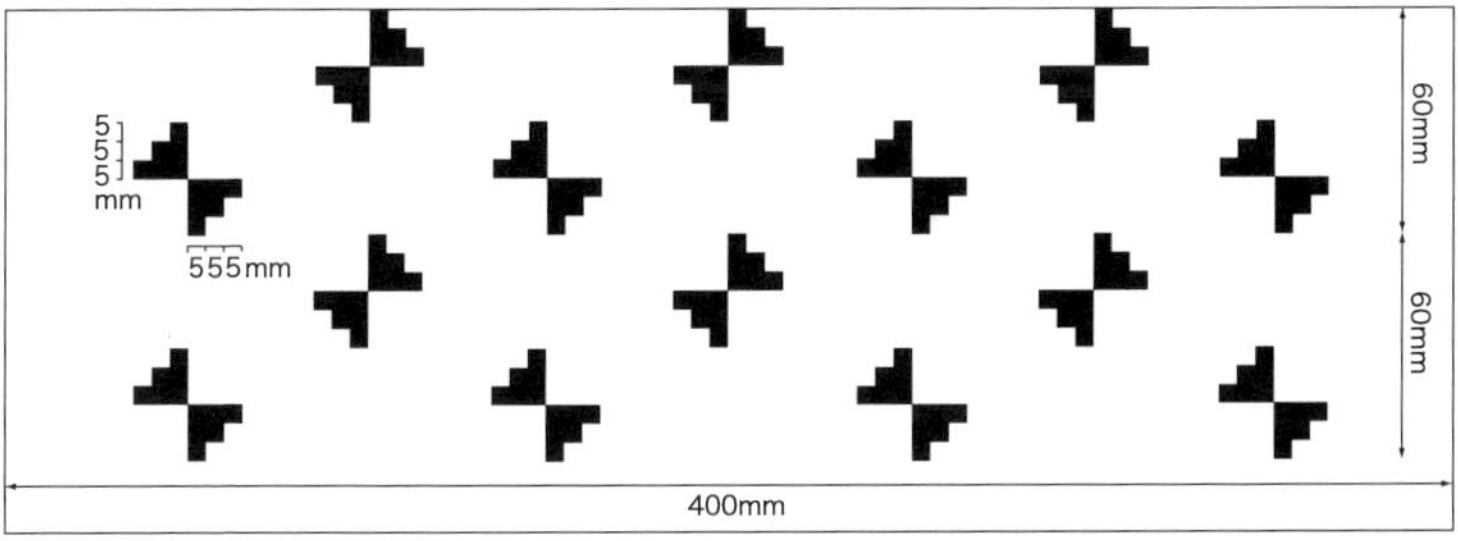

経緯絣

(8)　絣合わせ。経糸の括り残しのないよう再度検査する。緯糸は、織巾に括った糸を合わせて括りが重なり小鼓文様になるよう調べる。

(9)　染色。経緯は別々の糸輪を作り、特に絣糸はよくわかるように分ける。鮮明に括りぎわを出すために染液から引き上げてよく絞り、それを石か木棒に打ちつける。その際、糸を直角にして力強く叩く。括った糸を空気によって酸化させムラ染めにしないために、この動作を三～四回繰り返す。染色は乾燥させてから、また、藍液に浸し、五回同じことをして、染めては乾燥させて完全に干し上げる。大変な重労働と気を使う作業である。

この糸束を打つ時に括った箇所が一個でも解けたら失敗で絣にならない。小柄が最高の技術というのは、括りが小さく、その隙間を染めるのは容易でないからである。また叩きに耐える括りを行なうには手指に大きな負担がかかり、炎症を起こして指が曲がってしまうこともある。私もこの体験を何度もしている。

(10)　絣解き。経糸の括りを解く際は鋭利な刃物は使わない。昔の人は前歯で解いている。経糸を数本切ると文様が乱れるだけでなく、緯糸が重ならないため、チリ絣になり失敗をする。細心の注意で括りを解く。私は洋裁用具の先端の尖った工具（目打ち）を使っている。緯糸も括りを解いて全部の糸のあく出しをする。

(11)　あく出しは経糸と緯糸に分けて行なう。大量のぬるま湯（摂氏二〇度くらい）を流しながら洗い、洗い終わると大きいたらいにぬるま湯を満たして絣糸をつけておく。三時間放置すると鮮明な藍色が表われる。あくは茶褐色の濁り水である。その後水洗いして天日干しを行なう。経絣に薄い糊をつける。

(12) 機上げ。経糸を高機に巻き、織れるように準備することを機上げという。デザイン図のとおり、絣糸を一〇本単位に分けて、一・五センチ、一センチ、〇・五センチの三通り三〇本をまとめる。また別法として六〇本毎にしてもよい。

次に粗筬《あらおさ》(筬の密度が広く糸の密度と織り幅をきめる工具)に紺糸と絣糸を絣計算によって通す。AとBの小鼓幅に三と四立に配置する。高機の工具、千切に巻く。

別法は、六〇本毎に三立と四立に分けて配置してもよい。

高機に巻き終えてから間丁《けんちょう》(経糸が通る最先端の場所)で絣糸三〇本毎に引き上げて小鼓状に調整する。

(13) 綜絖《そうこう》通しと筬通し。経糸は綜絖(二枚の金製の工具で経糸を上下に分けるために通す)に紺糸七〇本を通し、絣糸六〇本、紺糸四〇本、絣糸六〇本を入れる。この繰り返しで絣糸四二〇本、紺糸三八〇本を入れて一巾八〇〇本とする。筬に通して織り出し、布で経糸を結んで固定する。絣が乱れないよう、手指を糸の間に入れて注意しながら結ぶことが大切である。

(14) 緯糸の準備。緯糸は六本単位で整緯したので、六本の糸束のままで解く。あらかじめ織り出しに赤い印を付けておく。六本毎に輪状の糸束を解き、さらに一本の糸にする。一本毎にするのは絣分け工具を使い、中枠に巻きながら絣分けをする。さらに一本の絣糸は管《くだ》に巻き、緯絵の長さ一二センチの文様の糸を用意する。

(15)　整織。経糸に配置した小鼓文様の上に重なるように緯糸を織る。経糸が垂直に流れ、緯糸を水平な織り口にしなければ、完全に図柄が重ならない。経緯絣は常に両手を合わせて祈りながら織り進むほど気が抜けない作業である。

経糸は一五・三メートルの長さであるが、手紡糸が交織されると太さ分の縮みがある。さらに前後の糸で織れないムダを除くと、約一四メートル織ることになる。織り上げて水洗しアイロン仕上げをすると三〇センチくらい縮むようだ。

第六章　織物と女性

一　織物文化

文様のこと

絣について、絣文様と絣の移り変わりと特徴などを大まかに述べた。絣資料約千種の中から四百点ほどを図版に選び出し、その産地と年代、文様を種類別に解説してみたが、不十分のような気がする。人と布との関係は長く深いもので、まだまだ私の知らない文様は多く、図柄の種類は計り知れない。しかし、この調査によって、絣が少しずつ移り変わりながら進展したことは、老女たちの証言からも理解することができたし、遺品も実証してくれていることを確信した。

絣の織り手は、その年代に流行したパターンの絣技術を取得していた。たとえば、明治初期に生まれた人は絵絣は織れても経緯絣の技術は知らない人が多く、その逆に明治末期に生まれた人は矢絣や経緯の幾何文様は織れるが、絵絣は織れなかった。私は老女たちとの長期の対話の中で、絣の文様にそれぞれの意味があることを知り、吉祥や長寿の願いが秘められていることを聞き書きを通じて図版毎に述べてきた。

初期の絣は経緯とも斑点のチリ絣が多かった。それは絣工程の作業上の失敗ではあるが、乱絣は簡単に織れたのである。その後、人びとの思いが定形の文様を生み出した。緯糸を規則的に括って織る「飯粒」絣は、白米飯に憧れる文様として地方の呼称である。山陰地方は絵絣の宝庫といわれ、その文様には深い意味が込められていた。

ある老女が絣布団を取り出して「この文様は権威のしるしであると、親から聞いている」と、話してくれた。「鼎《かなえ》」文字が布団全面に織られていた（鼎は権威のしるしであった）。私は綿入れ布団を見せてもらったが、この人は親が娘に持たせた布団文様に、一生プライドを持っていたことを知った。

また、広瀬絣布団（口絵、踊る娘たち）は美しい。広瀬の大柄と人物文様は有名であり、これまで図版により解説したが、女性を描いた文様は珍しい。広瀬町は月山《がっさん》富田城のある城下町として栄えた所である。絣は城下町月山と桜花、その下を編笠を被って踊る娘たちの絵絣である。経絣で、並巾いっぱいの斜道は白く抜き、その中に踊り子が踊る風景が経緯絣で精緻に織られている。「安来よいとこ一度はおいで」と、安来節に合わせて踊る女人の表情がよく出ていて、眺めていて嬉しくなる文様である。広瀬町のゆとりある文化の香りが感じられる。

男物の文様によく織られている算盤絣は、計算がうまくなり、金銭に困らぬための願いが込められた文様といわれている。また、鯉文様は男子の成長を願うシンボルとして布団絣に多く織られた。

小絣が最高級品として扱われ、なかでも亀甲絣は長寿を表わす文様の代表的なもので、男の着物に用いている。並巾三六センチの中に亀甲を八〇立の柄は腕の立つ人が競って製織した絣である。一センチの長さに八〇立を交互に、一六〇個の亀甲を並べて織り進むことは至難の技である。一日に二〇センチ織り進めるのが限度の着尺は、一反織り上げるのに二カ月を要する。準備と糸の括りに一カ月を要し、合計三カ月間をかけて男物の着物を織ったのである。布全面が五ミリの亀甲で連なる着物は、織り手の心が着る人への祈りになっている。このように、絣文様は人々を勇気づけ、織り手は着用者の健康と日々の幸せな生活を願って織り続けてきた。

男物は小絣にする、これは男中心の社会が着物にも存在していたことを物語る。女たちはますます好奇心を高めて、二算盤絣を三算盤絣へと複雑にして自慢しあった。文様で自分が表現できる、これはすばらしい文化である。子どもの成長と安泰を衣服に表現する、たとえば「鈴」や「宝袋」などの絣を着せた日常があったのである。

人形作家が自分によく似た人形を創ることと同じく、織物もその人を表わすといわれている。老女たちは、「絣布を織った人の手形」と称している。手形とは作品のことをいう。絣にその人の個性が表われると私は理解している。そして、数人の老女から「○○さんの手形だ」と、絣作品を説明されてきた。

織りは最初が大切である。最初、糸の準備にかかれば心構えを決める。「泣き泣き整経（経糸の準備）して、笑い笑い織れ」という。経糸を整経する際の両足の位置、手の動作、糸の並べ方などに目を離さない。こうして一五メートルの長さの八〇〇本の経糸を整経して準備作業をする。高機に上げて経糸がよれたり切れたりしないためには細心の注意が必要である。緯絣を織る場合、経糸の絣が流れる（不揃いになる）と経緯絣は織り進めない。高機に掛けるまでが全工程のうちのおよそ半分である。「基本に誠実に」とは、一つ一つの工程を大切にして積み上げることをいう。

織物には、織った人のサインを入れた。雅号とか氏名や屋号ではない。ただの糸一本である。布の左右両端一センチを布耳といって、着物を縫合するときに中に入る縫代《ぬいしろ》の部分がある。その布耳に自分流の隠し糸を入れていると聞いた。それは、いつ、誰に尋ねられても自分の織物に責任を持つことと、盗難や売買の際の不良返品の差戻しにも届出ができた。他人が見ても判明しないが、作者は知っていた。紺糸の中に淡色一本が混ったり、絣状の糸が入っていたりする。なかには絹糸を一本を入れたものもある。こうした細部への知恵は製織者のプライドを表わすものであろう。

かつては子どもたちの幼少時に野外でよく自然を観察させ、遊ばせた。子どもたちは野山を駆けまわってトンボや蝶を追い、河川では稚魚を取った。雨や雪、風の音を聴き、天地万物の恩恵の中で成長した。私たちは視・聴・臭・味・触の五感を持っている。その五感の発達が織物をする上には大切なことである。

幼少期に五感が訓練されていると、何を見ても敏感に反応する。文様をデザインする上に大切なことはこうしてはぐくまれた発想である。

また、藍の色の見分け方や、藍の醱酵臭を知ること、藍を舌の上にのせ、チカチカする味わいなどは体で覚えなければいけない。糸に付ける糊の濃度も舌で計るなど、味覚が決める。その上に大切な触覚が直接的に要求される。

木綿の肌ざわりの良さは、真綿《しんめん》の紡ぎ具合いと糸の太さに関係する。織物は手のひらで布をなでて織り進む。この皮膚感覚によって毛髪一本混織していても判明する。まして、手紡糸には綿ゴミ（綿の葉、綿桃の皮片）を混織することがある。手のひらで調べるのがいちばん良い。

また聴覚は、機織りの音や、糸を挽く紡糸車の「ブンブンブンヤ」（「ヤ」は車を止めるときのひびき）と鳴る音、砧を打つ（繊維や織り上げた布地を柔らくするために木製台の上で木槌で打つ）音、絹鳴りの音などである。こうした音色が家庭内でハーモニーを作った生活のリズムが、かつての暮しの中にあった。

感性のいい家庭の娘を嫁に入れると、家伝来の絣の秘法を婚家先に持参し、実際に織りによって家計の傾きを直したようである。藍染めによって表現した絣文様は織り手の分身そのものである。

二　古布に魅せられて

横野絣

二〇〇〇年十一月二十六日の消印で法政大学出版局気付で私宛に一通の手紙が届いた。差出人は山口県豊浦郡に住む有田絢子（昭和十三年生）である。

前略、この度、先生の著作『野良着』を読み深く感銘を受けた者です。新聞の広告欄で題名を見たとき心魅かれるものがあり、読み終えた後、その直観の正しさに喜びを覚えています。全編にあふれている日本風土に対する愛情にまず感動いたしました。写真やそれに対する精しい説明、製図、重さなども（これは専門とする者以外の者にもとても親切な計いでした）これは当然ながら具体的で文章を裏づけるものとして、私は納得いたしました……。

その内容は、拙著『野良着』の感想から、山口県横野地区で絣が織られ、それを収集した浜口二郎（明治四十五年生）の紹介に及ぶものであった。

下関市西安岡町で洋服店を営んでいた浜口は、布の好きな人である。昭和四十八年ごろ自宅近くの海岸に絣布団の敷と掛の一組が捨ててあるのを見て、あまりにも紺絣が美しいので文様を切り取り、洗濯して干していた。それを見た近所の女性が「横野絣は、昭和四〜五年まで織られていた。横野出身の村崎サダさん（明治元年生、昭和五年没）が久留米に行き久留米絣の技術を学び、明治後期から大正にかけて村の娘たち（二四、五人）に絣を教え、地名から横野絣として普及させた。私は村崎さんに絣を習って嫁に来た。絣が織れるということで嫁の値打ちが上がり、人の集まりで絵絣を見せた」と話した。

これを原点として、浜口は村崎家を訪ね、聞き取り調査と遺品を収集し、さらに一番弟子の原野セキ（明治二十七年生、平成三年没。明治四〇年一四歳で習い始めた。村崎さんは三七歳だった）の製織した絣を集めるなど横野絣の収集に力を注いだ。仕事中の人を尋ねるのを気兼ねしながら、絣が消え去ろうとする寸前で急がれたようである。昭和五十八年、浜口二郎の収集した絣を長府博物館で「わら工芸と横野がすり展」と題して展示会を開催した。その後も積極的に絣収集を続けて、下関市立博物館へ寄贈された。収集数は膨大な量で、長着物だけでも一〇〇枚はこえるらしい。

織りの産地には絣名人が存在したことはよく知っていたが、山口県には村崎サダという一人の女性が、久留米絣の技を横野絣という地名を冠して熱心に普及させ、広めていた事実を初めて知った。その後化学繊維の出現により木綿衣料を処分する社会風潮となり、焼却するなどで消滅寸前になった。その時に、絣の美しさに気づいた浜口二郎は意識的に守ってくれた。

「野良仕事を終えて夜なべと、雨降りに納屋に入って一人で機を織るときの楽しかったこと」「手織りの絣は苦しみと喜びが交互にまじわる心の織物ではあるまいか」と、浜口が語るのは、老女たちとの対話、収集に際して聞いた声であろう。

横野絣の遺品は、土地の庶民の中から生まれた絣文様であり、重要な資料でもある。彼の業績をここに紹介しておきたい。

便りをいただいた有田絢子は、元中学校教諭である。有田さんも絣に興味があり、今回の横野絣の写真と浜口二郎の取材に協力していただいた。地域の裏方として絣保存に執念を燃やした九二歳の長老を讃えるためである。

横野絣の写真を見ると、故村崎サダの久留米で学んだデザインが生かされていることに気づく。彼女の行動力によって若い世代に絣が広まり、地名を冠して残されたことは尊いことである。特に縞織りの副業地域であったことも絣への進展に影響したと思われる。

古布が好き

神奈川県大和市内で生活工房を主宰する杉浦和子（昭和二十三年生）は、麻や木綿の古布が好きな人である。

横野絣の創始者・村崎サダと生徒たち　後列から三段目の向かって右端が村崎，その隣りは原野セキ（明治末期，浜口二郎提供）

市松と鯉と人物文　寝具
（横野，明治期）

恵比須と幾何文　寝具
（横野，明治末期）

花入り菱幾何文　寝具
（横野，明治後期）

花入り菱幾何文　寝具
（横野，明治後期）

花入り菱幾何文　寝具
（横野，明治後期）

枡入り花とろの字文　寝具
（横野，大正期）

寿文字入り幾何文　寝具
（横野，明治後期）

十字菱と枡幾何に鶴と福面文
寝具（横野，明治末期）

人が顧みなくなった幟旗《のぼりばた》（竿に長い布を通して立てる。男児の節句や大漁の祭礼などに用いる）や大風呂敷、布団地、着物類の古手を収集し、それを現代にマッチする洋服やコートに作り改縫する。筒描き染めの染絵を生かしたり、破損した箇所に縞をパッチワークしたり、縞と絣を自由に切り替えている。デザインは、着物巾を生かした直線裁断で着やすく個性的である。酒袋、醬油袋を利用したバッグ、麻の葉文様に刺した絣の雑巾を二つ折りにして両側を綴じ、紐を付けたショルダーバッグなど、アイデアがいっぱいである。

このように半世紀を越えてなお美しい木綿の藍絣や縞を斬新な作品によみがえらせて個展を開いている。杉浦さんは「体の弱い子どものために健康な百人の方の木綿の衣料のはぎれをもらい、それで仕立てた着物を着せる、百はぎ着物があったと聞き、四十歳ごろ金沢のある寺を訪ねた。それは、自分も二歳の男の子を難病で亡くした悲しい経験があり、その悲しさと重なった」と話している。

「大戦後三年目に東京近郊の相模原市で生まれ、八歳まで茅葺き屋根の家で桑畑に囲まれた幼い日の生活体験が、古民具や古布に郷愁を覚えるのだろう……」という。四十歳ごろから古布にかかわり、現代風に作りかえる仕事を始めた。古い木綿には生活の臭いと無数の物語が織り込まれていることに気づき、ますます想像力を掻き立てられるようになった。東京銀座から日本各地、北海道から沖縄へと、各地で古布の美しさと新しいデザイン服を展示発表している。こうした新作品を展示即売したことのある芦屋市の友人・平松布三子と二人で訪ねてくれた二〇〇〇年秋、初対面するや杉浦さんは帽子をとり、「この帽子は、丹波木綿の古布の米袋です。そのまま袋を二重にくぼませて被っている」と、話しはじめた。色褪せた紺木綿を短冊に当布をし、藍の濃淡に格子縞を貼り、直線裁ちのボックスコート型である。友人の平松も幟旗で作ったコートが大胆でよく似合う。二人のファッション・モデルを出迎えた。私は面喰らいながら、「よくもここまで研究され、古布を愛し、さらに個性的な着装を実践されましたね」と、言いながら見とれてしまった。
杉浦さんは全国各地で作品展を催したときに、「木綿絣や古布はヤボくさいとか田舎くさいと、木綿に対する蔑視のことばを聞いた」と話す。絹物を尊重する人が実に多いことを知りながら、木綿にこだわってきた。私は、彼女と同じように、絣織り作品を絹糸に代えるように先輩から指導されたが、木綿絣を織り続けている。この出合いによって木綿を愛する仲間が増え、木綿文化を伝えていく自信と生きるはずみをもらった。藍の色は日本人の肌に一番よく似合うし、癒しに役立つ色であると思う。

つぎはぎ細工

鳥取県西部、淀江町の材木店の主婦、浅田重子（昭和九年生）は木綿絣や縞のパッチワークを続けている。島根県東部、広瀬町の広瀬絣産地の中で育ったことで紺絣が好きな人である。パッチワークのことをつぎはぎ細工といい、二メートル四方の大作は藍絣を中心に百から二百枚の古布を縫合している。さらに古布を恵んでくれた方の名前を刺し縫いで記録していた。大作三枚の作品に、次のような言葉が縫い取られており、作者の心がよく伝わってくる。

藍、愛ふれあい、ふる里の文様、布を継ぎ合せ、人と人の縁をつなぐ
絣をいとおしんだ人びと、残した人びと、布をはぎ合せ、人と人の縁をつなぐ
藍のにおいは母のにおい、女のよろこび、女の哀しみ、布をはぎ合せ人と人の縁をつなぐ

古布の破れに当布のあるままつぎはぎをしてまとめた作品もあり、これらの大作の前に立つと圧倒させられて釘づけ状態になる。絣を織った人の声が聞こえるような錯覚をおぼえ、布は息を吹き込まれて喜び合っていた。

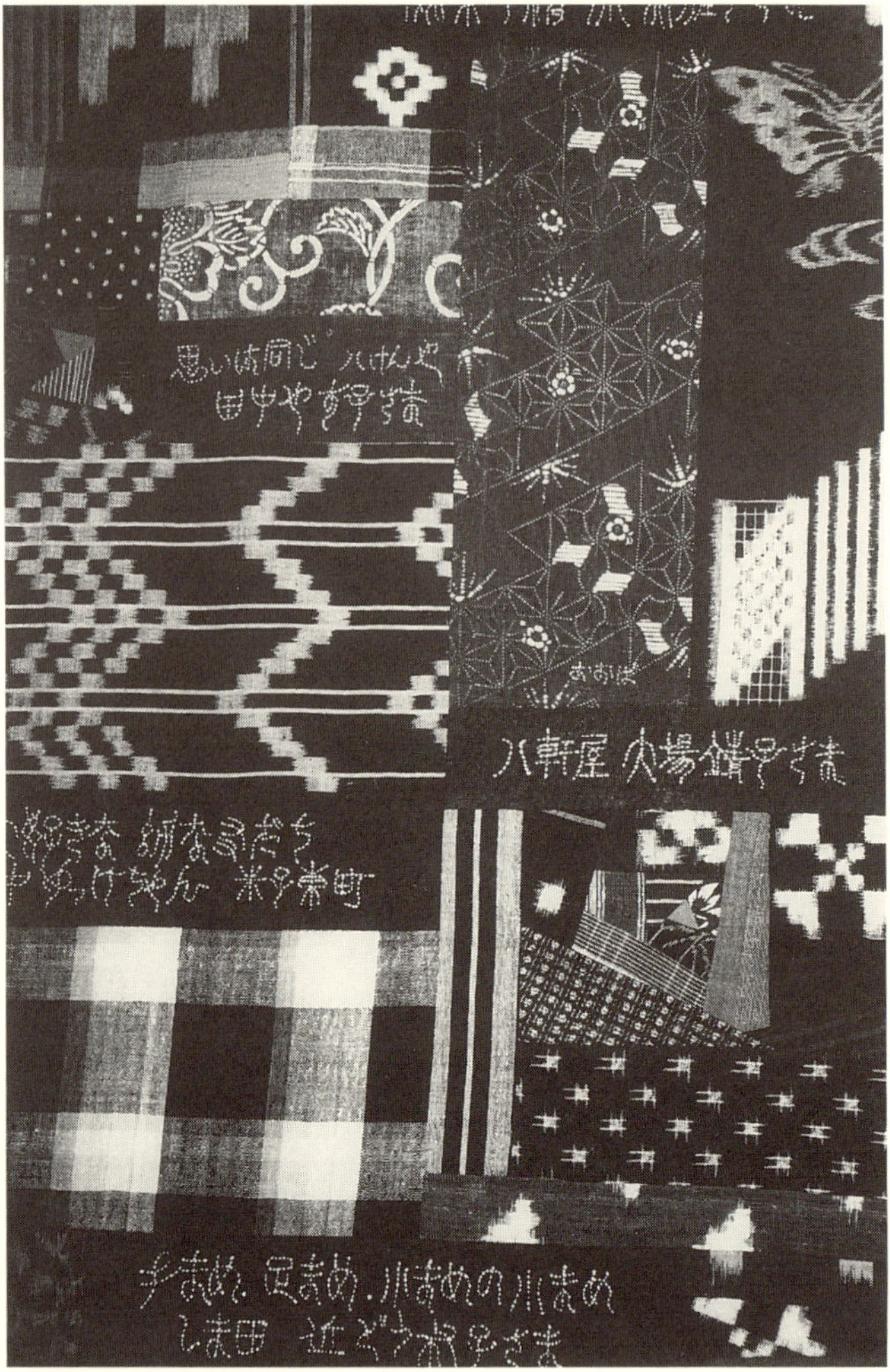

古布提供者の名前を刺し縫いしたパッチワーク
こたつ掛け（鳥取県淀江町，浅田重子）

作品中に使われた絵絣のいろいろ（広瀬と弓浜絣）　①格子に絵絣と籠十字文（広瀬），②物語文（広瀬），③打出の小槌と二重丸幾何文（広瀬），④ジグザグ花文，⑤唐草牡丹文，⑥福面と亀文，⑦扇幾何文

②

①
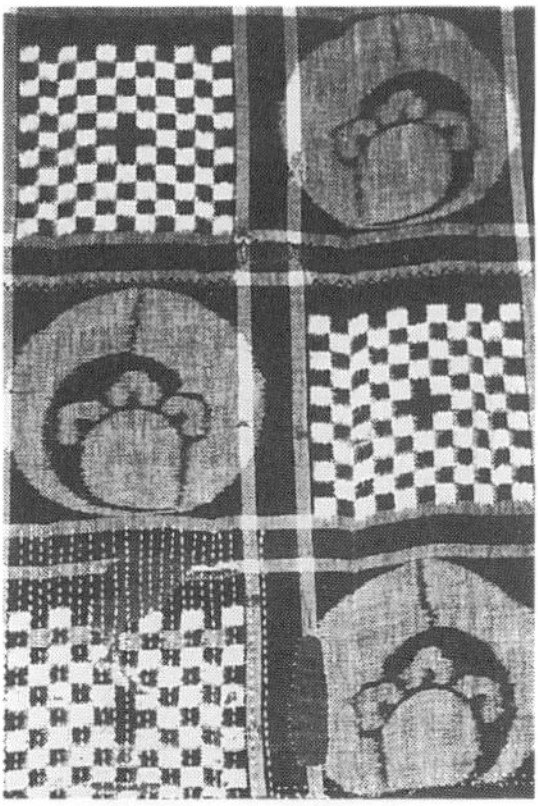

③

⑤

④

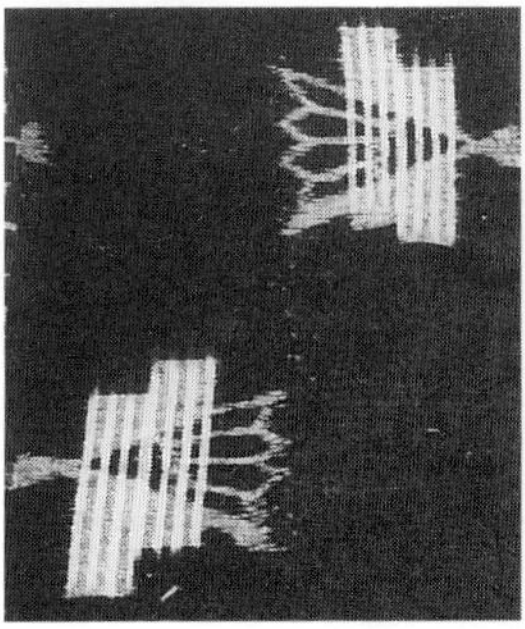
⑦

⑥
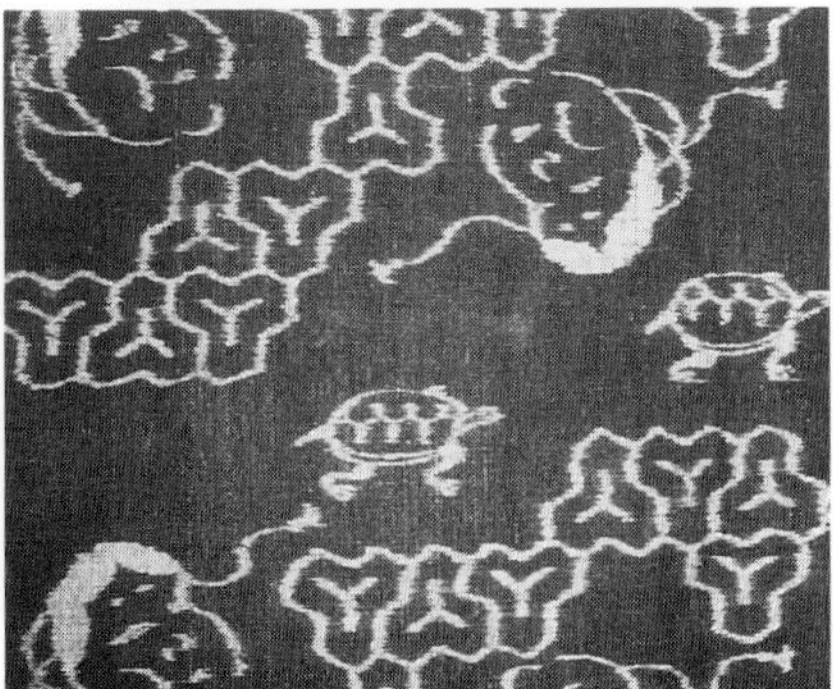

彼女は「もんぺの紐や捨てられた古布まで拾って継ぎ合わせている」と話すが、作品の感性の良さは抜群である。静かに坐って針で縫う、この地味な仕事が、このように大胆で感動させる大作になるのに五年間を要したらしい。地方に木綿を愛する人がいて伝統ある土地の絣を守っていたのである。

絣の魅力を伝える人

かつての絣産地には地域の古い絣を集めて楽しんでいる人がいた。しかし広範囲な地方の絣収集家は少ない。奈良県吉野郡の薬剤士・堀内泉甫《いずほ》(昭和五年生)は、藍と白の織りなす絣の美しさに魅せられてから二〇数年間、久留米、四国、山陰へと通って収集を続けた。

絣と出合ったのは、大阪市内で薬局を経営しながら、骨とう屋を営んでいたときだ。伊万里焼を仕入れに佐賀に出張した際に、絣も商品として売られていた。その時に久留米絣を仕入れて、しだいに絣への愛着が募って、絣のとりこになった。それが原点となり、四国の伊予絣、山陰地方の弓浜、倉吉、島根県の広瀬絣を集める旅がはじまった。農家の人が村々で集めた絣を持ち出して市を立てる日をねらって出かけたり、骨とう屋に絣が入荷すると連絡を受けて買い出しに行った。

こうして千種類の絣の中から選んで写真集を作り、作品を大阪市内のギャラリー「ま・たんと」で展示公開した(昭和六十三年九月)。展示品の中で一段とめだった久留米布団は雄大なデザインである。建造物や汽船、日本一富士など、一巾〜二巾を左右対称の図案にし、市松モザイクの経緯絣を積み上げた構図である。久留米絣布団の四〜五巾を縫合した真白く抜き出した文様は人を魅了する力がある。また一方では小絣も多く、モダンな柄も多い。

堀内泉甫《いずほ》は「自家用に織った〝手前絣〟を好んで収集し、機械絣はなるべく避けるようにした」と話しているが、そうした手織り絣は最近姿を消してしまい、絣収集の旅はアジアの各地にまで足を延ばしているという。

願わくは、所蔵する千種類の絣や染織品を世に出して、人びとの前に顔を見せてもらいたいと思う。絣は女性たちが生活のためにすばらしい文様を生み出し、厳しい生活の中で機に向かい、芸術品とし評価される絣文化を築いたことを遺品が証明し、伝えるのである。

「襤褸《ぼろ》残照、ぼろの美」

表題の展示会を催したのは、大阪在住の歯科医師・額田晃作である。二〇〇〇年の秋に展示会の案内状と図録集が私宛に送られてきて、大変驚いた。木綿の藍衣「野良着」の収集に走り続けていた私は、同じ行動をとっていた額田晃作に頭を打たれたように、その写真集に見入った。「ボロボロの布団など庶民の衣生活は本ものは根が深い」と実感した。

彼の案内状には、

暖衣飽食の今、考えもできない継ぎ当ての上に継ぎを重ね、最初の布はどれであったのか判らぬ貧しくも誠実な生活、飾るための美を作ろうとせず生み出した「ぼろの美」を蒐集して二〇年、数百点の中から陳列致します。美しさに加え、作った人の愛情に打たれ、日本の少し昔を振り返って次の世紀をお考え下さい。

と書かれていた。図録の中は木綿藍衣の多彩な色の着物が輝いていて、絣と縞の組み合わせ、紺地の中に継がれた淡色が調和して美しい。

子供着物をよく見ると、絣を中心に継ぎ布が四二枚縫合されていたり、布団地は一一〇枚の布が無雑作に当てられている。しかし、補強し続けた針目が品格を備え、ボロとボロを繋ぐ愛の刺し縫いまでが抽象絵画のように美しく感じられた。

藍の織りなす色彩の鮮明さは、洗うたびに美しくなる衣料、着て着る紺絣の継ぎ当ての文化、生きるために必死で家族を守った女性たちの記録書として後世に伝えられると思う。この図録を手にして、額田晃作のすばらしい仕事に敬意を表し、ボロが芸術であることを学ばせてもらった。

和布を生かす

最近のゴミ問題には誰もが悩んでいる。家庭内ゴミの中に衣料も多く含まれていて驚くばかりだ。布団はまるごと、新品のような着物まで捨てている。暖衣時代だから、家が整理できないから、などというのは、衣生活に対する管理に問題がありそうである。

着ないものをたくさん購入し、すぐに飽きて処分する、この巡回の早さによる。「着物をゴミ袋に入れる」この行為は、焼却することであり、布を救出することはできない。せめて、袋に入れなかったころは古布の束を見て「ハッとする」絣を取り出したりした。

日本には「着物の形身分け」という美風があり、その衣裳で故人を偲ぶ慣習があった。現在は古いものを大切にすることを知らない世代になった。そうした中で、沼津市に住む主婦・伊奈久子（昭和十九年生）は、戦後の衣料不足の話を聞いていて、衣料を大切にする人である。古布を集めて改縫いし、小袋やめがね入れ、卓布、雑巾などを作り、針で刺し縫いをする。その手縫いの美しさは、雑巾にするのがもったいないくらい。彼女は手縫いが趣味の人だが、その作品をたくさんの人に贈り続けている。パッチワークの小物の手縫いに力がこもり、人々に喜ばれている。

日本の過去の女性たちは、夜なべや忙がしい間をぬって手を動かして繕ろい続けて衣服を長もちさせてきた。こうした伝統を今に実行する彼女は、創った品を他人に施すことで満足する。雑巾までたくさん作り、人びとに与えてその喜びで生きている、仏のような心を持った人である。この行為によって人びとの心は豊かになり、生きる力を得るのである。和布を生かし、人に勇気を与える奉仕作業である。

三　絣への郷愁

機の音

絣や古布を再利用した袖なしと小物
(静岡県沼津，伊奈久子，平成12年)

半世紀前までの山陰地方の村では、ときどき機のリズミカルな音に出会うことができた。その音の響きに誘われて戸口に入り声をかけると、中から老女が織りためた半巾帯や縞反を持ち出して、自慢しながら目を輝かせた。

「機織りで老後は楽しく、昔のことを考えると今は極楽だに」と話す。「元気でなによりですね」と私は答えながら老女から話を伺った。老女のいう昔とは大正期のことである。老女は叔母を姑に血族結婚をした。

「従兄弟どうしのケースが多く、顔を知らぬ相手より親戚どうしの方が良かったと感じた。しかし、一度大家族の中に嫁ぐと、自分の立場は女中か下女のような存在になり、命令に従って働くだけの日々が続いた。そして叔母姑に頭を押さえつけられて、叱られることが多かった。夜なべには小姑の嫁入り準備の絣織りをし、言われるとおりに仕事をし、人の顔色を見てときどき座敷に坐らせてもらった。機織りをしたので毎日の苦痛から解放されたが、機に糸が掛かっていない準備中は、息の詰まる思いがした。機音は心を蘇らせる。杼（緯糸を通す工具）のコマの両側に古銭を挟み、機音を高くカラカラトントン、カラカラトントンと鳴らした。打つ距離を考えないと布地がムラ織りになる。打ち込めば糸の量が倍になって最後まで織れず、糸を節約して軽く打つと薄地になって豆が漏れると笑われた。心配ばかりの中で、絵絣が織り出せた時と、一反の着物を織り終えた満足感は何度経験してもいいものだ。その時代を思うと、今の織物はわやく（遊び）でいつでも機から切ってやめる、自由な織物だ」。

機織りは両足を交互に上下に踏み、両手を左右から杼を使って緯糸を交織させる。下腹に力を入れて背骨を延ばし、織り口に視線を注ぐ。絵文様の場合は一本ずつの糸を重ねて絵画にするのである。創作したデザインどおりに織り進めることは、機と糸が織り手と合体することである。頭を使い、手足を動かすことが健康の良薬だろう、これがボケ防止になるようだ、と話していた。

一反の布を織り上げるのに、機の音は何回になるのだろうか。概算すると、一センチの間隔に二〇本の緯糸を入れる。一度に入れるのではなく、左から一回、右から一回と、二〇回入れて織り重ねる。そのたびにトントンと二回打つ。したがって機の音は一センチ織るのに四〇回となり、一反、一四メートルを織り上げるには五万六〇〇〇回の音を出す。緯糸は二万八〇〇〇本を交織させる。そのたびに足を交互に踏むのである。

機の音はよく響く。かつての私は若い頃は働いていたので、機織りは夜間にした。絣は夜の暗がりに斑点糸の絵柄が鮮明に浮き出てよく織れた。しかし機音が村はずれまで響くことを聞いて自粛した。地面を這うように背骨の曲がった老姿（明治十七年生）が「ててさん（夫）が、機がやかましい、やかましいと言っても、織るより仕方のなかった時分は、醤油代にでもなればと、台所をきりもりして働いたですわい」と語ったのを想い出す。

朝は機の音で家族を起こし、夜も機の音で家族を休ませ、ひたすら創る喜び、着せる喜びを味わいながら、身を粉にして織り続けた一生であった。農村の女性蔑視的風土の中でも喜々とした生き方であった。

倉吉絣の最盛期、明治三〇年ごろは、町中が機の音で地響きがしたと語り伝えられている。この活気ある伝統工芸の産地で私は絣製品の遺品を収集し、織りを学び、その背後の生活姿勢と心構えを教えられてきたことはありがたい。老人の女性たちが木綿の糸から布に文様を描く絣を通して、すべての文化を伝達させ、織りによって道義的な道を学ばせてくれたものである。

機の音で家庭が和み、楽器を奏でるように笑顔のある暮しをすれば、ストレスや悩みから解放されて、生きる力が湧き出ることと思う。

絣のおむつ

絣の好きな人が増えてきた。一昨年の倉吉市文化団体連合展が恒例の十月上旬に県立文化体育館内で開催された。会場内には茶席が設けられ、和服姿の女性がめだった。

茶道の先生と生徒さんが、私の絣作品の前で会話を始めた。「家《うち》に飾っている絣の額縁は、あんたの小さい頃のおしめだぜ。あんまり美しかったんでもらってきて、またよう洗い、額に入れたらほんにようなって、それを眺めて暮してきたに」。娘ざかりの生徒さんも和服姿である。「ええ、それほんとかいな、私のおしめを額にして眺めて……」と、驚き顔をして声高く、「なんで黒いおしめをしたんだろう、真白はなかったんだろうか、恥かしい」。私は黙って聞いていたが、会話に入れなかった。

おしめを藍染めにして産着と共に婚家先に贈る風習は昭和二〇年代まで続いていた。おしめは皮膚に接する一番大切な布である。昔から、藍染めにした布は湿疹やかぶれを防ぎ、薬用効果があると伝えられた。特に使い古した布団や着物の木綿絣が吸水性に富んでいた。

昭和四十年代までは、戸外の物干竿に絵絣のおむつが風になびいていたのを知っている。おしめは毎日洗うので藍の色が鮮やかに冴え、絣文様を一段と美しく見せる。そして布地の風合いと相まってなんとも表現できない味を出すのである。

草木を煎じた汁を飲む茶道も、藍草の汁で染めた布を下着に使うことも、同じ健康を願う生活の知恵である。

娘さんはこのことを母親に問い、藍染めが肌着に役立つ話を聞き、親の愛情を学んだことと思う。お茶の点前と茶の葉を飲むことと、おしめの文化も同じである。

絣に導かれて

日本中の民家の箪笥には、着なくなった和服が山のように詰め込まれていると思う。これから先はどうなるのかと自問する。私事を書くと、昭和中期、私の結婚の頃は、着物や布団を子女の財産として分与する風習があった。男子は分家もしくは進学し、女子は物資をつけて家を出るのである。友人には「裸でいいから高校進学をしたい」と言う人もいた。しかし一般的な家庭では、娘に荷物を持たせて巣立たせたのである。

荷物は、布団入り長持ちや和箪笥と洋服箪笥、鏡台、下駄箱、針箱、ミシンなどである。箪笥の中は伝統的な葬祭用着物、訪問着、家庭着を満たしていた。この婚礼荷物が婚家先で公開され、荷物の量で嫁の生家が評価された。親は娘に肩身の狭い思いをさせぬため経済的に苦労をした。「金《かね》食い虫」とか「三人娘がいれば家が倒れる」と言って苦言を吐いた。

そのように貧困な農村の社会情勢の中で、私は人並みに家を出た。「荷物はいらないが絣の着物だけ持って来ること」と、相手の人が便りをよこした。これが絣との最初の出合いである。

彼は日本民芸協会員でもあり、油絵を描いていて、絣の美しさを知っていた。その後結婚生活も絣を着る生活になり、無我夢中で過ごした。長男を出産し乳房を与える時に肌が絣の藍で染まり、あまりいい気持ちがしなかった記憶がある。

ある時、乳児の泣き声に驚き部屋に入ると、乳児を抱えた祖母と母（姑）がお灸をしていた。驚いて「やめて下さい、子どもに火をつけることはやめて！」と叫んだが、「元気な子にするためだけ」と返事がかえってきて、灸が続けられた。泣きながら地獄絵図のように感じ、どうにもならないむなしさから小走りに駅に向かい汽車に飛び乗った。実家の母は、単身の私を見て「何があろうと、子どもを置いて帰る娘はいっさい家に入るな。話があれば子どもと一緒に帰ってこい。大祖母さんになんでも習うようにとどれほど言ったか。教えて下さい、習わせて下さいと頭を下げられて、悪く思う人はいない。早く帰って謝り頼むがいい。早く、早く、近所にもわかる。上り列車にまにあうように。もう帰っても家には入られんけ」と、戸口を締めてしまった。戸口で泣きながら、「三界に家なし」の諺のとおり私のような甘えでは生きられないことを悟った。

私は夫の勧めもあり、祖母から絣を習うことした。母が教えた「永く生きた人は智恵と文化を持っている。なんでも学ぶことで生活が豊かになり、家族の人間関係が和む」という言葉を信じ、叱られても「学んでいる」というように理解すると、家族の一員としてその中に包みこまれた。こうして絣を学ぶことによって、江戸末期からの土俗的な習俗と民俗行事、村の暮し、衣食住の管理など、背後の暗い貧しい農村の暮しぶりを聞いた。そして、それをはねのける姿勢と心構えを絣の道と共に導かれたと思っている。

明治、大正、昭和初期に結婚した人たちは、大半が絣中心の嫁入り荷物だった。布団から外出着に至るまで手前織り絣を持参した。なかには親や祖母の着物を譲り受けた人も多く、新品そのままを持参した。昭和中期に新繊維製品の出現によって、各家庭が木綿絣と化繊を交換するとき、蔵から出した木綿に日光を浴びせ、綿を抜きとって処分することを知った。一世紀前の絣が輝いているのに大きな衝撃を受けた私は、祖母は「村々の絣名人に逢って手形を見せてもらうことだ」と、さっそく機工場の先生をした花房よねさんを紹介してくれた。これが絣収集と名人の作品を鑑賞する第一歩となった。

よねさんは「かねさんの孫の嫁さんかいな、まあよう絣のことでこられました。わしの絣の技をみんなあげるけ」と、喜んでくれた。そして一ミリも狂わぬ絵絣を借りて帰り、祖母とセロハンで絵取ったりした。型紙を彫り、糸の上に彫った絵文様を乗せて墨汁で描く。その墨汁の部分を括って染めると、括った部分が白く残る。それを絣糸といって、織ると文様が出るという、時間と労力、技のいる凄い作業である。こまかな所に心を込めて手を抜かずに織る。元には戻れない工程である。

こういう絣を織る機にも細部に工夫がみられることを知った。高機は良質の朴の木が使われ、くさびで固定されている。くさびを取りはずせば元の材になる。また、筬《おさ》（織巾をきめる）と框の間も筬を移動させる遊びの間隔が作られている。こうした小さなくさびと遊びで固定しないことによって織り手と機と糸

福井千冬（著者の二男）が小学５年生のときに制作した版画「母の部屋」

が一体になって良質の布地が織り出せる。やはり体で覚えることが大切である。「体で覚える」――この言葉で何度も注意されたことを思い出す。

絣は生活上の必需品として、換金商品や贈答品、自家用布を織ることが女のあたりまえの仕事とされていた。井上伝（久留米絣）から始まった女性の織物の歴史も二百年になる。二世紀間にどれほど多種多様な絣が文様として表現されたのか、残念なことに記録もなければ遺品も少ない。木綿絣は女性がたずさわった分野の仕事として製品も軽視され、他の工芸の世界とは別枠の扱いであった。

したがって、明治初期に生まれた人からは直接聞き取り、祖母や親の形身に譲り受けた人の証言や、実際に家庭に残された遺品を調査して、収集した資料を整理した。絣文様の分類や移り変わりを精査しながら、私のしていることは「絣を切りきざみ料理」しているのではという錯覚に陥り、勇気を失ったりもした。そして絣資料を広げながら、収集時に聞いた話を思い出した。

農家では、昭和四十五年頃に木綿離れが流行した。一度も手を通さない躾《しつけ》糸の付いた着物や姑の着物や布団を「時代が変わった、木綿は古いしヤボくさい、藍色は家の中を暗くする」と勘違いした若い人が、裏の畑で焼却する風景さえ見られた。永い間の古い慣習やしがらみの中で姑と共同生活をした嫁たちは、その根底に憎しみさえ持っていて、今が自分の出番とばかり考えるような人もいた。それから解放されるのは六〇歳代後半ごろのことである。

絣の分類や産地の特徴はどうでもよい、「虚飾のない美しい織物が織られてきた」と、それだけのことであると自問したり反省をしながら、一応、取材と証言をもとに整理した。おおまかな年代と産地、用途、文様の種類別に分類した。が、限られた製品についての調査であることを断っておく。庶民が織り出した布の量は膨大であり、統計も写真も何もない。しかも着て、着て破れれば裂《さき》織りに回し、もとの綿や布が粉末になるまで使用した。灰や泥と化して残存しない。

産地の文様の傾向ぐらいを定義したつもりだが、幾何学文様などは、年代毎に技術が進み、飛躍的と思われるほど進化したものが混じっている。線や四角形の展開と移動、対角線上にポイントを置く経緯絣などは、個々の家庭ごとの技の積み重ねが伝統となり複雑化している。これはおのおのの家庭に絣の秘伝が隠されていたことを物語る。もちろん、一方では同じレベルでは語れない、手を抜いた作品もあった。

こうして多種多様な絣の図柄と呼称に接し、学ぶことばかりで感動しながら絣と関わった。そして、絣を織る人の愛情の深さと、着る人が大切に守ってきた日本の着物文化を知り、さらに新繊維の出現と高度成長期によって古い大切な絣を失ったことを知った。

絣の伝統を再現する上に、私は先輩たちから学んだ糸の道を頭に入れ、よく考え、よく見て、自分を追いつめて行くと、新しい発想が生まれる。それをすぐメモにし、絣に挑戦した。寄贈を受けた絣、収集した資料を愛玩物やわが家の押入れに仕舞い込んで終わりにしたくないと考えていた。

そうした時に義父は「お母さん（祖母＝大姑のこと）を大切にし、絣を広めてくれた」と言って、養蚕場の敷地を絣資料館に提供してくれた。昭和五十三年のことである。私設絣資料館として一般公開すると、県内外から老人をはじめ見学者が多く、家族が喜んで応対してくれた。私は絣の美しさと女性の働きの偉大さはこの絣が物語りますと説明し、いつのまにか齢を重ねることを忘れた。

絣文化を築いた女性たちは、生活は貧しく、心は豊かに、新しいものを産み出す力を持ち、農作業に従事した。それらの在野で働いたすべての女性たちが絣のデザイナーであり製織者である。こうした生き生きした女性たちによって、日本の絣は世界に誇りうるものになった。後世に伝える芸術品として高く評価されるべきだと思う。勤勉に正直に、めだつことを忘れて生きた女性たちに光を与えたいと思う。

私は七〇歳を目前に齢を重ねて、今になってようやく書ける時がきたと思う。私の過去は好きな絣だけをやって生きてきたのではない。勤務があり、家事と農業と織物の四足の草鞋を履いてバタバタと時間との戦いの日々であった。その中で夫は、勤務のかたわら、映画の自主上映（シネマクラブ）、勤労者音楽協議会（労音）、勤労者演劇協議会（労映演）などの広範囲な文化運動と平和運動を展開し、負債を重ねた。さらに自主的に講演会を催し、講師を中央から迎えて学者や文化人をわが家に泊まっていただき会食をした。旅役者の方もたくさん泊まって下さった。その当時、家計は火の車で、私は躓くことが多かったが、それらの方々から生き方を学ばせてもらったと思う。

夫は、文化運動の中でも図書館設立運動と、各家庭文庫に力を入れ、「本の会」と自称して、ブックフェアや親と子の読書運動、親子劇場など、本との関わりを大切にした。ときに家に居る時は、絣の着物のふところに岩波新書を入れて、ぬれ縁に腰をおろして本を開いていた。読み終わると必ず「読め」と私に手渡した。また自宅を「文林舎」と名づけ、本や資料を集めて書物に囲まれ、いつもそばに本が山のようにあった。

こうして「行動で絵を描く」と語り、走り続ける夫に両親の苦言を中和する生活術を私は心得ていた。「半世紀前から土地の伝統絣に目を開かせ、読書運動を推進している人だ」と、家族にも説得し、そう信じて機織りで心を癒してきた。言い換えると「絣」という物を通して人生の目標と、本物を見抜く力と道義を私に教えてくれた人だと思う。また読書の影響も受けた。

夫は一五歳で予科練兵士の体験者である。大戦中に、出兵に反対した祖父が死亡し、人生を誤ったと悟った。彼の心の根底は平和を願う気持ちが満ちていた。平成十一年七月、「倉吉本の会」は「アンマーたちの夏」という沖縄芝居実験劇場を主催し、市立福祉会館に八百名を動員した。沖縄戦の真実を語る母親たちの芝居劇を私も協力した。会場は感動の涙でいっぱいであり、充実感を味わった。が、後仕末で高額の損失をした。また、中日友好に関わり、その年の秋に中国版画家協会理事で大学の先生・郝志国《かくしこく》氏を招いて、市内の「百花堂」催場で版画展を開いた（百花堂、十五周年記念来日）。世話係の夫は、郝志国夫妻と通訳夫妻の四人をわが家に招き会食をし、夜は地域の集会場で「中国の家庭と子育て」の講演会を企画し交流会を催してわが家に泊まっていただいた。そんな中で夫は、『だれが本を殺すのか』（佐野真一著、プレジデント社）を読み終えて、「子どもたちに読書を」と口籠ったことは忘れられない。

夫は、パークスクエア内に新設された市立図書館の開館を目前に、病室の窓から眺め「願ったとおりだ。よかった」と喜んだ。身体が病におかされても、無念の叫びもなく、病床の枕元に『堀文子画文集 時の刻印』（求龍堂）と『ロバート・キャパ写真集 戦争と平和、子どもたち』（宝島社）、原稿用紙、方眼紙、スケッチブック、サインペン七色、「二〇〇二年国民文化祭（鳥取県）出版文化展」の準備資料などを枕元に置き、「三六五年生きる」と言い続けて旅立った。人を大切にし、森や草木を愛した人は、白菊一三〇〇本とカサブランカの香りに包まれて、九百人の皆様に見送られた（享年七二歳、平成十三年六月）。

木綿と女性

絣の種類とその美しさについて解説を試みたものの、他に何万種類あるのか、その数はとうてい計り知れぬ莫大なものであった。

これらを織り上げたのは、女の人たちの働きによるもので、彼女たちは織りの秘法をわきまえていた。彼女たちはどのような生活をしたのか、その生活を辿りながら木綿と女性について加筆してみたい。

江戸時代は、周知のとおり封建支配者の方針のままに、農民はその土地に縛りつけられ、搾取を強いられていた。村を離れることも、転職をすることも許されず、年貢の徴収に明け暮れる日々を送った。自立や自由を奪われ、厳重な身分制度の中に縛りつけられていた。士、農、工、商の身分制は、武士に特権を握らせ、その階級に応じた衣食住を規制した。特に農民に対しては、寛永五年（一六二八）と同十九年、二〇年、慶安二年（一六四九）の、四度の法度によって厳しく取り締まっている。

衣の生活では、農民には木綿以外の衣料の着用を禁じ、色も紫や紅梅色を禁止した。無地の紺木綿の衣料は、布団に至るまで紺一色だった。それも上層農民であって、一般に着物や布団が揃うのは江戸末期の頃である。その頃、型染め小紋が流行し、縞が織られると、文様のある衣料を求め続けた人たちは、禁制解除後に木綿縞や絵絣を作る底力を一段と発揮し、夢見たデザインを自由に織り出した。

食物の規制では、米飯や酒とタバコ、お茶を飲むことが禁止され、雑穀や甘藷を常食とした。飢饉と水害に悩まされ、年貢米にも欠ける収穫高であって、米飯など口に入らなかった。明治初期に生まれた老女（高見しげよ）の証言によると、家族全員がお茶は贅沢だといって水を飲んで一代暮したという。

住居も人が住めるような家は少なく、半分は土間で、一部に板張りのある程度の雨漏りのする小屋だった。台所や風呂、便所などはなく、村に一軒の共同風呂屋があった。便所も露天の溜桶で用便をし、切り藁三寸で処理をした。そして、河川の周辺が台所と流しであり、川の水が飲料水だった。

特に女性は、封建道徳の三従七去などの教えによって、二重の重圧を加えられ、隷属的存在であった。昔から、織物は年貢用として女性の仕事とされたが、しだいに綿作が広まり、綿布が商品化するようになると、支配層（親方）から綿畑や綿花、織機の貸し付けを受ける人が多くなり、織物以外に綿作労働まで倍加された。

綿作は、三回の間引きに施肥と灌水を繰り返す重労働だった。山陰の国立公園大山の下に住む谷野義信

（七六歳）は、日本海側の平田の海岸一帯でとれる海草が弓浜地方の綿花の施肥となり「綿替え海草」といっていた。弓浜綿が良質なのは土地の女の勤勉な灌水作業によるという。

綿作は砂丘地に適し、綿作が圧倒的に収益性の高い作物となると、若嫁たちは、焼けつく砂の上に水桶を棒で担ぎながら走り回った。毎日毎日、綿畑に日参し、その労働は「嫁殺し」といわれた。

村々の綿問屋は、綿籠を天秤棒で担いで綿花を買い集める一方、糸に紡がせて綿替えを始めた。当時の換銀作物の代表としてますます盛んになると、庄屋は、年貢綿と買い集めた繰綿を綿倉に収蔵し、綿から綿布の交換に乗り出し、雪だるまのように太っていった。

木綿は、女性の腕しだいで高収入の道が開かれたが、穀類は、それ相当の田畑や小作面積を持たなければならなかった。台所を預かる主婦も、家の米櫃に鍵を掛けられ、米の上に指文字が書かれていて、米を取り出すとその文字が消えるようになっていた。魚などとの物々交換も禁じられていた。お金を一銭も持たぬ嫁が、米一合の自由もなく、女性はその労働によって評価され、一夫多妻の境遇にあっても、そこから逃れられなかった。

私は、老女を訪ねる時は、服装に細心の注意をした。ピカピカの装飾品や服は避け、靴も底だけの粗末なものを履いた。まったく同じ立場に立って、胸に秘められた底辺からの声を聞くために努力した。

明治末期の機織り工女（東伯郡北条町、柿本老女、明治二十六年生）は次のように語った。

一七歳のとき機織り工場に入り、二二歳まで六年間も機場の寄宿舎で女工として働いた。母親が女は「糸紡ぎ三年、糸取り三年、機織り三年」と口癖のようにいって奨めた。糸紡ぎは、幼少時から母親に習い、夜なべに練習をした。一晩に紡ぐ量が二〇匁（七五グラム）で、一反分の紡糸は二〇〇匁（七五〇グラム）、上手な人は一〇日間で紡いだ。機場は、一カ月働いて二～三円程度だったが、嫁入りの第一条件は絣が織れることだったので機工場を選んだ。町内に山陰製糸場（生糸工場）があり、賃金はそちらの方が高値だった。しかし、良家の娘は機場で働いた。工女たちは「山陰製糸がなくなりましょか、末はダンゴ（娼婦）の身の上ぞ」と、悪口をいって笑った。機場が苦しくても「習う」というプライドを持っていた。

機工場では、強制積立金制度があり、嫁に来てからも農閑期には工場に泊り込んで機織りをし、預金が満期になるまで働いた。

寄宿舎の生活は苦しく、逃げ出したい人がたくさんいた。そんな時に工女が突然いなくなる「盗み嫁」というのがあった。世話人が面会に来て工女を連れ出し、男と一緒にしてしまうのである。工女は一晩一緒になると、もう寄宿舎には帰れず、そこに居着いてしまったという。舎監も親も怒ったが、どうしようもなかった。また工場では腕詮議制だったので、家庭に入ってからも工場で鍛えられた職人気質が続いて賃織りをし、家を助けて来た。

また、米子市の斉木よね（嘉永二年生）は、種糸専門（絣のデザインの基本になる絵糸）を通したが、盲人になってから三年間糸紡ぎを続け、八四歳（大正十年）で死亡するまで糸車をそばに置いていたという。

このように多くの女性たちが糸を紡ぎ織物技術を習得することが、家を支える道であったと証言している。また、残り屑を寄せ集めて自家用に供給した。うらなりの綿花に枯葉や枝木が混り、屑綿は量目のある糸になり重い織物となった。

一方、村庄屋の旦那、東伯郡の林利蔵（明治初年生）は、四二歳の厄払いに絵絣の布団四二枚を新調した。子方たちに表裏総紺と絵絣のありとあらゆる吉祥文様を織らせた。鶴亀や松竹梅など長寿を願った布団が四二枚出来上がると、一枚ずつ四二枚を着て寝て厄払いをしたという。七七歳で亡くなるまで富に明かした贅沢な暮しをした。今でも白壁の土蔵が三つ並んでいる。

高機や手織り木綿を見ると、誰でも老母を想い出す。なぜだろうか。住居が影響しているのかも知れない。日本の在来の住居形式は田の字型住居であり、家の中の戸障子をはずすと大広間になる。家の中が織物の生産場所であり（他にも農作業や養蚕室、冠婚葬祭の式場などに使用されたが）、見よう見まねで、織物の工程がわかる。

経糸八〇〇本を櫛でときながら一疋（二四メートル）分の糸を整えて巻く、入口の土間から奥座敷まで、数回延ばしては固定する。糸の固定には、水桶に水を満たして糸を縛り、這うような前かがみで経糸を巻いていく。こうした作業を繰り返すたびに、人の心の奥深くに母が存在し、独創型の人間に成長する。田の字型住居では、幼少から多岐に職人として（草履作り、室内農作業）の知恵と技を身につけて育ち、成長期の子どもには欠かせぬ特典があるように思う。家族全員の協力姿勢と特技を吸収し、身体を動かして思考し創造する教育は幼少期に培われるし、生涯の生きる幅が広がっていくように思う。

しかし、多くの老女たちは、幼少期からの糸紡ぎや機織りで丸い背になっている。「糸びき女の猫背」などというが、地機で全身を使って織ったため（座式形式で尻を板間にこする）尻ダコを作っている。手や足の異常な発達と指の奇型化は見苦しい。両手を合わせても指が曲っていて合わなくなっている。節々が盛り上がり、文字でも口でもなく、全身と手で覚えて働いたことを物語っている。

日本を愛した小泉八雲は、紺飛白の着物を愛したといわれている。ところが、その妻、節子夫人の手足が華奢でなく、大きいのに驚いてなぜかと尋ねたという。節子は士族の娘でありながら父の機場の一女工として働いた人だといわれている。

当時の女性は、学校の代わりが機工場であり、機織りの跡を身体のどこかに残して成長した。

織物の技法は各家の秘伝とされ、母から娘へと口伝する慣わしで、記録されなかった。なかには「竹内家織物伝書」などというのもある。短冊に切った布見本に織り方がこまかく記録されている。しかし、老女たちの貴重な一言から受ける恩恵は計り知れず、実際に織物に再現しながら学んだ。何十年も着た木綿は、汗の匂いと垢で布目がうまり、その人の生活の怨念がしみついているような気がした。しかし、洗えば洗うほど飽きのこない美しさになる。絣とは虚飾をさけた美しさだと思うようになった。

木綿縞や絣は美しい、美しいから収集して眺めたい、そんな観賞の美しさとは比較にならない感動を私は体験した。綿種を蒔き芽が出る。やがて綿の花が咲き、実がなる。綿桃が割れて白い綿が垂れ下がると、両手で受けて、西洋の先人が綿の木から羊が飛び出したといったように、次から次へと綿桃が割れる。綿を収穫し、糸車にかけて昔の人がやったとおりの工程で糸を紡ぐと、その人の性格に似た糸がくり出されるのである。不思議なことに驚きながら、それを布に織り上げると、裁ち切ることがどうしてもできない。しばらく温めていても着る気にならない。この綿実から布に織り上げるまでに何度も何度も感動し、今までの美意識ではなくなった。正直に仕事をすればするほど、祈りのような美しいものが宿ってくることがわかったのである。

糸の上に豆を乗せる。（糸の絡み付きを防ぐ）豆を動かしながら経糸を整経する。明治や大正時代に生きた女性たちは、木綿を織ることによって雑念をシャットアウトし、神聖な気持になった。そして、織りの中にすべてを吐き出して家を治めていた。これはすばらしい文化だと思う。

一寸の糸が捨てられない、農婦の糸にまつわる思いが初めて理解できた。大昔も今もなんら変わることなく同じである。ケチな根性ではなく、より美しいものを家族のために、どんな辛気な作業も手を抜かず、日夜夢に見た文様を再現する。糸屑の寄せ集めや繋《つな》ぎ縞、無骨な木綿を手に取って見てはっと我に返った。

熱いものが全身を引きしめた。この木綿こそ「怨念の美」であると。

屑しか使うことができなかった農婦の悲哀、一寸の糸屑もつなぎ合わせて糸玉を作り、それを見事な経緯縞や絣に織り上げている。よく見ると、藍の濃紺と淡色のかめのぞき、さびた朱色からグレーや茶色、すべての草木染めで屑糸を染め、生まれ変わった布味を出し、妖艶な織物となっている。蔭の交織（配色を一本ごとに変えたり、くず絹を撚り合わせた撚糸を加えて織る）の何十種類の色糸が豊富な色彩をはなち、屑絹の混織の「光沢」も見逃せない。

節だらけ、継ぎ節だらけがかえって織物の立体感を高めている。しかし、屑だから染めても濁る。織りの色の中に根底から怒りがある。寄せ集めが美しいとか、繋ぎ縞が美しいといっても、残糸を集めなければ布を持てなかった人たちのことを忘れて論じていた。

布を観る目が狂うと、歴史の襞に隠れた人々の生活を忘れてしまう。凹凸のある混織の織りの中に、怒りにも似た美しさ、これは、女性たちの熾烈な願いの現われだと思う。木綿の強さと肌ざわりの良さは、まるで女性そのものの姿である。

また、先人の女性たちが、究極の発想を積み重ねて考案した木綿絣には、神秘的な遺作もあり、畏敬を感じさせた。

参考文献

三瓶孝子『染職の歴史』一九二六年、至文堂
角山幸洋『日本染織発達史』一九六八年、田畑書店
武田祐吉編『出雲国風土記』岩波文庫
上田利夫『阿波藍』一九六八年、徳島史学会
明石染人『日本染職史』一九二八年、雄山閣
『備後織物工業発達史』一九五六年、広島県織物工業連合会
米子市役所『米子史』一九四二年、米子市市役所
久米邦武『裏日本』一九一五年、新日本社
大田直行「広瀬絣とその環境」、『工芸』二〇号、日本民芸協会
武部善人『河内木綿の研究』一九五七年、八尾市立公民館内郷土史料刊行会
久留米絣技術保存会『久留米絣沿革史』一九六九年、久留米絣技術保存会
田中清範『伊予絣』一九三五年、伊予織物同業組合
『備後の絣』一九五三年、広島県福山地方商工出張所
鳥取県『鳥取県勧業沿革』一九〇〇年、鳥取県庁
長谷川富三郎「倉吉絣の四季」、『工芸』一一七号、日本民芸協会
「備後絣の研究」、『郷土研究』一〇、戸手高郷土史クラブ
後藤弥太郎編『広瀬藩と城安寺』一九六一年、松平直諒公百年忌奉賛会
埓雨村『陰陽八郡郡勢一班』一九一七年

織田秀雄『絵絣』一九六六年、三彩社
田中千代『服飾事典』一九六九年、同文書院
丹羽基二『家紋』一九六九年、秋田書店
沼田頼輔『日本紋章学』一九六八年、人物往来社
三木与吉郎『阿波藍の栽培及製法』一九五六年、三木産業株式会社
井上正敏『阿波藍に関する研究報告書』徳島県産業技術審議会
藤原モトヨ「広瀬絣の研究」、『島根県立女子短期大学紀要』一九六三年、島根県立女子短期大学
後藤信子「久留米絣の文様について」、『家政学雑誌』一二―一、一九三六年、家政学会
桑田重好『倉吉絣沿革史』一九五一年、桑田家所蔵
鳥取県『鳥取県統計書』一八八二―一九二六年、鳥取県
『衰え行く倉吉絣』一九一八年、山陰日日新聞社
並川澄子『藍に関する研究』一九七一年、私家版
田中俊雄「沖縄織物文化の研究」、『民芸』一三二号一二、一九六三年、日本民芸協会
柳悦孝「幾何学文の木綿絣」、『民芸』一九〇号一〇、一九六八年、日本民芸協会
村穂久美雄「山陰地方の絣裂を蒐めて」、『民芸』一九〇号一〇、一九六八年、日本民芸協会
小田昌一編『富田久三郎翁伝』一九五二年、私家版
広島県府中高等学校『郷土産業読本備後絣織維産業発達史』一九五八年、広島県府中高等学校
伊原青々園編『出雲国人物誌』一九五七年、出雲市役所市長公室
岡登貞治編『文様の事典』一九六九年、東京堂出版
広瀬町史編纂委員会『広瀬町史』一九六九年、広瀬町役場
辻合喜代太郎『縞帳の話』一九六五年、朝日新聞社
福井貞子『倉吉かすり』一九六六年、米子プリント社
福井貞子「鳥取県倉吉絣の模様の変遷と特長」、『家政学雑誌』一八―二、一九六七年、家政学会

福井貞子『木綿口伝』一九八四年（第2版、二〇〇〇年）、法政大学出版局
福井貞子『野良着』二〇〇〇年、法政大学出版局
福井貞子『染織の文化史』一九九二年、京都書院

資料提供者一覧

久留米絣技術保存会（福岡県久留米市、久留米教育委員会文化課）
久留米工芸試験所（福岡県久留米市）
矢加部アキ（福岡県久留米市、重要無形文化財保持者）
三島武之（福岡県久留米市、久留米工芸試験所技官）
山内恒夫（愛媛県松山市、絣収集・伊予絣研究家）
荒木計雄（香川県高松市、絣収集・讃岐民芸館職員）
仙波民江（愛媛県松山市、高校教員）
讃岐民芸館（香川県高松市）
東予民芸館（愛媛県西条市）
桑田宗正（広島県福山市、絣収集・備後絣研究家）
村上正名（広島県福山市、絣収集家・大学教授・広島県重要文化財専門委員）
森田基織物工場（広島県芦品郡新市町、備後絣問屋）
妹尾豊三郎（島根県能義郡広瀬町、広瀬絣研究家）
天野圭（島根県能義郡広瀬町、県無形文化財保持者・紺屋）
広瀬町民俗資料収蔵庫（島根県能義郡広瀬町、広瀬町役場）
遠藤こまの（島根県安来市、安来織工房）
渡辺伊津代（鳥取県米子市、山陰民芸織物・絣研究家）
坂口真佐子（鳥取県米子市、絣収集・絣研究家）

後藤絣店（鳥取県米子市、絣製造）
長谷川富三郎（鳥取県倉吉市、版画家・絣収集・絣研究家）
吉田祐（鳥取県倉吉市、中学校教諭・織物研究家）
桑田重好（愛知県刈谷市、元倉吉絣工場経営者）
船木藤吉（鳥取県鳥取市、元倉吉絣工場経営者）
鳥取県工業試験場境分場（鳥取県境港市）
河島雅弟（鳥取県倉吉市、河島雅弟文庫）
須賀織物工場（愛媛県松山市、伊予絣織物工場）
高田こと（鳥取県倉吉市、絣所蔵家）
浜口二郎（山口県山口市、横野絣収集家）
堀内泉甫（奈良県吉野郡、絣収集家）
小川貞子（鳥取県倉吉市、絣所蔵家）
浅田重子（鳥取県西伯郡淀江町、絣収集・パッチワーク作家）
伊奈久子（静岡県沼津市、絣古布作家）
鳥取県埋蔵文化財センター（鳥取市）

木綿絣史年表

西暦	年号	関連事項	備考
四五〇頃		大陸より錦綾などの技法が伝来。	
七五二	天平勝宝四	正倉院宝庫中の染織品（献上品）。	
七九九	延暦一八	崑崙人が三河国に漂着、木綿の種を伝える。	
九〇一	延喜以後	藍染、藍玉ができる。	
一五五〇	天文一九	ヨーロッパ人渡来、南蛮風の染織を伝える。	
一五五四	天文二三	天文年間に薩摩木綿、博多織始まる。	織田信長没（一五八二）
一五九四	文禄三	朝鮮より帰還の将士、綿種を持ち来て栽培、以後木綿織り勃興。	豊臣秀吉関白（一五八五）
一六〇〇	慶長五	江戸に木綿の栽培、大和白木綿。	関ヶ原の戦
一六一〇	慶長一五	鳴海、有松絞染起こる。	
一六一五〜	元和年間	阿波の藍作始まる。	鎖国
		伊勢松坂において縞木綿製織。	
一六六一〜	寛文年間	柳条木綿起こる。	
一六六一〜	寛文・延宝	越後上布（麻）起こる。	奢侈禁止令
一六八八〜	元禄年間	絹織りに高機の普及はじまる。	
一七三〇	享保一五	白木綿が普及し阿波藍玉商人、他藩に出入りする。藍の自家生産はじまる。	

一七四〇	元文五	鹿児島薩摩絣起こる。 河内で上の島絣（沼絣）起こる。	
一七五一	宝暦元	大和絣、大和白絣生産される。	
一七五九	宝暦九	幕府は大坂に綿実問屋を置き諸国の綿実を集める。	
一七五一～	宝暦年間	鳥取県米子灘飛白織の生産盛ん。	
一七七二～	安永年間	近江上布（麻）起こる。	
一七八一	天明元	所沢飛白が取引きされる。	
一七八二	天明二		鍵谷カナ生まる（伊予）
一七八八	天明八		井上伝生まる（久留米）
一七八九～	寛政年間	鳥取米子車尾で絞木綿盛ん。	
一八〇〇～	寛政年間	久留米絣を井上伝が考案。	
一八〇一～	享和年間	綿機に高機を使い遠州縞、尾州縞が生産される。伊予絣を鍵谷カナが考案。	
一八〇四～	文化年間	菊屋新助は伊予縞に西陣から高機を入れ製織する。	
一八〇九	文化六	村山絣、荒田五郎兵衛の妻シモが成功。	
一八一八～	文政年間	鳥取県倉吉絣を稲島大助が考案、弓浜絣も普及する。	
一八二五	文政八	島根県能義郡広瀬の長岡さだが広瀬絣を考案。	
一八二八	文政一一		富田久三郎生まる（備後）
一八四二	天保一三	久留米の大塚太蔵が絵絣の絵台を完成する。	
一八五〇	嘉永三	マニュファクチュア起こる。備後絣を富田久三郎が考案する。	鹿児島に水車館できる
一八五五	安政二	伊予絣に問屋制家内工場。	開国（一八五八）
一八六五	慶応元	各地にマニュファクチュア起こる。	

西暦	年号	関連事項	備考
一八六八	明治元	生糸輸出、綿布輸入はじまる	明治維新
一八六九	明治二	人造染料輸入はじまる。	鹿児島紡績所設立 井上伝死去
一八七〇	明治三	政府欧米技術導入を奨励する。	
一八七一	明治四	この頃よりジャガード、バッタン各地に普及、織物にマニュファクチュアが一般化する。	官立富岡製糸所建設す
一八七三	明治六	京都から派遣された佐倉常七がフランスからフランス機を持帰り、翌年京都で試用。	
一八七六	明治九	高機、京機、大和機を小川とく女が久留米縞織りに使用する。	
一八七七	明治一〇		第一回内国勧業博覧会
一八七八	明治一一	この頃より人造染料の乱用。	大坂で紡績会社設立
一八八〇	明治一三	久留米の斉藤藤助絣織貫《おりぬき》器機（絣織貫器械）を発明。	
一八八三	明治一六	久留米絣の赤松社設立。 伊予の大林総作、織物製造工場開始。 備後の富田久三郎　自宅工場に五〇余台の織機設置。 鳥取県倉吉絣、船木甚兵衛、桑田勝平、徳岡久達、それぞれ絣製造工場開始。	聯合共進会（一八八六）に倉吉絣「木綿飛白」受賞
一八八七	明治二〇	久留米津福本町古賀林次郎は、伊予機（長機）を半機に改良する。 島根県、広瀬絣機三工場が設立される。 鳥取県、倉吉縞企業組合設立、組合員三二名。	

一八九〇	明治二三	洋式紡績による綿糸の細番手ができる	第三回内国勧業博覧会に倉吉絣受賞。
一八九三	明治二六		倉吉絣、北米合衆国シカゴ府開府記念、コロンブス世界万国博覧会で受賞
一八九六	明治二九	島根県広瀬絣工業組合設立。	第四回内国勧業博覧会で広瀬絣二等
一八九七	明治三〇	豊田式力織機の発明によって国産織物が生産される。	
一八九八	明治三一	梳毛工場設立、機械捺染工場設立。	
一九〇〇	明治三三	伊予絣年産七二万反、倉吉絣、広瀬絣の最盛期。	パリ万国博覧会に倉吉絣出品し受賞
一九〇二	明治三五		人絹輸入される。
一九〇五	明治三八		豊田佐吉、自動織機を完成。
一九〇七	明治四〇	久留米絣の刑務所囚人による生産開始、産額のびる。また久留米にフランス機が導入される。	
一九一二	大正元	人絹の国産化なる。伊予絣日本一の生産高となる（年産約二〇五万四五六四反）。	
一九一七	大正六	島取県倉吉絣不振、閉鎖する工場あり。	
一九二七	昭和二	久留米絣最盛期、年産二二二万七二四八反	
一九二九	昭和四		全国工場で女工、少年男工の深夜業を禁止する

西暦	年号	関連事項	備考
一九三五	昭和一〇	伊予絣工業組合設立、組合員一七八名	米カローザスによりナイロン発明される
一九三八	昭和一三		
一九四一	昭和一六	島根県広瀬絣不振となり工場閉鎖。	太平洋戦争勃発
一九四五	昭和二〇	絣業停止状態となる。	第二次大戦終わる
一九四八	昭和二三		倉敷レーヨン、東洋レーヨンでビニロン、ナイロンを生産
一九四九	昭和二四	久留米国武合名会社倒産	
一九五四	昭和二九	備後絣　年産一五〇万反 伊予絣　一五万反 久留米絣　一〇〇万反	
一九五五	昭和三〇	備後絣の生産の伸び日本一（年産三三〇万反）。	
一九五七	昭和三二	国は久留米絣を重要無形文化財に認定。 技術保持者　矢加部六郎 森山富吉 森山トヨ 矢加部アキ 森山虎雄	
一九六〇	昭和三五	財団法人久留米絣技術保存会を久留米市教育委員会に設立。	

一九六二	昭和三七	鳥取県弓浜絣の復興。 島根県は広瀬絣無形文化財保持者を認定 技術保持者　花谷初子 　　　　　　天野圭 　　　　　　松田フサオ
一九六九	昭和四四	徳島県板野郡三木文庫設立。
一九七一	昭和四六	倉吉絣保存会を倉吉市商工課内に設立。
一九七三	昭和四八	伊予かすり会館オープン（松山市久万台）。
一九七五	昭和五〇	阿波藍の製造技術（技術者佐藤昭人）が国無形文化財に指定さる。
二〇〇〇	平成十二	五月、久留米絣二〇〇年祭（久留米絣二〇〇年祭実行委員会） 八月、倉吉絣展　故大橋二郎を偲ぶ（保存会三〇周年、於市立博物館） 一一月、広瀬絣センター二〇周年展（広瀬町商工会館）
二〇〇一	平成十三	三月、第九回織りとパッチワーク展（市立福山美術館ホール）

あとがき

木綿絣の歴史とその文様について、その概略を述べた。絣織物は、庶民が育てた文化ともいいうるが、庶民の衣料だけにその研究も未開拓な分野が多かった。また、絣の美しさについての科学的な探求もなされないまま「洗えば洗うほど美しくなる」という言葉だけが残ってきた。糸の太さ、染色技術、製織の力量などの科学的な分析解明を今後急がねばならないと思っている。

今回は、西日本の絣を中心に調査したが、絣研究はその土地の産業経済の研究であり、社会情勢と密接な関係を持っていることがわかった。日本全体の上に立って絣産業を眺めた場合、大資本に圧迫されて衰微する小資本の絣や、戦争による工場閉鎖と戦後の工場の復活と倒産などの盛衰を、年数をかけてその原因を調査し究明する必要があると思う。

しかし、絣文様については、今日まで収集した裂布を整理することによって、文様の年代別変遷と、その特徴の大綱を明らかにすることができた。

山陰地方の文様のパターンを、他地方の久留米、伊予、備後絣と比較検討することによって、文様の特色や相違を見いだし、時代の流行と土地の人の個性を知ることができた。

さらに、製織技術の習得により、地方毎の呼称と技法の相違点を明らかにすることができた。そして、女子労働の問題に関心を持つようになり、老女の生涯の出来事を聞き取り、今後の生きかたに多くの示唆を得た。

明治、大正時代の女性は、夜なべ仕事に家族の衣類の製織と賃織りの連続で、厳しい生活を送っていた。そして、女性の置かれた位置は、けっして人間としての扱いを受けていないことを知った。絣織物は、貧農の子女が血と汗によって築き上げてきた文化であると思う。

毎年の大掃除や、夏の布団の整理時になると、絣布が破棄される。リヤカーを引いた廃品回収のおばさんまでを呼び止めて、すばらしい絣布を捜し出す。また、生徒が持参する雑巾の中にも、立派な絣が混じっていることがある。

絣は、どんなにすり切れたボロでも、他の織物に見いだせぬ美しい味がある。紺地は藍染色のため、使うほどに美しく冴えている。しかしながら、残念なことに若い人の中には、色の鮮やかな柔らかい品物が上等で美しく、堅い紺絣が醜い流行遅れであるように思いこんでいる人がある。そして、自分の祖母や母の作品を恥かしく思っている人さえいる。能率化されただけの薄っぺらな機械織りとは比較にならないはずの手織りをなんとか保存し、生活の中に取り戻したい。手織りは生活に落ち着きと憩いを与えてくれる。

絣に魅せられて、研究に取り組んだものの、浅学の私には重荷で、一生涯かかる大仕事であった。しかし、現在までのものを一応整理し、不満足ながらまとめあげてみた。このような勇気が湧いたのは、数知れぬ老女たちの生きた証言と、多くの絣布を譲り受けた者の任務であると思ったからである。

そして昭和四十八年（一九七三）、文化女子大学・小川安朗教授の御支援と御推薦と、きものデザインセンター・石崎忠司氏、『日本の伝統織物』の著者・富山弘基氏の御指導と御協力により、京都書院の藤岡護氏の下で『図説日本の絣文化史』を上梓することになった。地元、倉吉市文化財協会の御推薦も頂戴し、京都書院の村田佳夫氏には大変お世話になった。また、この研究に際して、多くの先輩諸氏の御研究と、資料の提供を賜り、さらに、絣技術保存会、町役場、個人収集家の所蔵品を利用させていただき、御好意を賜わった。

あれから三〇年が経過し、手元に絣資料が増えて絣に囲まれて生活していたが、これらの資料を生かして、なんとかして新たな絣文化史をまとめなければならないと思っていた。そんな矢先、今年六月に夫に先立たれ、私は七〇歳を目前に、世間でいう独居老人の生活に入った。動ける間に絣資料を整理し、次の世代に語り継ぐことが急務であると考えて、このたび、旧版に大幅な加筆・訂正を施して本書『絣』を改めて世に問うことにした。

幸いに法政大学出版局の松永辰郎氏のお薦めと御指導により、『木綿口伝』『野良着』につづき〈ものと人間の文化史〉の一冊としてまとめることができた。心から感謝している。

絣資料を提供して下さった多くの方々、今日まで御指導して下さった皆様に感謝し、この紙面をかりて、私の研究を支え、私を育ててくれた家族にお礼を申し上げる。

全文中の絣文様の名称について、各地方の呼称を尊重して記載したので、誤りがあるかも知れないが、御意見と御批判を遠慮なくお願いしたい。また本文中の敬称を省略したことをお詫びします。

平成十三年秋

福井貞子

著者略歴

福井貞子（ふくい　さだこ）

1932年鳥取県に生まれる．日本女子大学（通信教育）家政学部卒業．大阪青山短期大学講師を経て，倉吉北高等学校教諭，同校倉吉絣研究室主事をつとめる．1988年同校を退職．日本工芸会正会員．鳥取県絣無形文化財保持者（2006年）．著書に『木綿口伝』『野良着』『染織』『木綿再生』（以上，ものと人間の文化史），『倉吉かすり』，『日本の絣文化史』，『染織の文化史』など．

ものと人間の文化史　105・**絣**（かすり）

2002年 4 月20日　初版第 1 刷発行
2015年 3 月20日　　　第 2 刷発行

発行所　一般財団法人　法政大学出版局

〒102-0071　東京都千代田区富士見2-17-1
電話03（5214）5540／振替00160-6-95814
印刷／平文社　製本／誠製本

Printed in Japan

ISBN978-4-588-21051-8

ものと人間の文化史

★第9回梓会出版文化賞受賞

人間が〈もの〉とのかかわりを通じて営々と築いてきた暮らしの足跡を具体的に辿りつつ文化・文明の基礎を問いなおす。手づくりの〈もの〉の記憶が失われ、〈もの〉離れが進行する危機の時代におくる豊穣な百科叢書。

1 船　須藤利一編

海国日本では古来、漁業・水運・交易はもとより、大陸文化も船によって運ばれた。本書は造船技術、航海の模様の推移を中心に、漂流、船霊信仰、伝説の数々を語る。四六判３６８頁 '68

2 狩猟　直良信夫

人類の歴史は狩猟から始まった。本書は、わが国の遺跡に出土する獣骨、猟具の実証的考察をおこないながら、狩猟をつうじて発展した人間の知恵と生活の軌跡を辿る。四六判２７２頁 '68

3 からくり　立川昭二

〈からくり〉は自動機械であり、驚嘆すべき庶民の技術的創意がこめられている。本書は、日本と西洋のからくりを発掘・復元・遍歴し、埋もれた技術の水脈をさぐる。四六判４１０頁 '69

4 化粧　久下司

美を求める人間の心が生みだした化粧―その手法と道具に語らせた人間の欲望と本性、そして社会関係。歴史を遡り、全国を踏査して書かれた比類ない美と醜の文化史。四六判３６８頁 '70

5 番匠　大河直躬

番匠はわが国中世の建築工匠。地方・在地を舞台に開花した彼らの造型・装飾・工法等の諸技術、さらに信仰と生活等、職人以前の独自で多彩な工匠的世界を描き出す。四六判２８８頁 '71

6 結び　額田巌

〈結び〉の発達は人間の叡知の結晶である。本書はその諸形態および技法を作業・装飾・象徴の三つの系譜に辿り、〈結び〉のすべてを民俗学的・人類学的に考察する。四六判２６４頁 '72

7 塩　平島裕正

人類史に貴重な役割を果たしてきた塩をめぐって、発見から伝承・製造技術の発展過程にいたる総体を歴史的に描き出すとともに、その多彩な効用と味覚の秘密を解く。四六判２７２頁 '73

8 はきもの　潮田鉄雄

田下駄・かんじき・わらじなど、日本人の生活の礎となってきた伝統的はきものの成り立ちと変遷を、二〇年余の実地調査と細密な観察・描写によって辿る庶民生活史　四六判２８０頁 '73

9 城　井上宗和

古代城塞・城柵から近世代名の居城として集大成されるまでの日本の城の変遷を辿り、文化の各領野で果たしてきたその役割を再検討。あわせて世界城郭史に位置づける。四六判３１０頁 '73

10 竹　室井綽

食生活、建築、民芸、造園、信仰等々にわたって、竹と人間との交流史は驚くほど深く永い。その多岐にわたる発展の過程を個々に辿り、竹の特異な性格を浮彫にする。四六判３２４頁 '73

11 海藻　宮下章

古来日本人にとって生活必需品とされてきた海藻をめぐって、その採取・加工法の変遷、商品としての流通史および神事・祭事での役割に至るまでを歴史的に考証する。四六判３３０頁 '74

12 絵馬 岩井宏實

古くは祭礼における神への献馬にはじまり、民間信仰と絵画のみごとな結晶として民衆の手で描かれ祀り伝えられてきた各地の絵馬を豊富な写真と史料によってたどる。四六判３０２頁 '74

13 機械 吉田光邦

畜力・水力・風力などの自然のエネルギーを利用し、幾多の改良を経て形成された初期の機械の歩みを検証し、日本文化の形成における科学・技術の役割を再検討する。四六判２４２頁 '74

14 狩猟伝承 千葉徳爾

狩猟には古来、感謝と慰霊の祭祀がともない、人獣交渉の豊かで意味深い歴史があった。狩猟用具、巻物、儀式具、またけものたちの生態を通して語る狩猟文化の世界。四六判３４６頁 '75

15 石垣 田淵実夫

採石から運搬、加工、石積みに至るまで、石垣の造成をめぐって積み重ねられてきた石工たちの苦闘の足跡を掘り起こし、その独自な技術の形成過程と伝承を集成する。四六判２２４頁 '75

16 松 高嶋雄三郎

日本人の精神史に深く根をおろした松の伝承に光を当て、食用、薬用等の実用の松、祭祀・観賞用の松、さらに文学・芸能・美術に表現された松のシンボリズムを説く。四六判３４２頁 '75

17 釣針 直良信夫

人と魚との出会いから現在に至るまで、釣針がたどった一万有余年の変遷を、世界各地の遺跡出土物を通して実証しつつ、漁撈によって生きた人々の生活と文化を探る。四六判２７８頁 '76

18 鋸 吉川金次

鋸鍛冶の家に生まれ、鋸の研究を生涯の課題とする著者が、出土遺品や文献・絵画により各時代の鋸を復元・実験し、庶民の手仕事にみられる驚くべき合理性を実証する。四六判３６０頁 '76

19 農具 飯沼二郎／堀尾尚志

鍬と犂の交代・進化の歩みとして発達したわが国農耕文化の発展経過を世界史的視野において再検討しつつ、無名の農民たちによる驚くべき創意のかずかずを記録する。四六判２２０頁 '76

20 包み 額田巌

結びとともに文化の起源にかかわる〈包み〉の系譜を人類史的視野において捉え、衣・食・住をはじめ社会・経済史、信仰、祭事などにおけるその実際と役割とを描く。四六判３５４頁 '77

21 蓮 阪本祐二

仏教における蓮の象徴的位置の成立と深化、美術・文芸等に見る人間とのかかわりを歴史的に考察。また大賀蓮はじめ多様な品種とその来歴を紹介しつつその美を語る。四六判３０６頁 '77

22 ものさし 小泉袈裟勝

ものをつくる人間にとって最も基本的な道具であり、数千年にわたって社会生活を律してきたその変遷を実証的に追求し、歴史の中で果たしてきた役割を浮彫りにする。四六判３１４頁 '77

23-Ⅰ 将棋Ⅰ 増川宏一

その起源を古代インドに、我国への伝播の道すじを海のシルクロードに探り、また伝来後一千年におよぶ日本将棋の変化と発展を盤、駒、ルール等にわたって跡づける。四六判２８０頁 '77

23-II **将棋II** 増川宏一

わが国伝来後の普及と変遷を貴族や武家・豪商の日記等に博捜し、遊戯者の歴史をあとづけると共に、中国伝来説の誤りを正し、将棋宗家の位置と役割を明らかにする。 四六判346頁 '85

24 **湿原祭祀** 第2版 金井典美

古代日本の自然環境に着目し、各地の湿原聖地を稲作社会との関連において捉え直して古代国家成立の背景を浮彫にしつつ、水と植物にまつわる日本人の宇宙観を探る。 四六判410頁 '77

25 **臼** 三輪茂雄

臼が人類の生活文化の中で果たしてきた役割を、各地に遺る貴重な民俗資料・伝承と実地調査にもとづいて解明。失われゆく道具のなかに、未来の生活文化の姿を探る。 四六判412頁 '78

26 **河原巻物** 盛田嘉徳

中世末期以来の被差別部落民が生きる権利を守るために偽作し護り伝えてきた河原巻物を全国にわたって踏査し、そこに秘められた最底辺の人びとの叫びに耳を傾ける。 四六判226頁 '78

27 **香料** 日本のにおい 山田憲太郎

焼香供養の香から趣味としての薫物へ、さらに沈香木を焚く香道へと変遷した日本の「匂い」の歴史を豊富な史料に基づいて辿り、我国風俗史の知られざる側面を描く。 四六判370頁 '78

28 **神像** 神々の心と形 景山春樹

神仏習合によって変貌しつつも、常にその原型＝自然を保持してきた日本の神々の造型を図像学的方法によって捉え直し、その多彩な形象に日本人の精神構造をさぐる。 四六判342頁 '78

29 **盤上遊戯** 増川宏一

祭具・占具としての発生を『死者の書』をはじめとする古代の文献にさぐり、形状・遊戯法を分類しつつその〈進化〉の過程を考察。〈遊戯者たちの歴史〉をも跡づける。 四六判326頁 '78

30 **筆** 田淵実夫

筆の里・熊野に筆づくりの現場を訪ねて、筆匠たちの境涯と製筆の由来を克明に記録しつつ、筆の発生と変遷、種類、製筆法、さらには筆塚、筆供養にまで説きおよぶ。 四六判204頁 '78

31 **ろくろ** 橋本鉄男

日本の山野を漂移しつづけ、高度の技術文化と幾多の伝説とをもたらした特異な旅職集団＝木地屋の生態を、その呼称、地名、伝承、文書等をもとに生き生きと描く。 四六判460頁 '79

32 **蛇** 吉野裕子

日本古代信仰の根幹をなす蛇巫をめぐって、祭事におけるさまざまな蛇の「もどき」や各種の蛇の造型・伝承に鋭い考証を加え、忘れられたその呪性を大胆に暴き出す。 四六判250頁 '79

33 **鋏**（はさみ） 岡本誠之

梃子の原理の発見から鋏の誕生に至る過程を推理し、日本鋏の特異な歴史的位置を明らかにするとともに、刀鍛冶等から転進した鋏職人たちの創意と苦闘の跡をたどる。 四六判396頁 '79

34 **猿** 廣瀬鎮

嫌悪と愛玩、軽蔑と畏敬の交錯する日本人とサルとの関わりあいの歴史を、狩猟伝承や祭祀・風習、美術・工芸や芸能のなかに探り、日本人の動物観を浮彫りにする。 四六判292頁 '79

35 **鮫** 矢野憲一

神話の時代から今日まで、津々浦々につたわるサメの伝承とサメをめぐる海の民俗を集成し、神饌、食用、薬用等に活用されてきたサメと人間のかかわりの変遷を描く。四六判２９２頁 ’79

36 **枡** 小泉袈裟勝

米の経済の枢要をなす器として千年余にわたり日本人の生活の中に生きてきた枡の変遷をたどり、記録・伝承をもとにこの独特な計量器が果たした役割を再検討する。四六判３２２頁 ’80

37 **経木** 田中信清

食品の包装材料として近年まで身近に存在した経木の起源を、こけら経や塔婆、木簡、屋根板等に遡って明らかにし、その製造・流通に携った人々の労苦の足跡を辿る。四六判２８８頁 ’80

38 **色** 染と色彩 前田雨城

わが国古代の染色技術の復元と文献解読をもとに日本色彩史を体系づけ、赤・白・青・黒等におけるわが国独自の色彩感覚を探りつつ日本文化における色の構造を解明。四六判３２０頁 ’80

39 **狐** 陰陽五行と稲荷信仰 吉野裕子

その伝承と文献を渉猟しつつ、中国古代哲学＝陰陽五行の原理の応用という独自の視点から、謎とされてきた稲荷信仰と狐との密接な結びつきを明快に解き明かす。四六判２３２頁 ’80

40-Ⅰ **賭博Ⅰ** 増川宏一

時代、地域、階層を超えて連綿と行なわれてきた賭博。――その起源を古代の神判、スポーツ、遊戯等の中に探り、抑圧と許容の歴史を物語る。全Ⅲ分冊の〈総説篇〉。四六判２９８頁 ’80

40-Ⅱ **賭博Ⅱ** 増川宏一

古代インド文学の世界からラスベガスまで、賭博の形態・用具・方法の時代的特質を明らかにし、夥しい禁令に賭博の不滅のエネルギーを見る。全Ⅲ分冊の〈外国篇〉。四六判４５６頁 ’82

40-Ⅲ **賭博Ⅲ** 増川宏一

聞香、闘茶、笠附等、わが国独特の賭博を中心にその具体例を網羅し、方法の変遷に賭博の時代性を探りつつ禁令の改廃に時代の賭博観を追う。全Ⅲ分冊の〈日本篇〉。四六判３８８頁 ’83

41-Ⅰ **地方仏Ⅰ** むしゃこうじ・みのる

古代から中世にかけて全国各地で作られた無銘の仏像を訪ね、素朴で多様なノミの跡に民衆の祈りと地域の願望を探る。宗教の伝播、文化の創造を考える異色の紀行。四六判２５６頁 ’80

41-Ⅱ **地方仏Ⅱ** むしゃこうじ・みのる

紀州や飛騨を中心に草の根の仏たちを訪ねて、その相好と像容の魅力を探り、技法を比較考証して仏像彫刻史に位置づけつつ、中世地域社会の形成と信仰の実態に迫る。四六判２６０頁 ’97

42 **南部絵暦** 岡田芳朗

田山・盛岡地方で「盲暦」として古くから親しまれてきた独得の絵解き暦を詳しく紹介しつつその全体像を復元する。その無類の生活暦は、南部農民の哀歓をつたえる。四六判２８８頁 ’80

43 **野菜** 在来品種の系譜 青葉高

蕪、大根、茄子等の日本在来野菜をめぐって、その渡来・伝播経路、品種分布と栽培のいきさつを各地の伝承や古記録をもとに辿り、畑作文化の源流とその風土を描く。四六判３６８頁 ’81

44 つぶて　中沢厚

弥生投弾、古代・中世の石戦と印地の様相、投石具の発達を展望しつつ、願かけの小石、正月つぶて、石こづみ等の習俗を辿り、石塊に託した民衆の願いや怒りを探る。四六判３３８頁 '81

45 壁　山田幸一

弥生時代から明治期に至るわが国の壁の変遷を壁塗＝左官工事の側面から辿り直し、その技術的復元・考証を通じて建築史・文化史における壁の役割を浮き彫りにする。四六判２９６頁 '81

46 簞笥（たんす）　小泉和子

近世における簞笥の出現＝箱から抽斗への転換に着目し、以降近現代に至るその変遷を社会・経済・技術の側面からあとづける。著者自身による簞笥製作の記録を付す。四六判３７８頁 '82

47 木の実　松山利夫

山村の重要な食糧資源であった木の実をめぐる各地の記録・伝承を集成し、その採集・加工における幾多の試みを実地に検証しつつ、稲作農耕以前の食生活文化を復元。四六判３８４頁 '82

48 秤（はかり）　小泉袈裟勝

秤の起源を東西に探るとともに、わが国律令制下における中国制度の導入、近世商品経済の発展に伴う秤座の出現、明治期近代化政策による洋式秤受容等の経緯を描く。四六判３２６頁 '82

49 鶏（にわとり）　山口健児

神話・伝説をはじめ遠い歴史の中の鶏を古今東西の伝承・文献に探り、特に我国の信仰・絵画・文学等に遺された鶏の足跡を追って、鶏をめぐる民俗の記憶を蘇らせる。四六判３４６頁 '83

50 燈用植物　深津正

人類が燈火を得るために用いてきた多種多様な植物との出会いと個個の植物の来歴、特性及びはたらきを詳しく検証しつつ「あかり」の原点を問いなおす異色の植物誌。四六判４４２頁 '83

51 斧・鑿・鉋（おの・のみ・かんな）　吉川金次

古墳出土品や文献・絵画をもとに、古代から現代までの斧・鑿・鉋を復元・実験し、労働体験によって生まれた民衆の知恵と道具の変遷を蘇らせる異色の日本木工具史。四六判３０４頁 '84

52 垣根　額田巌

大和・山辺の道に神々と垣との関わりを探り、各地に垣の伝承を訪ねて、寺院の垣、民家の垣、露地の垣など、風土と生活に培われた生垣の独特のはたらきと美を描く。四六判２３４頁 '84

53-Ⅰ 森林Ⅰ　四手井綱英

森林生態学の立場から、森林のなりたちとその生活史を辿りつつ、産業の発展と消費社会の拡大により刻々と変貌する森林の現状を語り、未来への再生のみちをさぐる。四六判３０６頁 '85

53-Ⅱ 森林Ⅱ　四手井綱英

森林と人間との多様なかかわりを包括的に語り、人と自然が共生するための森や里山をいかにして創出するか、森林再生への具体的な方策を提示する21世紀への提言。四六判３０８頁 '98

53-Ⅲ 森林Ⅲ　四手井綱英

地球規模で進行しつつある森林破壊の現状を実地に踏査し、森と人が共存する日本人の伝統的自然観を未来へ伝えるために、いま何が必要なのかを具体的に提言する。四六判３０４頁 '00

54 **海老**（えび） 酒向昇

人類との出会いからエビの科学、漁法、さらには調理法を語り、めでたい姿態と色彩にまつわる多彩なエビの民俗を、地名や人名、詩歌・文学、絵画や芸能の中に探る。四六判４２８頁 '85

55-Ⅰ **藁**（わら）Ⅰ 宮崎清

稲作農耕とともに二千年余の歴史をもち、日本人の全生活領域に生きてきた藁の文化を日本文化の原型として捉え、風土に根ざしたそのゆたかな遺産を詳細に検討する。四六判４００頁 '85

55-Ⅱ **藁**（わら）Ⅱ 宮崎清

床・畳から壁・屋根にいたる住居における藁の製作・使用のメカニズムを明らかにし、日本人の生活空間における藁の役割を見なおすとともに、藁の文化の復権を説く。四六判４００頁 '85

56 **鮎** 松井魁

清楚な姿態と独特な味覚によって、日本人の目と舌を魅了しつづけてきたアユ——その形態と分布、生態、漁法等を詳述し、古今のアユ料理や文芸にみるアユにおよぶ。四六判２９６頁 '86

57 **ひも** 額田巌

物と物、人と物とを結びつける不思議な力を秘めた「ひも」の謎を追って、民俗学的視点から多角的なアプローチを試みる。『結び』、『包み』につづく三部作の完結篇。四六判２５０頁 '86

58 **石垣普請** 北垣聰一郎

近世石垣の技術者集団「穴太」の足跡を辿り、各地城郭の石垣遺構の実地調査と資料・文献をもとに石垣普請の歴史的系譜を復元しつつ石工たちの技術伝承を集成する。四六判４３８頁 '87

59 **碁** 増川宏一

その起源を古代の盤上遊戯に探ると共に、定着以来二千年の歴史を時代の状況や遊び手の社会環境との関わりにおいて跡づける。逸話や伝説を排して綴る初の囲碁全史。四六判３６６頁 '87

60 **日和山**（ひよりやま） 南波松太郎

千石船の時代、航海の安全のために観天望気した日和山——多くは忘れられ、あるいは失われた船舶・航海史の貴重な遺跡を追って、全国津々浦々におよんだ調査紀行。四六判３８２頁 '88

61 **篩**（ふるい） 三輪茂雄

臼とともに人類の生産活動に不可欠な道具であった篩、箕（み）、笊（ざる）の多彩な変遷を豊富な図解入りでたどり、現代技術の先端に再生するまでの歩みをえがく。四六判３３４頁 '89

62 **鮑**（あわび） 矢野憲一

縄文時代以来、貝肉の美味と貝殻の美しさによって日本人を魅了し続けてきたアワビ——その生態と養殖、神饌としての歴史、漁法、螺鈿の技法からアワビ料理に及ぶ。四六判３４４頁 '89

63 **絵師** むしゃこうじ・みのる

日本古代の渡来画工から江戸前期の菱川師宣まで、時代の代表的絵師の列伝で辿る絵画制作の文化史。前近代社会における絵画の意味や芸術創造の社会的条件を考える。四六判２３０頁 '90

64 **蛙**（かえる） 碓井益雄

動物学の立場からその特異な生態を描き出すとともに、和漢洋の文献資料を駆使して故事・習俗・神事・民話・文芸・美術工芸にわたる蛙の多彩な活躍ぶりを活写する。四六判３８２頁 '89

65-Ⅰ 藍（あい）Ⅰ 風土が生んだ色 竹内淳子

全国各地の〈藍の里〉を訪ねて、藍栽培から染色・加工のすべてにわたり、藍とともに生きた人々の伝承を克明に描き、風土と人間が生んだ〈日本の色〉の秘密を探る。四六判４１６頁 '91

65-Ⅱ 藍（あい）Ⅱ 暮らしが育てた色 竹内淳子

日本の風土に生まれ、伝統に育てられた藍が、今なお暮らしの中で生き生きと活躍しているさまを、手わざに生きる人々との出会いを通じて描く。藍の里紀行の続篇。四六判４０６頁 '99

66 橋 小山田了三

丸木橋・舟橋・吊橋から板橋・アーチ型石橋まで、人々に親しまれてきた各地の橋を訪ねて、その来歴と築橋の技術伝承を辿り、土木文化の伝播・交流の足跡をえがく。四六判３１２頁 '91

67 箱 宮内悊

日本の伝統的な箱（櫃）と西欧のチェストを比較文化史の視点から考察し、居住・収納・運搬・装飾の各分野における箱の重要な役割とその多彩な文化を浮彫りにする。四六判３９０頁 '91

68-Ⅰ 絹Ⅰ 伊藤智夫

養蚕の起源を神話や説話に探り、伝来の時期とルートを跡づけ、記紀・万葉の時代から近世に至るまで、それぞれの時代・社会・階層が生み出した絹の文化を描き出す。四六判３０４頁 '92

68-Ⅱ 絹Ⅱ 伊藤智夫

生糸と絹織物の生産と輸出が、わが国の近代化にはたした役割を描くと共に、養蚕の道具、信仰や庶民生活にわたる養蚕と絹の民俗、さらには蚕の種類と生態におよぶ。四六判２９４頁 '92

69 鯛（たい） 鈴木克美

古来「魚の王」とされてきた鯛をめぐって、その生態・味覚から漁法、祭り、工芸、文芸にわたる多彩な伝承文化を語りつつ、鯛と日本人とのかかわりの原点をさぐる。四六判４１８頁 '92

70 さいころ 増川宏一

古代神話の世界から近現代の博徒の動向まで、さいころの役割を各時代・社会に位置づけ、木の実や貝殻のさいころから投げ棒型や立方体のさいころへの変遷をたどる。四六判３７４頁 '92

71 木炭 樋口清之

炭の起源から炭焼、流通、経済、文化にわたる木炭の歩みを歴史・考古・民俗の知見を総合して描き出し、独自で多彩な文化を育んできた木炭の尽きせぬ魅力を語る。四六判２９６頁 '93

72 鍋・釜（なべ・かま） 朝岡康二

日本をはじめ韓国、中国、インドネシアなど東アジアの各地を歩きながら鍋・釜の製作と使用の現場に立ち会い、調理をめぐる庶民生活の変遷とその交流の足跡を探る。四六判３２６頁 '93

73 海女（あま） 田辺悟

その漁の実際と社会組織、風習、信仰、民具などを克明に描くとともに海女の起源・分布・交流を探り、わが国漁撈文化の古層としての海女の生活と文化をあとづける。四六判２９４頁 '93

74 蛸（たこ） 刀禰勇太郎

蛸をめぐる信仰や多彩な民間伝承を紹介するとともに、その生態・分布・捕獲法・繁殖と保護・調理法などを集成し、日本人と蛸との知られざるかかわりの歴史を探る。四六判３７０頁 '94

75 **曲物**（まげもの） 岩井宏實

桶・樽出現以前から伝承され、古来最も簡便・重宝な木製容器として愛用された曲物の加工技術と機能・利用形態の変遷をさぐり、手づくりの「木の文化」を見なおす。四六判３１８頁 '94

76-Ⅰ **和船Ⅰ** 石井謙治

江戸時代の海運を担った千石船（弁才船）について、その構造と技術、帆走性能を綿密に調査し、通説の誤りを正すとともに、海難と信仰、船絵馬等の考察にもおよぶ。四六判４３６頁 '95

76-Ⅱ **和船Ⅱ** 石井謙治

造船史から見た著名な船を紹介し、遣唐使船や遣欧使節船、幕末の洋式船における外国技術の導入について論じつつ、船の名称と船型を海船・川船にわたって解説する。四六判３１６頁 '95

77-Ⅰ **反射炉Ⅰ** 金子功

日本初の佐賀鍋島藩の反射炉と精練方＝理化学研究所、島津藩の反射炉と集成館＝近代工場群を軸に、日本の産業革命の時代における人と技術を現地に訪ねて発掘する。四六判２４４頁 '95

77-Ⅱ **反射炉Ⅱ** 金子功

伊豆韮山の反射炉をはじめ、全国各地の反射炉建設にかかわった有名無名の人々の足跡をたどり、開国か攘夷かに揺れる幕末の政治と社会の悲喜劇をも生き生きと描く。四六判２２６頁 '95

78-Ⅰ **草木布**（そうもくふ）**Ⅰ** 竹内淳子

風土に育まれた布を求めて全国各地を歩き、木綿普及以前に山野の草木を利用して豊かな衣生活文化を築き上げてきた庶民の知られざる知恵のかずかずを実地にさぐる。四六判２８２頁 '95

78-Ⅱ **草木布**（そうもくふ）**Ⅱ** 竹内淳子

アサ、クズ、シナ、コウゾ、カラムシ、フジなどの草木の繊維から、どのようにして糸を採り、布を織っていたのか——聞書きをもとに忘れられた技術と文化を発掘する。四六判２８２頁 '95

79-Ⅰ **すごろくⅠ** 増川宏一

古代エジプトのセネト、ヨーロッパのバクギャモン、中近東のナルド、中国の双陸などの系譜に日本の盤雙六を位置づけ、遊戯・賭博としてのその数奇なる運命を辿る。四六判３１２頁 '95

79-Ⅱ **すごろくⅡ** 増川宏一

ヨーロッパの鵞鳥のゲームから日本中世の浄土双六、近世の華麗な絵双六、さらには近現代の少年誌の附録まで、絵双六の変遷を追って時代の社会・文化を読みとる。四六判３９０頁 '95

80 **パン** 安達巖

古代オリエントに起ったパン食文化が中国・朝鮮を経て弥生時代の日本に伝えられたことを史料と伝承をもとに解明し、わが国パン食文化二〇〇〇年の足跡を描き出す。四六判２６０頁 '96

81 **枕**（まくら） 矢野憲一

神さまの枕・大嘗祭の枕から枕絵の世界まで、人生の三分の一を共に過す枕をめぐって、その材質の変遷を辿り、伝説と怪談、俗信と民俗、エピソードを興味深く語る。四六判２５２頁 '96

82-Ⅰ **桶・樽**（おけ・たる）**Ⅰ** 石村真一

日本、中国、朝鮮、ヨーロッパにわたる厖大な資料を集成してその豊かな文化の系譜を探り、東西の木工技術史を比較しつつ世界史的視野から桶・樽の文化を描き出す。四六判３８８頁 '97

82-Ⅱ **桶・樽**（おけ・たる）Ⅱ　石村真一

多数の調査資料と絵画・民俗資料をもとにその製作技術を復元し、東西の木工技術を比較考証しつつ、技術文化史の視点から桶・樽製作の実態とその変遷を跡づける。　四六判３７２頁　'97

82-Ⅲ **桶・樽**（おけ・たる）Ⅲ　石村真一

樹木と人間とのかかわり、製作者と消費者とのかかわりを通じて桶樽と生活文化の変遷を考察し、木材資源の有効利用という視点から桶樽の文化史的役割を浮彫にする。　四六判３５２頁　'97

83-Ⅰ **貝Ⅰ**　白井祥平

世界各地の現地調査と文献資料を駆使して、古来至高の財宝とされてきた宝貝のルーツとその変遷を探り、貝と人間とのかかわりの歴史を「貝貨」の文化史として描く。　四六判３８６頁　'97

83-Ⅱ **貝Ⅱ**　白井祥平

サザエ、アワビ、イモガイなど古来人類とかかわりの深い貝をめぐって、その生態・分布・地方名、装身具や貝貨としての利用法などを豊富なエピソードを交えて語る。　四六判３２８頁　'97

83-Ⅲ **貝Ⅲ**　白井祥平

シンジュガイ、ハマグリ、アカガイ、シャコガイなどをめぐって世界各地の民族誌を渉猟し、それらが人類文化に残した足跡を辿る。参考文献一覧／総索引を付す。　四六判３９２頁　'97

84 **松茸**（まつたけ）　有岡利幸

秋の味覚として古来珍重されてきた松茸の由来を求めて、稲作文化と里山（松林）の生態系から説きおこし、日本人の伝統的生活文化の中に松茸流行の秘密をさぐる。　四六判２９６頁　'97

85 **野鍛冶**（のかじ）　朝岡康二

鉄製農具の製作・修理・再生を担ってきた農鍛冶の歴史的役割を探り、近代化の大波の中で変貌する職人技術の実態をアジア各地のフィールドワークを通して描き出す。　四六判２８０頁　'98

86 **稲**　品種改良の系譜　菅　洋

作物としての稲の誕生、稲の渡来と伝播の経緯から説きおこし、明治以降主として庄内地方の民間育種家の手によって飛躍的発展をとげたわが国品種改良の歩みを描く。　四六判３３２頁　'98

87 **橘**（たちばな）　吉武利文

永遠のかぐわしい果実として日本の神話・伝説に特別の位置を占めて語り継がれてきた橘をめぐって、その育まれた風土とかずかずの伝承の中に日本文化の特質を探る。　四六判２８６頁　'98

88 **杖**（つえ）　矢野憲一

神の依代としての杖や仏教の錫杖に杖と信仰とのかかわりを探り、人類が突きつつ歩んだその歴史と民俗を興味ぶかく語る。多彩な材質と用途を網羅した杖の博物誌。　四六判３１４頁　'98

89 **もち**（糯・餅）　渡部忠世／深澤小百合

モチイネの栽培・育種から食品加工、民俗、儀礼にわたってそのルーツと伝承の足跡をたどり、アジア稲作文化という広範な視野からこの特異な食文化の謎を解明する。　四六判３３０頁　'98

90 **さつまいも**　坂井健吉

その栽培の起源と伝播経路を跡づけるとともに、わが国伝来後四百年の経緯を詳細にたどり、世界に冠たる育種と栽培・利用法を築いた人々の知られざる足跡をえがく。　四六判３２８頁　'99

91 珊瑚（さんご）　鈴木克美
海岸の自然保護に重要な役割を果たす岩石サンゴから宝飾品として知られる宝石サンゴまで、人間生活と深くかかわってきたサンゴの多彩な姿を人類文化史として描く。四六判370頁 '99

92-Ⅰ 梅Ⅰ　有岡利幸
万葉集、源氏物語、五山文学などの古典や天神信仰に表れた梅の足跡を克明に辿りつつ日本人の精神史に刻印された梅を浮彫にし、梅と日本人の二〇〇〇年史を描く。四六判274頁 '99

92-Ⅱ 梅Ⅱ　有岡利幸
その植生と栽培、伝承、梅の名所や鑑賞法の変遷から戦前の国定教科書に表れた梅まで、梅と日本人との多彩なかかわりを探り、桜との対比において梅の文化史を描く。四六判338頁 '99

93 木綿口伝（もめんくでん）第2版　福井貞子
老女たちからの聞書を経糸とし、厖大な遺品・資料を緯糸として、母から娘へと幾代にも伝えられた手づくりの木綿文化を掘り起し、近代の木綿の盛衰を描く。増補版　四六判336頁 '00

94 合せもの　増川宏一
「合せる」には古来、一致させるの他に、競う、闘う、比べる等の意味があった。貝合せや絵合せ等の遊戯・賭博を中心に、広範な人間の営みを「合せる」行為に辿る。四六判300頁 '00

95 野良着（のらぎ）　福井貞子
明治初期から昭和四〇年までの野良着を収集・分類・整理し、それらの用途と年代、形態、材質、重量、呼称などを精査して、働く庶民の創意にみちた生活史を描く。四六判292頁 '00

96 食具（しょくぐ）　山内昶
東西の食文化に関する資料を渉猟し、食法の違いを人間の自然に対するかかわり方の違いとして捉えつつ、食具を人間と自然をつなぐ基本的な媒介物として位置づける。四六判292頁 '00

97 鰹節（かつおぶし）　宮下章
黒潮からの贈り物・カツオの漁法から鰹節の製法や食法、商品としての流通までを歴史的に展望するとともに、沖縄やモルジブ諸島の調査をもとにそのルーツを探る。四六判382頁 '00

98 丸木舟（まるきぶね）　出口晶子
先史時代から現代の高度文明社会まで、もっとも長期にわたり使われてきた刳り舟に焦点を当て、その技術伝承を辿りつつ、森や水辺の文化の広がりと動態をえがく。四六判324頁 '01

99 梅干（うめぼし）　有岡利幸
日本人の食生活に不可欠の自然食品・梅干をつくりだした先人たちの知恵に学ぶとともに、健康増進に驚くべき薬効を発揮する、その知られざるパワーの秘密を探る。四六判300頁 '01

100 瓦（かわら）　森郁夫
仏教文化と共に中国・朝鮮から伝来し、一四〇〇年にわたり日本の建築を飾ってきた瓦をめぐって、発掘資料をもとにその製造技術、形態、文様などの変遷をたどる。四六判320頁 '01

101 植物民俗　長澤武
衣食住から子供の遊びまで、幾世代にも伝承された植物をめぐる暮らしの知恵を克明に記録し、高度経済成長期以前の農山村の豊かな生活文化を愛惜をこめて描き出す。四六判348頁 '01

102 **箸**（はし）　向井由紀子／橋本慶子

そのルーツを中国、朝鮮半島に探るとともに、日本人の食生活に不可欠の食具となり、日本文化のシンボルとされるまでに洗練された箸の文化の変遷を総合的に描く。　四六判３３４頁 '01

103 **採集**　ブナ林の恵み　赤羽正春

縄文時代から今日に至る採集・狩猟民の暮らしを復元し、動物の生態系と採集生活の関連を明らかにしつつ、民俗学と考古学の両面から山に生かされた人々の姿を描く。　四六判２９８頁 '01

104 **下駄**　神のはきもの　秋田裕毅

古墳や井戸等から出土する下駄に着目し、下駄が地上と地下の他界を結ぶ聖なるはきものであったという大胆な仮説を提出、日本の神々の忘れられた側面を浮彫にする。　四六判３０４頁 '02

105 **絣**（かすり）　福井貞子

膨大な絣遺品を収集・分類し、絣産地を実地に調査して絣の技法と文様の変遷を地域別・時代別に跡づけ、明治・大正・昭和の手づくりの染織文化の盛衰を描き出す。　四六判３１０頁 '02

106 **網**（あみ）　田辺悟

漁網を中心に、網に関する基本資料を網羅して網の変遷と網をめぐる民俗を体系的に描き出し、網の文化を集成する。「網に関する小事典」「網のある博物館」を付す。　四六判３１６頁 '02

107 **蜘蛛**（くも）　斎藤慎一郎

「土蜘蛛」の呼称で畏怖される一方「クモ合戦」など子供の遊びとしても親しまれてきたクモと人間との長い交渉の歴史をその深層に遡って追究した異色のクモ文化論。　四六判３２０頁 '02

108 **襖**（ふすま）　むしゃこうじ・みのる

襖の起源と変遷を建築史・絵画史の中に探りつつその用と美を浮彫にし、衝立・障子・屏風等と共に日本建築の空間構成に不可欠の建具となるまでの経緯を描き出す。　四六判２７０頁 '02

109 **漁撈伝承**（ぎょろうでんしょう）　川島秀一

漁師たちからの聞き書きをもとに、寄り物、船霊、大漁旗など、漁撈にまつわる〈もの〉の伝承を集成し、海の道によって運ばれた習俗や信仰の民俗地図を描き出す。　四六判３３４頁 '03

110 **チェス**　増川宏一

世界中に数億人の愛好者を持つチェスの起源と文化を、欧米における膨大な研究の蓄積を渉猟しつつ探り、日本への伝来の経緯から美術工芸品としてのチェスにおよぶ。　四六判２９８頁 '03

111 **海苔**（のり）　宮下章

海苔の歴史は厳しい自然とのたたかいの歴史だった——採取から養殖、加工、流通、消費に至る先人たちの苦難の歩みを史料と実地調査によって浮彫にする食物文化史。　四六判１７２頁 '03

112 **屋根**　檜皮葺と柿葺　原田多加司

屋根葺師一〇代の著者が、自らの体験と職人の本懐を語り、連綿として受け継がれてきた伝統の手わざを体系的にたどりつつ伝統技術の保存と継承の必要性を訴える。　四六判３４０頁 '03

113 **水族館**　鈴木克美

初期水族館の歩みを創始者たちの足跡を通して辿りなおし、水族館をめぐる社会の発展と風俗の変遷を描き出すとともにその未来像をさぐる初の〈日本水族館史〉の試み。　四六判２９０頁 '03

114 **古着**（ふるぎ）　朝岡康二

仕立てと着方、管理と保存、再生と再利用等にわたり衣生活の変容を近代の日常生活の変化として捉え直し、衣服をめぐるリサイクル文化が形成される経緯を描き出す。　四六判２９２頁　'03

115 **柿渋**（かきしぶ）　今井敬潤

染料・塗料をはじめ生活百般の必需品であった柿渋の伝承を記録し、文献資料をもとにその製造技術と利用の実態を明らかにして、忘れられた豊かな生活技術を見直す。　四六判２９４頁　'03

116-Ⅰ **道Ⅰ**　武部健一

道の歴史を先史時代から説き起こし、古代律令制国家の要請によって駅路が設けられ、しだいに幹線道路として整えられてゆく経緯を技術史・社会史の両面からえがく。　四六判２４８頁　'03

116-Ⅱ **道Ⅱ**　武部健一

中世の鎌倉街道、近世の五街道、近代の開拓道路から現代の高速道路網までを通観し、道路を拓いた人々の手によって今日の交通ネットワークが形成された歴史を語る。　四六判２８０頁　'03

117 **かまど**　狩野敏次

日常の煮炊きの道具であるとともに祭りと信仰に重要な位置を占めてきたカマドをめぐる忘れられた伝承を掘り起こし、民俗空間の壮大なコスモロジーを浮彫りにする。　四六判２９２頁　'04

118-Ⅰ **里山Ⅰ**　有岡利幸

縄文時代から近世までの里山の変遷を人々の暮らしと植生の変化の両面から跡づけ、その源流を記紀万葉に描かれた里山の景観や大和・三輪山の古記録・伝承等に探る。　四六判２７６頁　'04

118-Ⅱ **里山Ⅱ**　有岡利幸

明治の地租改正による山林の混乱、相次ぐ戦争による山野の荒廃、エネルギー革命、高度成長による大規模開発など、近代化の荒波に翻弄される里山の見直しを説く。　四六判２７４頁　'04

119 **有用植物**　菅　洋

人間生活に不可欠のものとして利用されてきた身近な植物たちの来歴と栽培・育種・品種改良・伝播の経緯を平易に語り、植物と共に歩んだ文明の足跡を浮彫にする。　四六判３２４頁　'04

120-Ⅰ **捕鯨Ⅰ**　山下渉登

世界の海で展開された鯨と人間との格闘の歴史を振り返り、「大航海時代」の副産物として開始された捕鯨業の誕生以来四〇〇年にわたる盛衰の社会的背景をさぐる。　四六判３１４頁　'04

120-Ⅱ **捕鯨Ⅱ**　山下渉登

近代捕鯨の登場により鯨資源の激減を招き、捕鯨の規制・管理のための国際条約締結に至る経緯をたどり、グローバルな課題としての自然環境問題を浮き彫りにする。　四六判３１２頁　'04

121 **紅花**（べにばな）　竹内淳子

栽培、加工、流通、利用の実際を現地に探訪して紅花とかかわってきた人々からの聞き書きを集成し、忘れられた〈紅花文化〉を復元しつつその豊かな味わいを見直す。　四六判３４６頁　'04

122-Ⅰ **もののけⅠ**　山内昶

日本の妖怪変化、未開社会の〈マナ〉、西欧の悪魔やデーモンを比較考察し、名づけ得ぬ未知の対象を指す万能のゼロ記号〈もの〉をめぐる人類文化史を跡づける博物誌。　四六判３２０頁　'04

122-Ⅱ **もののけⅡ** 山内昶

日本の鬼、古代ギリシアのダイモン、中世の異端狩り・魔女狩り等々をめぐり、自然＝カオスと文化＝コスモスの対立の中で〈野生の思考〉が果たしてきた役割をさぐる。 四六判２８０頁 '04

123 **染織**（そめおり） 福井貞子

自らの体験と厖大な残存資料をもとに、糸づくりから織り、染めにわたる手づくりの豊かな生活文化を見直す。創意にみちた手わざのかずかずを復元する庶民生活誌。 四六判２９４頁 '05

124-Ⅰ **動物民俗Ⅰ** 長澤武

神として崇められたクマやシカをはじめ、人間にとって不可欠の鳥獣や魚、さらには人間を脅かす動物など、多種多様な動物たちと交流してきた人々の暮らしの民俗誌。 四六判２６４頁 '05

124-Ⅱ **動物民俗Ⅱ** 長澤武

動物の捕獲法をめぐる各地の伝承を紹介するとともに、全国で語り継がれてきた多彩な動物民話・昔話を渉猟し、暮らしの中で培われた動物フォークロアの世界を描く。 四六判２６６頁 '05

125 **粉**（こな） 三輪茂雄

粉体の研究をライフワークとする著者が、粉食の発見からナノテクノロジーまで、人類文明の歩みを〈粉〉の視点から捉え直した壮大なスケールの〈文明の粉体史観〉 四六判３０２頁 '05

126 **亀**（かめ） 矢野憲一

浦島伝説や「兎と亀」の昔話によって親しまれてきた亀のイメージの起源を探り、古代の亀卜の方法から、亀にまつわる信仰と迷信、鼈甲細工やスッポン料理におよぶ。 四六判３３０頁 '05

127 **カツオ漁** 川島秀一

一本釣り、カツオ漁場、船上の生活、船霊信仰、祭りと禁忌など、カツオ漁にまつわる漁師たちの伝承を集成し、黒潮に沿って伝えられた漁民たちの文化を掘り起こす。 四六判３７０頁 '05

128 **裂織**（さきおり） 佐藤利夫

木綿の風合いと強靭さを生かした裂織の技と美をすぐれたリサイクル文化として見なおす。東西文化の中継地・佐渡の古老たちからの聞書をもとに歴史と民俗をえがく。 四六判３０８頁 '05

129 **イチョウ** 今野敏雄

「生きた化石」として珍重されてきたイチョウの生い立ちと人々の生活文化とのかかわりの歴史をたどり、この最古の樹木に秘められたパワーを最新の中国文献にさぐる。 四六判３１２頁 〔品切〕 '05

130 **広告** 八巻俊雄

のれん、看板、引札からインターネット広告までを通観し、いつの時代にも広告が人々の暮らしと密接にかかわって独自の文化を形成してきた経緯を描く広告の文化史。 四六判２７６頁 '06

131-Ⅰ **漆**（うるし）**Ⅰ** 四柳嘉章

全国各地で発掘された考古資料を対象に科学的解析を行ない、縄文時代から現代に至る漆の技術と文化を跡づける試み。漆が日本人の生活と精神に与えた影響を探る。 四六判２７４頁 '06

131-Ⅱ **漆**（うるし）**Ⅱ** 四柳嘉章

遺跡や寺院等に遺る漆器を分析し体系づけるとともに、絵巻物や文学作品の考証を通じて、職人や産地の形成、漆工芸の地場産業としての発展の経緯などを考察する。 四六判２１６頁 '06

132 **まな板** 石村眞一

日本、アジア、ヨーロッパ各地のフィールド調査と考古・文献・絵画・写真資料をもとにまな板の素材・構造・使用法を分類し、多様な食文化とのかかわりをさぐる。 四六判３７２頁 '06

133-Ⅰ **鮭・鱒**（さけ・ます）**Ⅰ** 赤羽正春

鮭・鱒をめぐる民俗研究の前史から現在までを概観するとともに、原初的な漁法から商業的漁法にわたる多彩な漁法と用具、漁場と社会組織の関係などを明らかにする。 四六判２９２頁 '06

133-Ⅱ **鮭・鱒**（さけ・ます）**Ⅱ** 赤羽正春

鮭漁をめぐる行事、鮭捕り衆の生活等を聞き取りによって再現し、人工孵化事業の発展とそれを担った先人たちの業績を明らかにするとともに、鮭・鱒の料理におよぶ。 四六判３５２頁 '06

134 **遊戯** その歴史と研究の歩み 増川宏一

古代から現代まで、日本と世界の遊戯の歴史を概説し、内外の研究者との交流の中で得られた最新の知見をもとに、研究の出発点と目的を論じ、現状と未来を展望する。 四六判２９６頁 '06

135 **石干見**（いしひみ） 田和正孝編

沿岸部に石垣を築き、潮汐作用を利用して漁獲する原初的漁法を日・韓・台に残る遺構と伝承の調査・分析をもとに復元し、東アジアの伝統的漁撈文化を浮彫りにする。 四六判３３２頁 '07

136 **看板** 岩井宏實

江戸時代から明治・大正・昭和初期までの看板の歴史を生活文化史の視点から考察し、多種多様な生業の起源と変遷を多数の図版をもとに紹介する〈図説商売往来〉。 四六判２６６頁 '07

137-Ⅰ **桜Ⅰ** 有岡利幸

そのルーツと生態から説きおこし、和歌や物語に描かれた古代社会の桜観から「花は桜木、人は武士」の江戸の花見の流行まで、日本人と桜のかかわりの歴史をさぐる。 四六判３８２頁 '07

137-Ⅱ **桜Ⅱ** 有岡利幸

明治以後、軍国主義と愛国心のシンボルとして政治的に利用されてきた桜の近代史を辿るとともに、日本人の生活と共に歩んだ「咲く花、散る花」の栄枯盛衰を描く。 四六判４００頁 '07

138 **麴**（こうじ） 一島英治

日本の気候風土の中で稲作と共に育まれた麴菌のすぐれたはたらきの秘密を探り、醸造化学に携わった人々の足跡をたどりつつ醱酵食品と日本人の食生活文化を考える。 四六判２４４頁 '07

139 **河岸**（かし） 川名登

近世初頭、河川水運の隆盛と共に物流のターミナルとして賑わい、船旅や遊廓などをもたらした河岸（川の港）の盛衰を河岸に生きる人々の暮らしの変遷としてえがく。 四六判３００頁 '07

140 **神饌**（しんせん） 岩井宏實／日和祐樹

土地に古くから伝わる食物を神に捧げる神饌儀礼に祭りの本義を探り、近畿地方主要神社の伝統的儀礼をつぶさに調査して、豊富な写真と共にその実際を明らかにする。 四六判３７４頁 '07

141 **駕籠**（かご） 櫻井芳昭

その様式、利用の実態、地域ごとの特色、車の利用を抑制する交通政策との関連から駕籠かきたちの風俗までを明らかにし、日本交通史の知られざる側面に光を当てる。 四六判２９４頁 '07

142 **追込漁**（おいこみりょう） 川島秀一

沖縄の島々をはじめ、日本各地で今なお行なわれている沿岸漁撈を実地に精査し、魚の生態と自然条件を知り尽した漁師たちの知恵と技を見直しつつ漁業の原点を探る。 四六判３６８頁 '08

143 **人魚**（にんぎょ） 田辺悟

ロマンとファンタジーに彩られて世界各地に伝承される人魚の実像をもとめて東西の人魚誌を渉猟し、フィールド調査と膨大な資料をもとに集成したマーメイド百科。 四六判３５２頁 '08

144 **熊**（くま） 赤羽正春

狩人たちからの聞き書きをもとに、かつては神として崇められた熊と人間との精神史的な関係をさぐり、熊を通して人間の生存可能性にもおよぶユニークな動物文化史。 四六判３８４頁 '08

145 **秋の七草** 有岡利幸

『万葉集』で山上憶良がうたいあげて以来、千数百年にわたり秋を代表する植物として日本人にめでられてきた七種の草花の知られざる伝承を掘り起こす植物文化誌。 四六判３０６頁 '08

146 **春の七草** 有岡利幸

厳しい冬の季節に芽吹く若菜に大地の生命力を感じ、春の到来を祝い新年の息災を願う「七草粥」などとして食生活の中に巧みに取り入れてきた古人たちの知恵を探る。 四六判２７２頁 '08

147 **木綿再生** 福井貞子

自らの人生遍歴と木綿を愛する人々との出会いを織り重ねて綴り、優れた文化遺産としての木綿衣料を紹介しつつ、リサイクル文化としての木綿再生のみちを模索する。 四六判２６６頁 '09

148 **紫**（むらさき） 竹内淳子

今や絶滅危惧種となった紫草（ムラサキ）を育てる人びと、伝統の紫根染を今に伝える人びとを全国にたずね、貝紫染の始原を求めて吉野ヶ里におよぶ「むらさき紀行」。 四六判３２４頁 '09

149-Ⅰ **杉Ⅰ** 有岡利幸

その生態、天然分布の状況から各地における栽培・育種、利用にいたる歩みを弥生時代から今日までの人間の営みの中で捉えなおし、わが国林業史を展望しつつ描き出す。 四六判２８２頁 '10

149-Ⅱ **杉Ⅱ** 有岡利幸

古来神の降臨する木として崇められるとともに生活のさまざまな場面で活用され、絵画や詩歌に描かれてきた杉の文化をたどり、さらに「スギ花粉症」の原因を追究する。 四六判２７８頁 '10

150 **井戸** 秋田裕毅（大橋信弥編）

弥生中期になぜ井戸は突然出現するのか。飲料水など生活用水ではなく、祭祀用の聖なる水を得るためだったのではないか。目的や構造の変遷、宗教との関わりをたどる。 四六判２６０頁 '10

151 **楠**（くすのき） 矢野憲一／矢野高陽

語源と字源、分布と繁殖、文学や美術における楠から医薬品としての利用、キューピー人形や樟脳の船まで、楠と人間の関わりの歴史を辿りつつ自然保護の問題に及ぶ。 四六判３３４頁 '10

152 **温室** 平野恵

温室は明治時代に欧米から輸入された印象があるが、じつは江戸時代半ばから「むろ」という名の保温設備があった。絵巻や小説、遺跡などより浮かび上がる歴史。 四六判３１０頁 '10

153 檜（ひのき） 有岡利幸

建築・木彫・木材工芸に最良の材としてわが国の〈木の文化〉に重要な役割を果たしてきた檜。その生態から保護・育成・生産・流通・加工までの変遷をたどる。 四六判320頁 '11

154 落花生 前田和美

南米原産の落花生が大航海時代にアフリカ経由で世界各地に伝播していく歴史をたどるとともに、日本で栽培を始めた先覚者や食文化との関わりを紹介する。 四六判312頁 '11

155 イルカ（海豚） 田辺悟

神話・伝説の中のイルカ、イルカをめぐる信仰から、漁撈伝承、食文化の伝統と保護運動の対立までを幅広くとりあげ、ヒトと動物との関係はいかにあるべきかを問う。 四六判330頁 '11

156 輿（こし） 櫻井芳昭

古代から明治初期まで、千二百年以上にわたって用いられてきた輿の種類と変遷を探り、天皇の行幸や斎王群行、姫君たちの輿入れにおける使用の実態を明らかにする。 四六判252頁 '11

157 桃 有岡利幸

魔除けや若返りの呪力をもつ果実として神話や昔話に語り継がれ、近年古代遺跡から大量出土して祭祀との関連が注目される桃。日本人との多彩な関わりを考察する。 四六判328頁 '12

158 鮪（まぐろ） 田辺悟

古文献に描かれ記されたマグロを紹介し、漁法・漁具から運搬と流通・消費、漁民たちの暮らしと民俗・信仰までを探りつつ、マグロをめぐる食文化の未来にもおよぶ。 四六判350頁 '12

159 香料植物 吉武利文

クロモジ、ハッカ、ユズ、セキショウ、ショウノウなど、日本の風土で育った植物から香料をつくりだす人びとの営みを現地に訪ね、伝統技術の継承・発展を考える。 四六判290頁 '12

160 牛車（ぎっしゃ） 櫻井芳昭

牛車の盛衰を交通史や技術史との関連で探り、絵巻や日記・物語等に描かれた牛車の種類と構造、利用の実態を明らかにして、読者を平安の「雅」の世界へといざなう。 四六判224頁 '12

161 白鳥 赤羽正春

世界各地の白鳥処女説話を博捜し、古代以来の人々が抱いた〈鳥への想い〉を明らかにするとともに、その源流を、白鳥をトーテムとする中央シベリアの白鳥族に探る。 四六判360頁 '12

162 柳 有岡利幸

日本人との関わりを詩歌や文献をもとに探りつつ、容器や調度品に、治山治水対策に、火薬や薬品の原料に、さらには風景の演出用に活用されてきた歴史をたどる。 四六判328頁 '13

163 柱 森郁夫

竪穴住居の時代から建物を支えてきただけでなく、大黒柱や鼻っ柱などさまざまな言葉に使われている柱。遺跡の発掘でわかった事や、日本文化との関わりを紹介。 四六判252頁 '13

164 磯 田辺悟

人間はもとより、動物たちにも多くの恵みをもたらしてきた磯——その豊かな文化をさぐり、東日本大震災以前の三陸沿岸を軸に磯漁の民俗を聞書きによって再現する。 四六判450頁 '14

165　タブノキ　山形健介

南方から「海上の道」をたどってきた列島文化を象徴する樹木について、中国・台湾・韓国も視野に収めて記録や伝承を掘り起こし、人々の暮らしとの関わりを探る。　四六判３１６頁　'14

166　栗　今井敬潤

縄文人が主食とし栽培していた栗。建築や木工の材、鉄道の枕木といった生活に密着した多様な利用法や、品種改良に取り組んだ技術者たちの苦闘の足跡を紹介する。　四六判２７２頁　'14

167　花札　江橋崇

法制史から文学作品まで、厖大な文献を渉猟して、その誕生から現在までを辿り、花札をその本来の輝き、自然を敬愛して共存する日本の文化という特性のうちに描く。　四六判３７２頁　'14

168　椿　有岡利幸

本草書の刊行や栽培・育種技術の発展によって近世初期に空前の大ブームを巻き起こした椿。多彩な花の紹介をはじめ、椿油や木材の利用、信仰や民俗まで網羅する。　四六判３３６頁　'14

169　織物　植村和代

人類が初めて機械で作った製品、織物。機織り技術の変遷を世界史的視野で見直し、古来より日本と東南アジアやインド、ペルシアの交流や伝播があったことを解説。　四六判３４６頁　'14